n.b.k. Berlin
Band 13

Herausgegeben von
Marius Babias und Michaela Richter

Inhalt / Content

Step Out of the Strange Light.

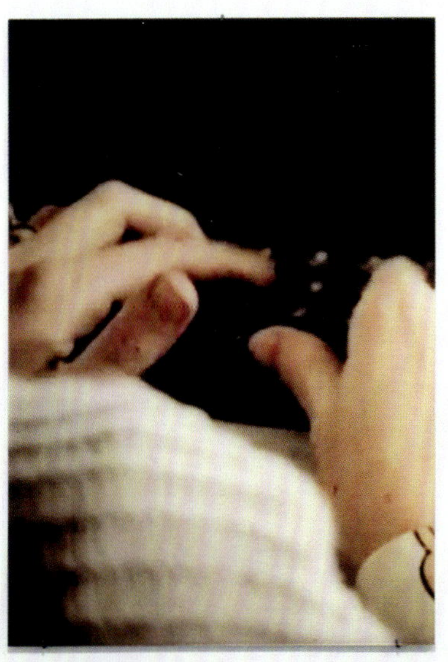

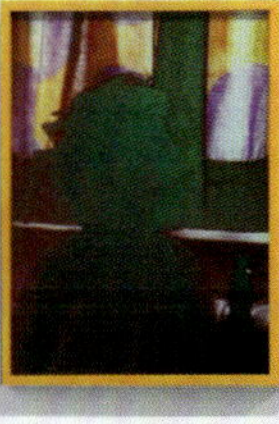

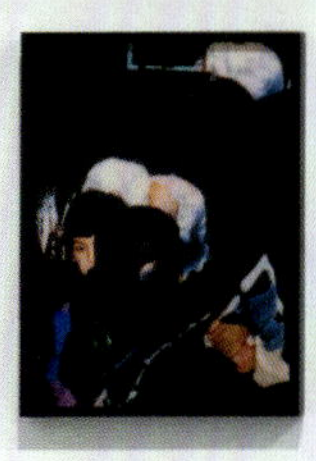

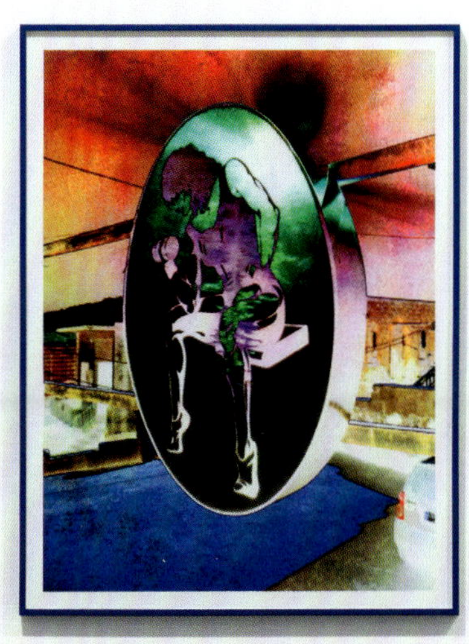

n.b.k.

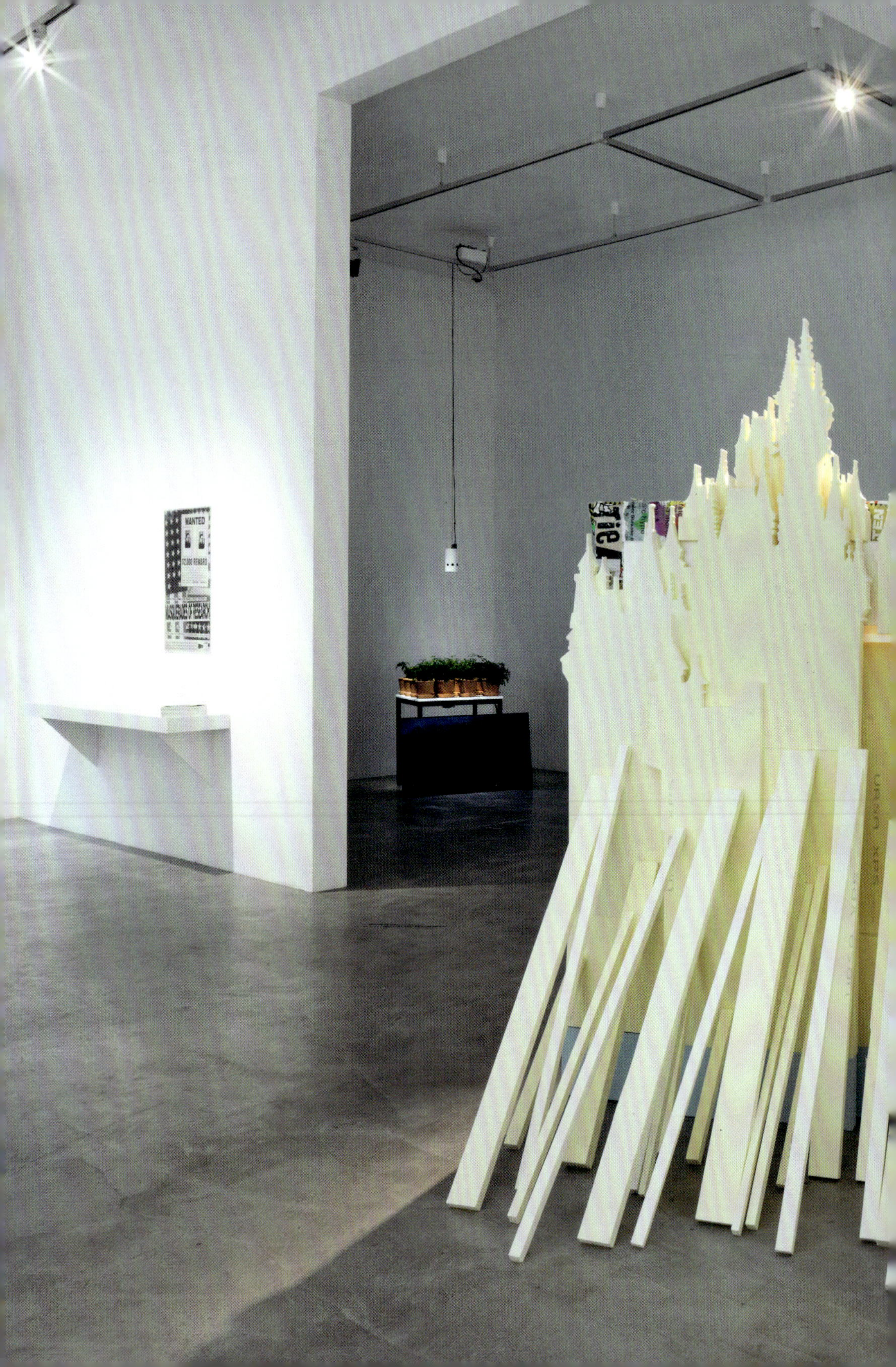

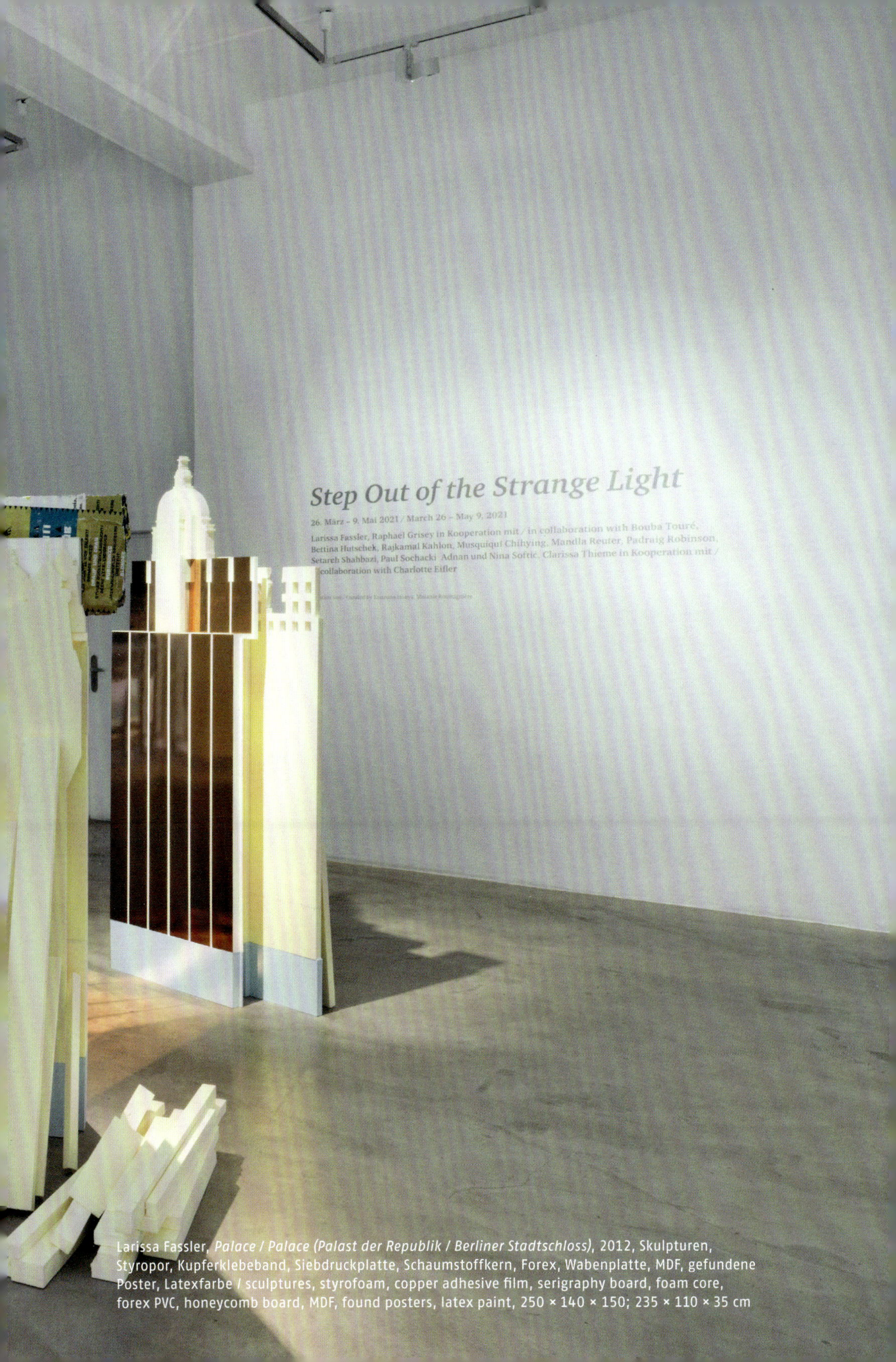

Step Out of the Strange Light

26. März – 9. Mai 2021 / March 26 – May 9, 2021

Larissa Fassler, Raphael Grisey in Kooperation mit / in collaboration with Bouba Touré, Bettina Hutschek, Rajkamal Kahlon, Musquiqui Chihying, Mandla Reuter, Padraig Robinson, Setareh Shahbazi, Paul Sochacki Adnan und Nina Softic, Clarissa Thieme in Kooperation mit / collaboration with Charlotte Eifler

Larissa Fassler, *Palace / Palace (Palast der Republik / Berliner Stadtschloss)*, 2012, Skulpturen, Styropor, Kupferklebeband, Siebdruckplatte, Schaumstoffkern, Forex, Wabenplatte, MDF, gefundene Poster, Latexfarbe / sculptures, styrofoam, copper adhesive film, serigraphy board, foam core, forex PVC, honeycomb board, MDF, found posters, latex paint, 250 × 140 × 150; 235 × 110 × 35 cm

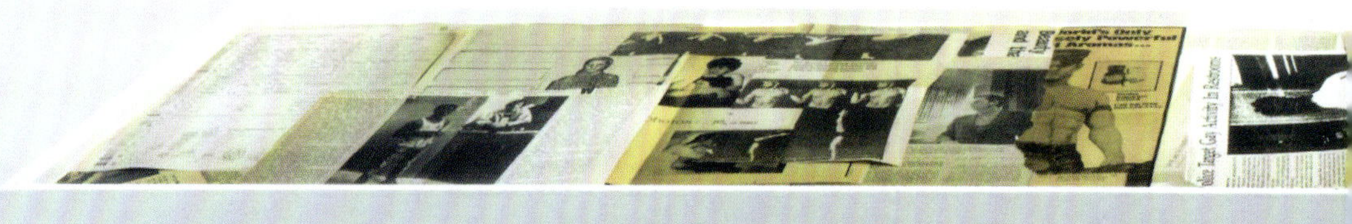

Padraig Robinson, Faksimiles von Zeitungsartikeln und Recherchedokumenten aus den Humphreys Papers / facsimiles of newspaper clippings and research documents from the Humphreys Papers, ONE Archives, Los Angeles

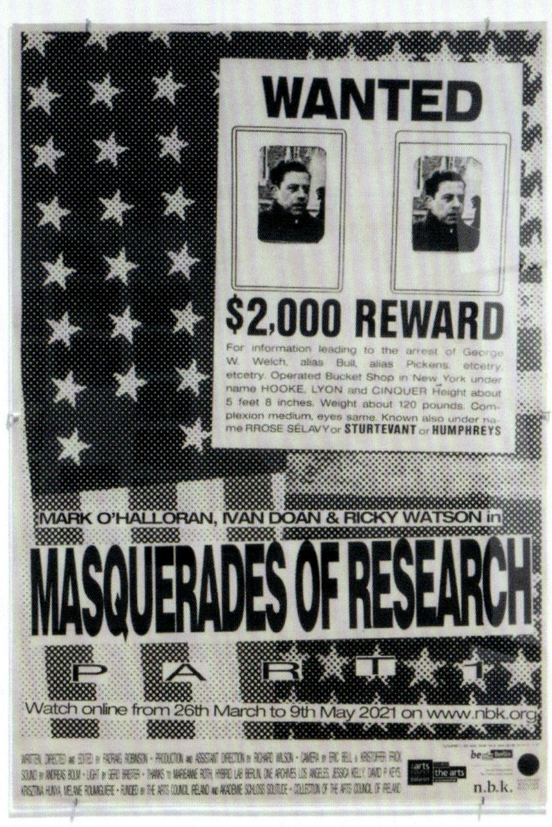

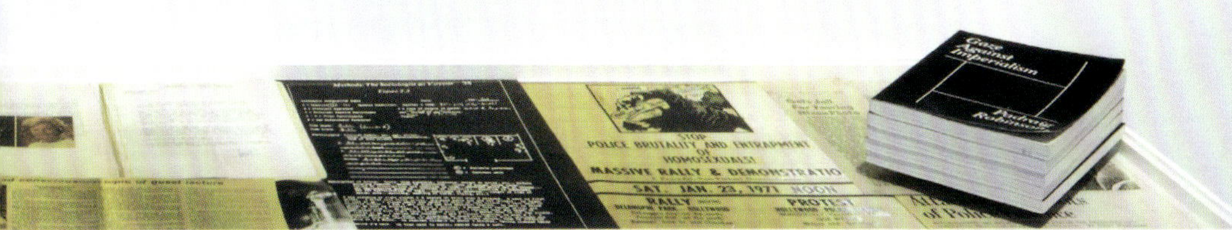

Padraig Robinson, *Masquerades of Research: Part I*, 2020, Filmplakat / film poster (Grafik / graphic design: Mark Fridvalszki), Screening auf der Website des n.b.k.: HD-Video, schwarz-weiß, Ton / screening on the website of n.b.k.: HD video, b&w, sound, 30 min; *Gaze Against Imperialism*, 2019, Publikation / publication, 21 × 14 × 1 cm

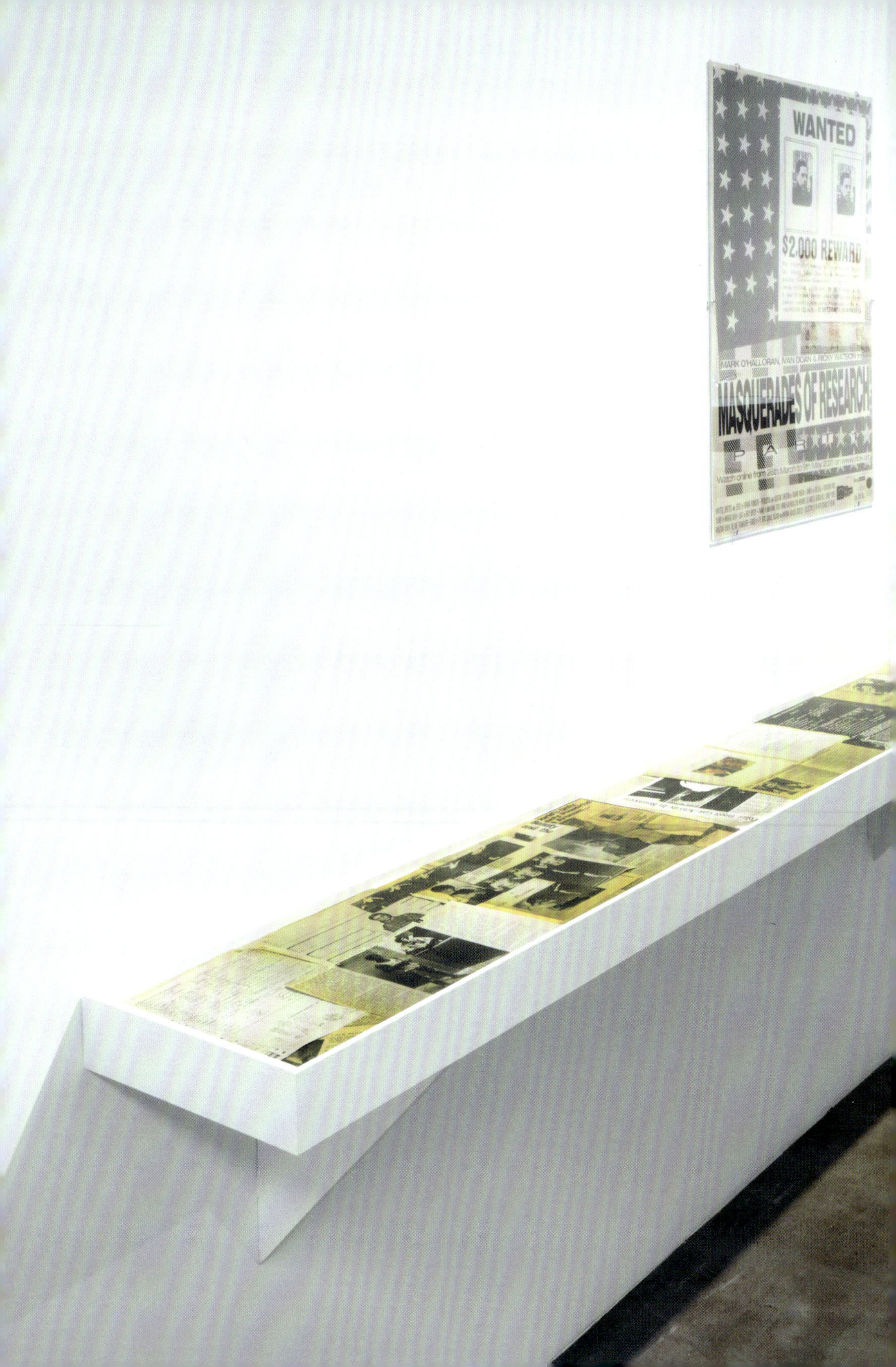

WANTED
$2,000 REWARD
MARK O'HALLORAN, IVAN DOAN & RICKY WATSON
MASQUERADES OF RESEARCH
PARI
Watch online from 26th March to 5th May 2011 on www.pari.org

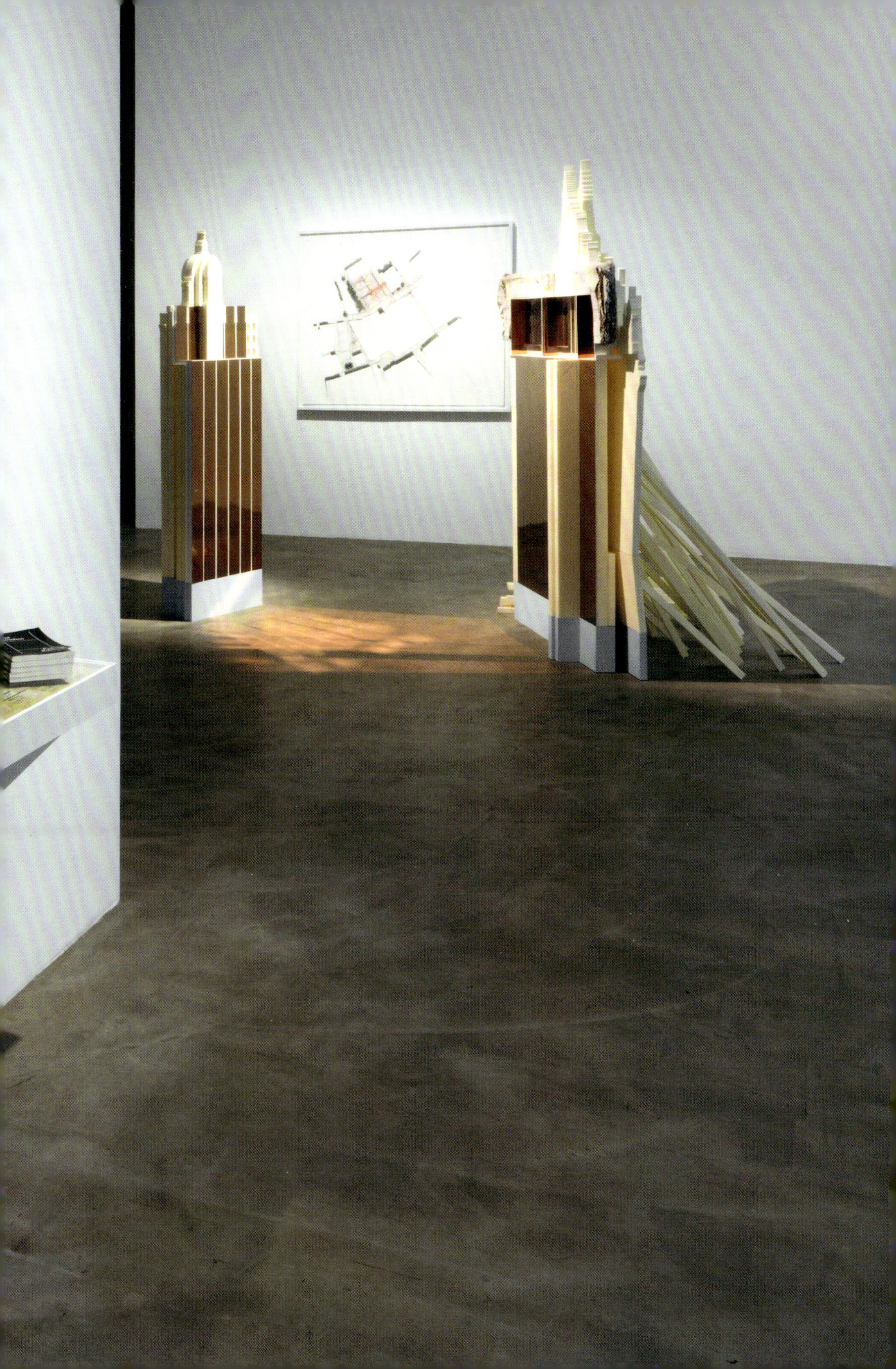

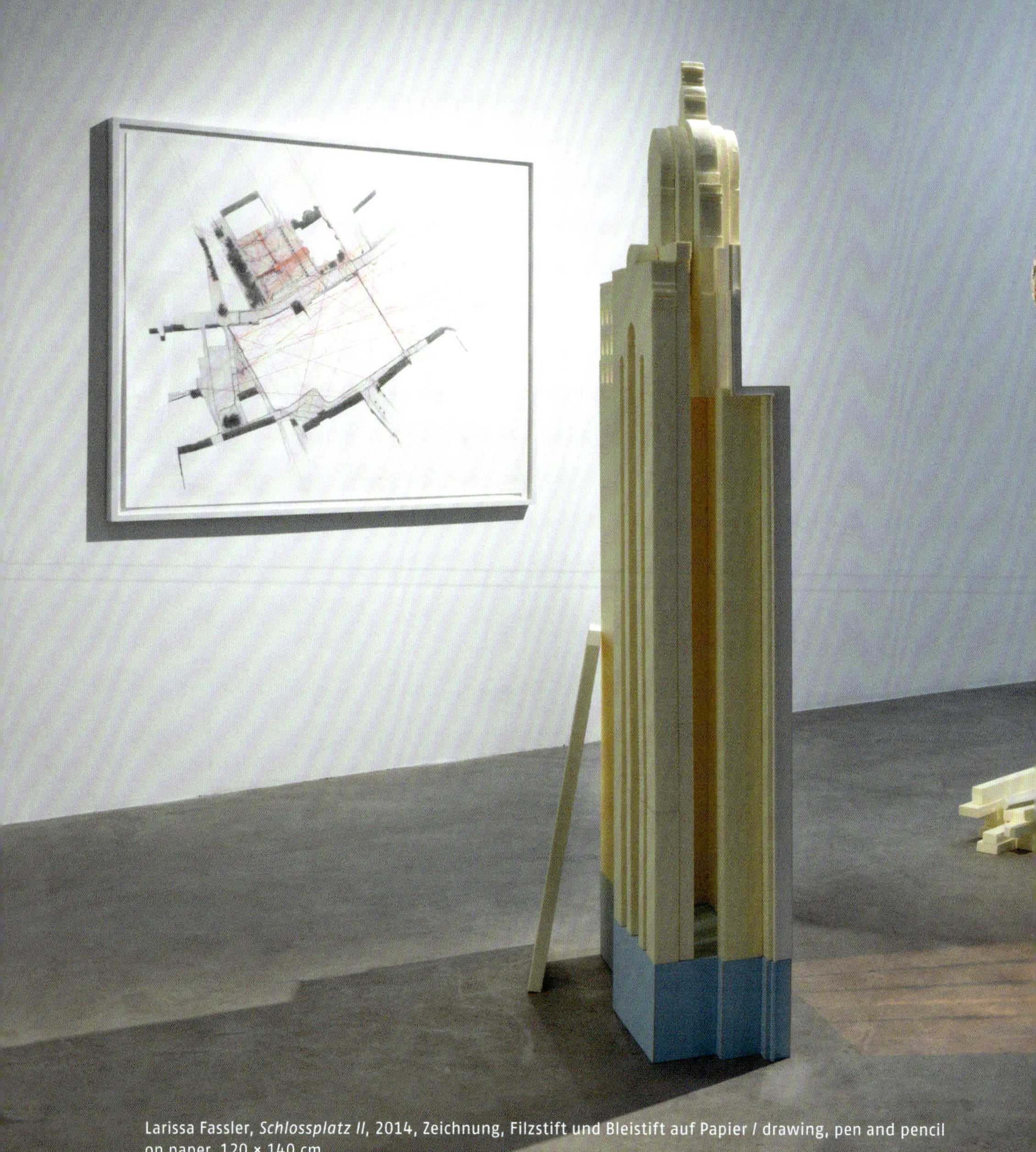

Larissa Fassler, *Schlossplatz II*, 2014, Zeichnung, Filzstift und Bleistift auf Papier / drawing, pen and pencil on paper, 120 × 140 cm

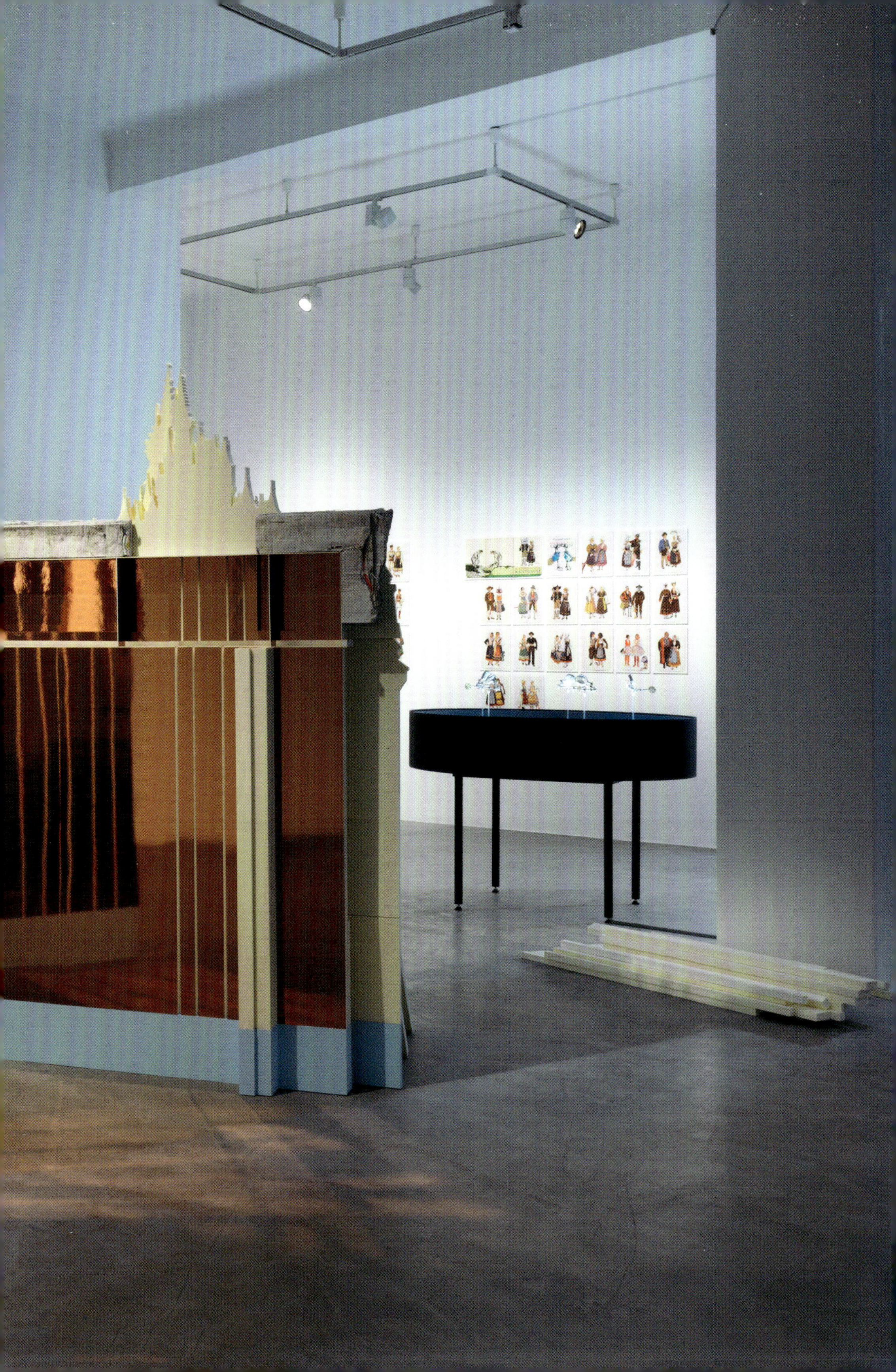

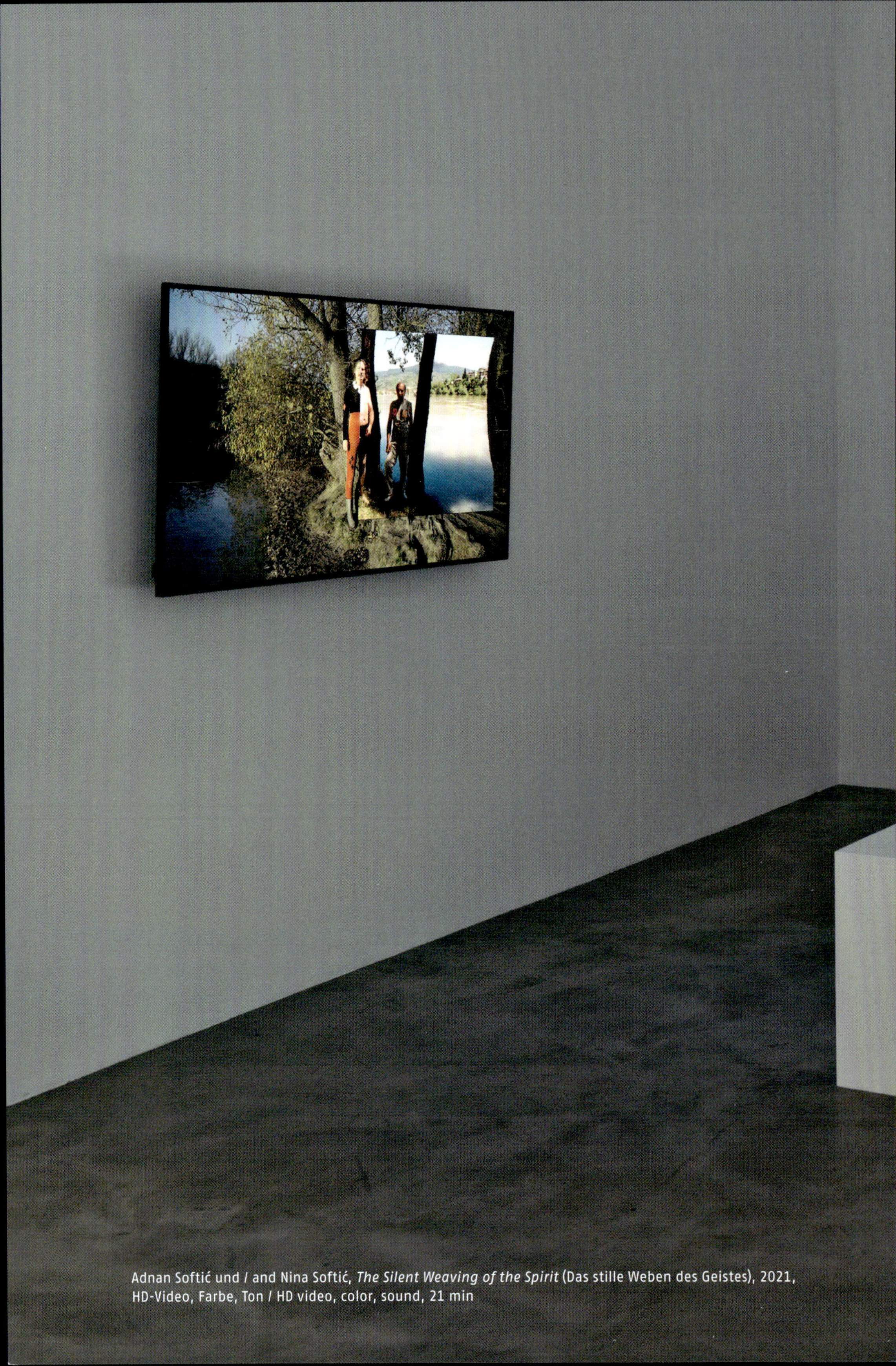

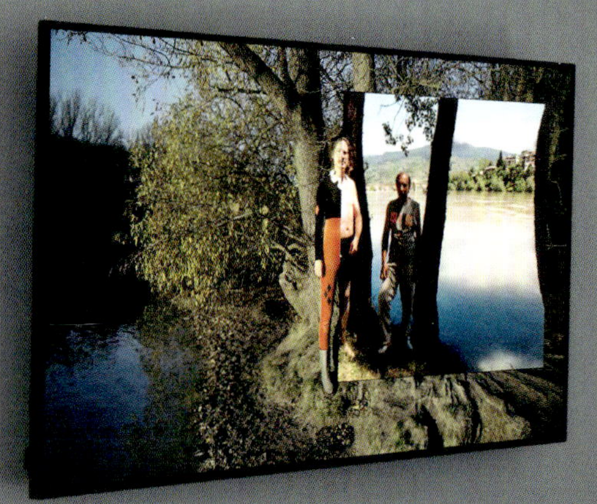

Adnan Softić und / and Nina Softić, *The Silent Weaving of the Spirit* (Das stille Weben des Geistes), 2021, HD-Video, Farbe, Ton / HD video, color, sound, 21 min

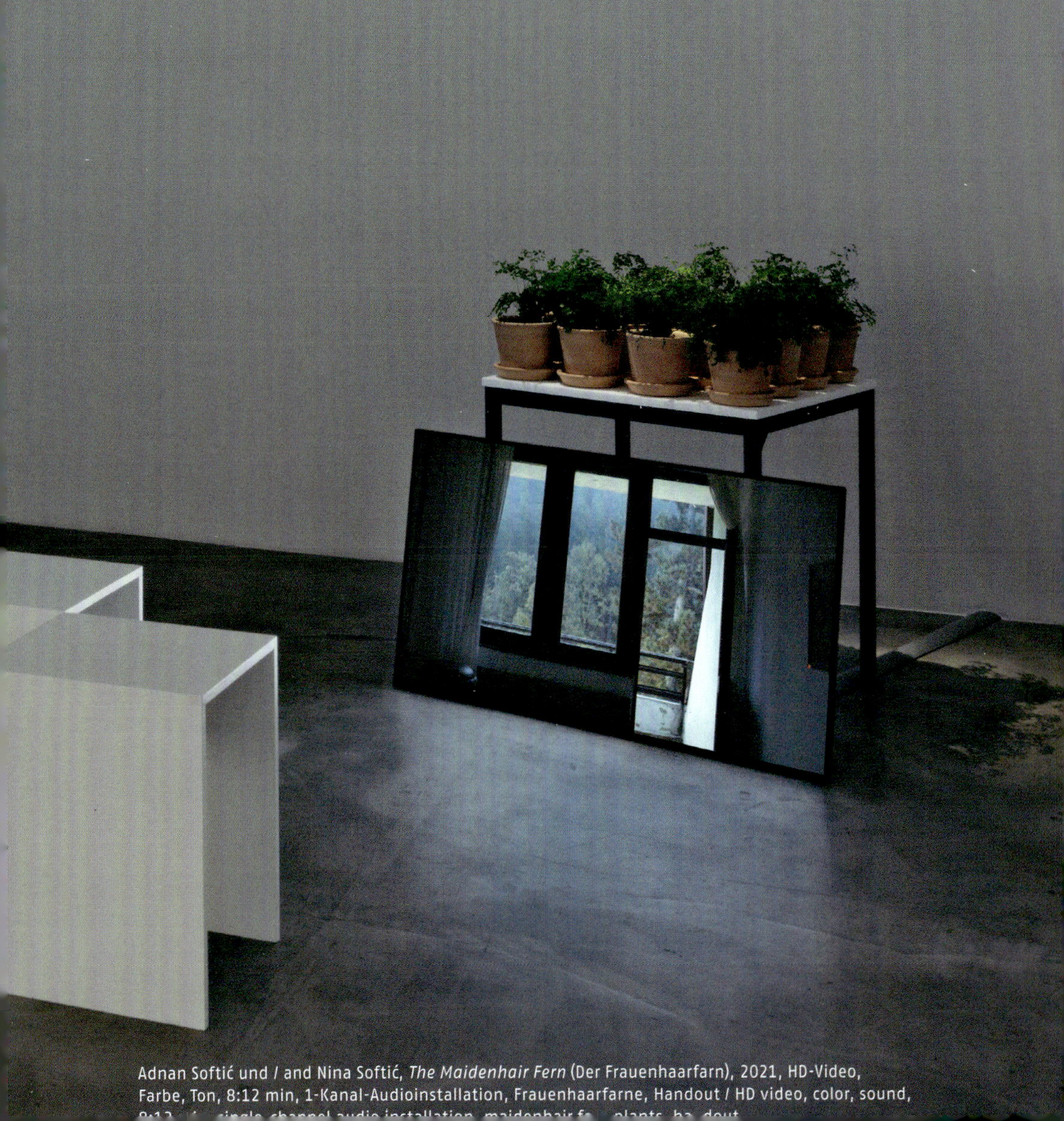

Adnan Softić und / and Nina Softić, *The Maidenhair Fern* (Der Frauenhaarfarn), 2021, HD-Video, Farbe, Ton, 8:12 min, 1-Kanal-Audioinstallation, Frauenhaarfarne, Handout / HD video, color, sound, 8:12 min, single-channel audio installation, maidenhair ferns, plants, handout

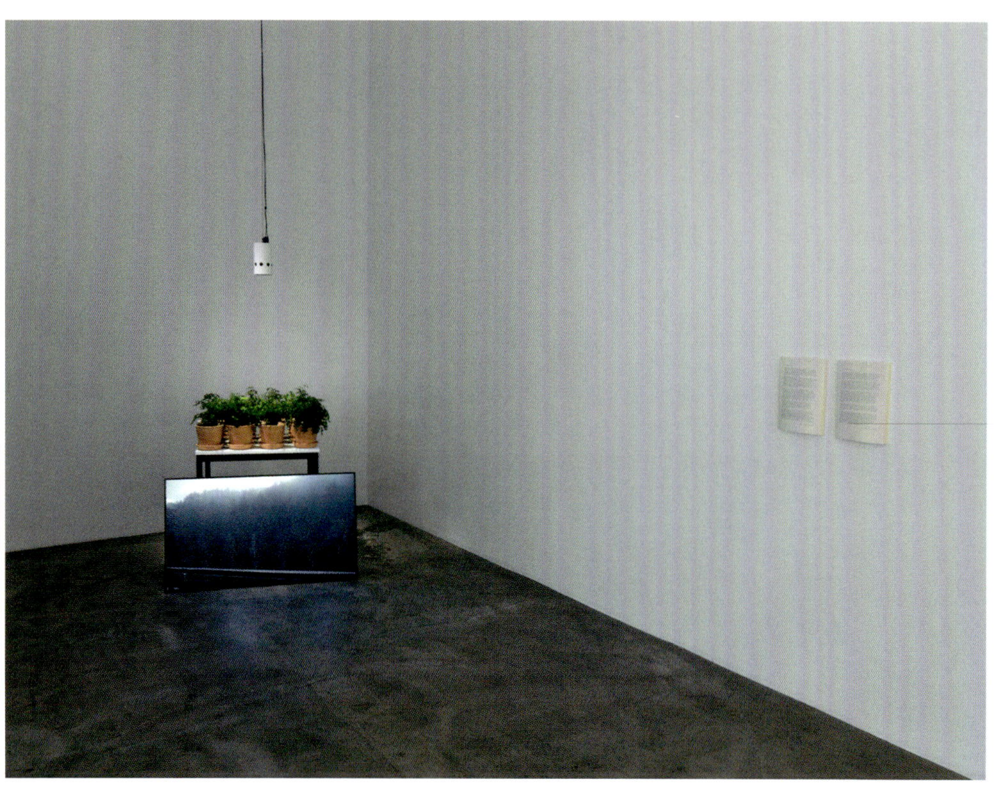

The Maidenhair Fern

Feen badeten einst in den Quellen von Višegradska Banja. Junge
Männer, die sie heimlich beobachteten und sich an ihrem Charme
erfreuten, wurden von den unnahbaren Schönheiten in den Wahnsinn
getrieben. Nach dem Baden verließen die Feen unberührt den Ort
und ließen Strähnen ihres schwarzen Haars im Wasser zurück.
Diese verwandelten sich in die grünen Schöpfe des Frauenhaarfarns
und verzauberten so den gesamten Ort.

Bereits im osmanischen Reich wurde an den Thermalquellen von
Višegrad ein Kurbad errichtet. Zu jugoslawischen Zeiten baute man
zusätzlich ein großes Spa-Hotel. Es wurde nach der als Frauenhaarfarn
bekannten Pflanze „Vilina Vlas" benannt, um die Legende des
märchenhaften Zaubers und der starken Anziehungskraft des Kurortes
zu veranschaulichen. Die vergangenen Jahrzehnte sind in das
Mobiliar des Hotels mit deutlich sichtbaren Spuren eingeschrieben.
Unbedachte Gäste wissen die heruntergekommene Exotik des Ortes
zu schätzen. Die Patina der jugoslawischen Baukunst inmitten zweier
dichter dunkelgrüner Waldhänge ...

Eine Zeitschicht, die in jenen Spuren unlesbar aufbewahrt wurde,
ist die der 1990er Jahre. Wer danach recherchiert, wird erfahren,
dass das Spa-Hotel der damaligen serbischen Armee in Višegrad bei
der Durchführung der „ethnischen Säuberungen" als ein Konzentrationslager
für entführte bosniakische Zivilist*innen diente, hauptsächlich
Frauen und Mädchen, die in den Hotelzimmern systematisch vergewaltigt
wurden. Dort wurden nur die schönsten Mädchen aus der Stadt und der
Umgebung festgehalten. Die meisten von ihnen wurden ermordet oder
verübten Selbstmord. Viele gelten immer noch als vermisst.
Nur wenige überlebten und konnten so über die Ereignisse berichten.
Es gab mindestens 21 solcher Lager in der Gegend um Višegrad.

Auch der Literaturnobelpreisträger Peter Handke fühlte sich von
diesem Ort angezogen und besuchte das Spa-Hotel. Er besuchte
Višegrad und das nahegelegene Srebrenica nur ein Jahr nach dem
Kriegsende, nur ein Jahr nach dem Völkermord. Im Anschluss
veröffentlichte er seine hochumstrittenen „Jugoslawientexte",
in denen er die Verbrechen leugnete, relativierte und die Kraft
des Postfaktischen fütterte.

Der Legende nach ist das Wesen von „Vilina Vlas" in der weiblichen
Verführungskraft begründet. Von ihr zu erzählen, wirkt angesichts
der verübten Gräueltaten wie die Ausübung eines zweiten Gewaltaktes.
Zwar könnten die Verbrechen durchaus im Sinne der Legende als aus
männlichen Kränkungen erwachsene Rache gewertet werden. Doch die
Geschichte des Ortes entstand nicht infolge weiblicher Verführungen,
sondern allein aufgrund entfesselter, herrschsüchtiger Männerfantasien.
„Vilina Vlas" ist ein Fenster in die Natur des Sadismus und das
Wesen einer faschistischen Ordnung. Dieser Ort der Vernichtung wird
heute ausschließlich als Sitz eines Spa-Hotels und Kurorts genutzt.

Adnan Softić, Nina Softić

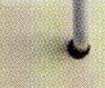

The Maidenhair Fern

Fairies once bathed in the springs of Višegradska Banja. Young men,
who secretly watched them bathe and delighted in their charm, were
driven to madness by the unapproachable beauties. After bathing the
faires left the springs untouched, leaving behind strands of their
black hair floating in the water. These turned into the green
strands of the maidenhair fern and thus enchanted the entire site.

The thermal springs of Višegrad became the site of a spa during
the Ottoman Empire. Later, when this area became part of Yugoslavia,
a large spa hotel was built there. The hotel was named "Vilina Vlas"
after the maidenhair fern, invoking the area's legendary magical
aura. The past decades are inscribed in the furniture of the hotel
with clearly visible traces. For some, the site's run-down exoticism
is a quality to be appreciated. The patina of Yugoslavian architecture
nestled between two dense, dark green forest slopes ...

Yet one layer of time that is preserved, yet unapparent, is that of
the 1990s. Those willing to do some research will discover that the
spa hotel was once occupied by the Serbian army in Višegrad who used
it as a concentration camp for abducted Bosniak civilians as part of
their "ethnic cleansing" campaign. Mainly women and girls were
housed there, and systematically raped. Only the most beautiful
girls from the city and the surrounding area were taken there.
Most of them were murdered or committed suicide. Many are still
considered missing. Only a few survived to tell the story of what
happened. There were at least 21 such camps in the area around
Višegrad.

Peter Handke, winner of the Nobel Prize for Literature, became
interested in this site. He visited Višegrad and nearby Srebrenica,
one year after the end of the war – one year after the genocide. He
then published his highly controversial "Yugoslavia Texts," in which
he denied and relativized the crimes, feeding the power of the post-
factual.

According to legend, the essence of the spa "Vilina Vlas" is rooted
in the female power of seduction. To speak of this, in view of the
atrocities committed, seems like the perpetration of a second act
of violence. It is true that the crimes could be interpreted in the
sense of the legend, as an act of revenge by slighted men. But female
seduction is not what brought about this history, but solely
unleashed male fantasies of domination. "Vilina Vlas" is a window
into the nature of sadism and the essence of a fascist order.
Today, this place of destruction serves exclusively as the
headquarters of a spa hotel and health resort.

Adnan Softić, Nina Softić

Adnan Softić und / and Nina Softić, *The Maidenhair Fern* (Der Frauenhaarfarn), 2021, Handout / handout

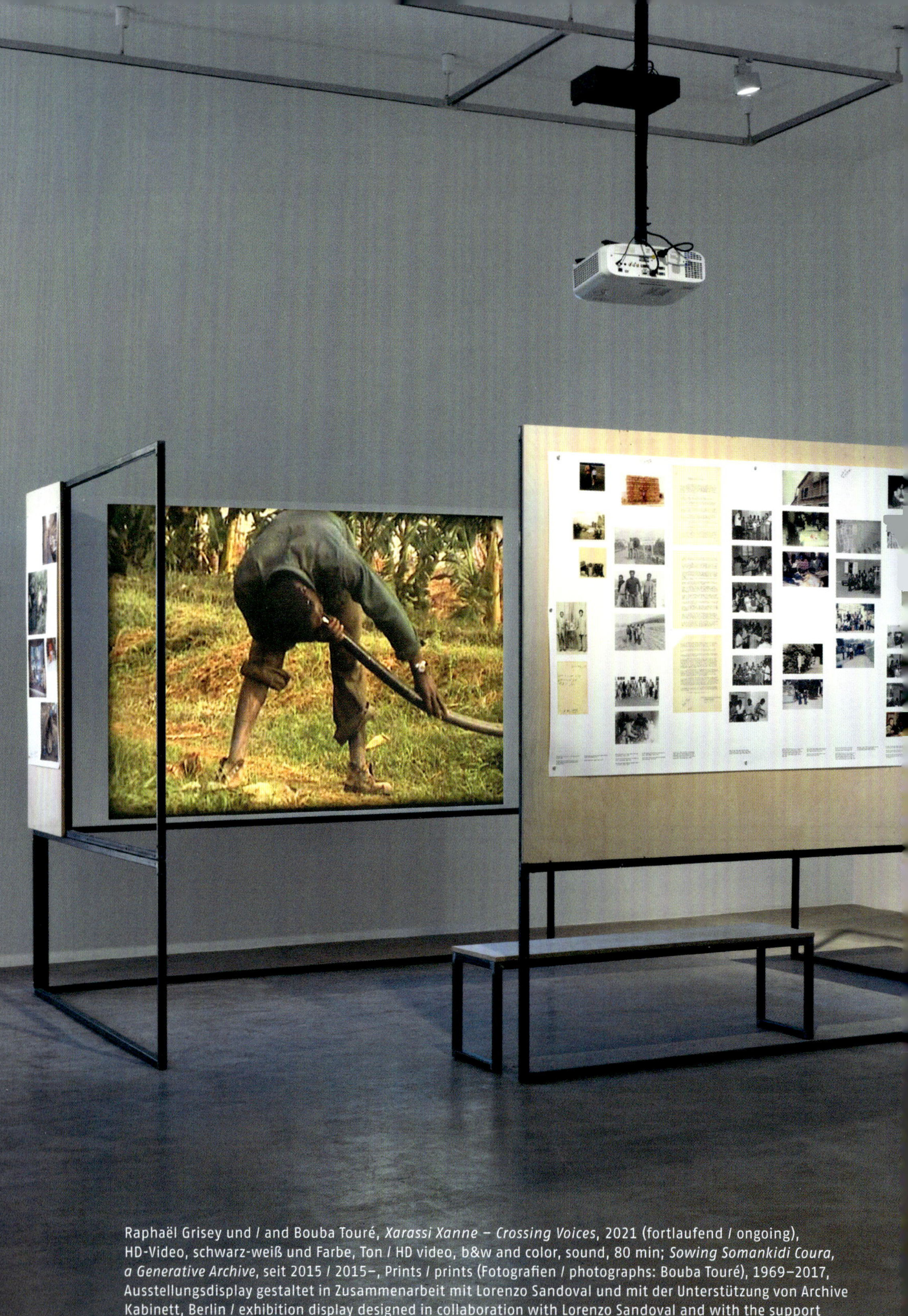

Raphaël Grisey und / and Bouba Touré, *Xarassi Xanne – Crossing Voices*, 2021 (fortlaufend / ongoing), HD-Video, schwarz-weiß und Farbe, Ton / HD video, b&w and color, sound, 80 min; *Sowing Somankidi Coura, a Generative Archive*, seit 2015 / 2015–, Prints / prints (Fotografien / photographs: Bouba Touré), 1969–2017, Ausstellungsdisplay gestaltet in Zusammenarbeit mit Lorenzo Sandoval und mit der Unterstützung von Archive Kabinett, Berlin / exhibition display designed in collaboration with Lorenzo Sandoval and with the support of Archive Kabinett, Berlin

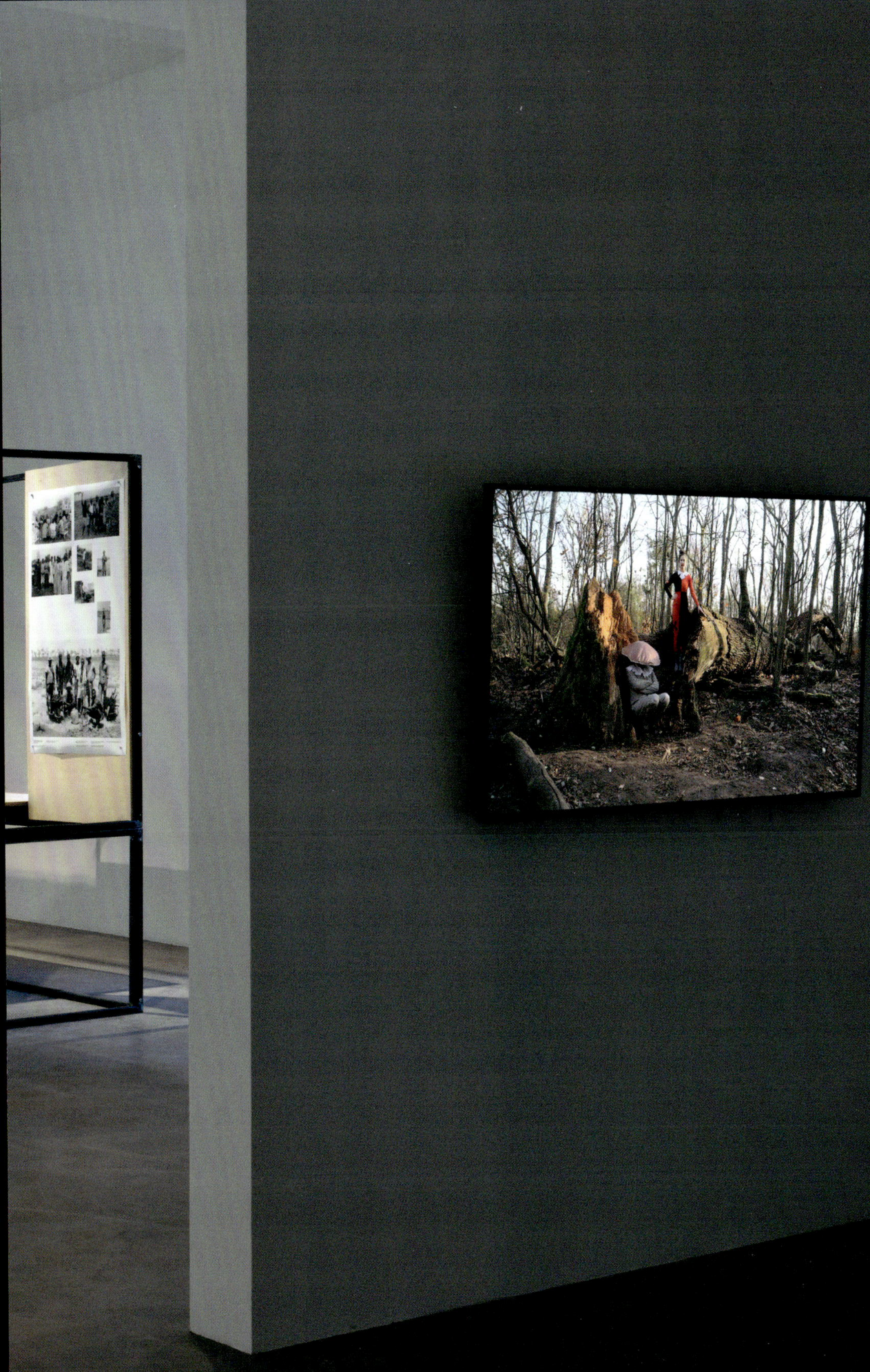

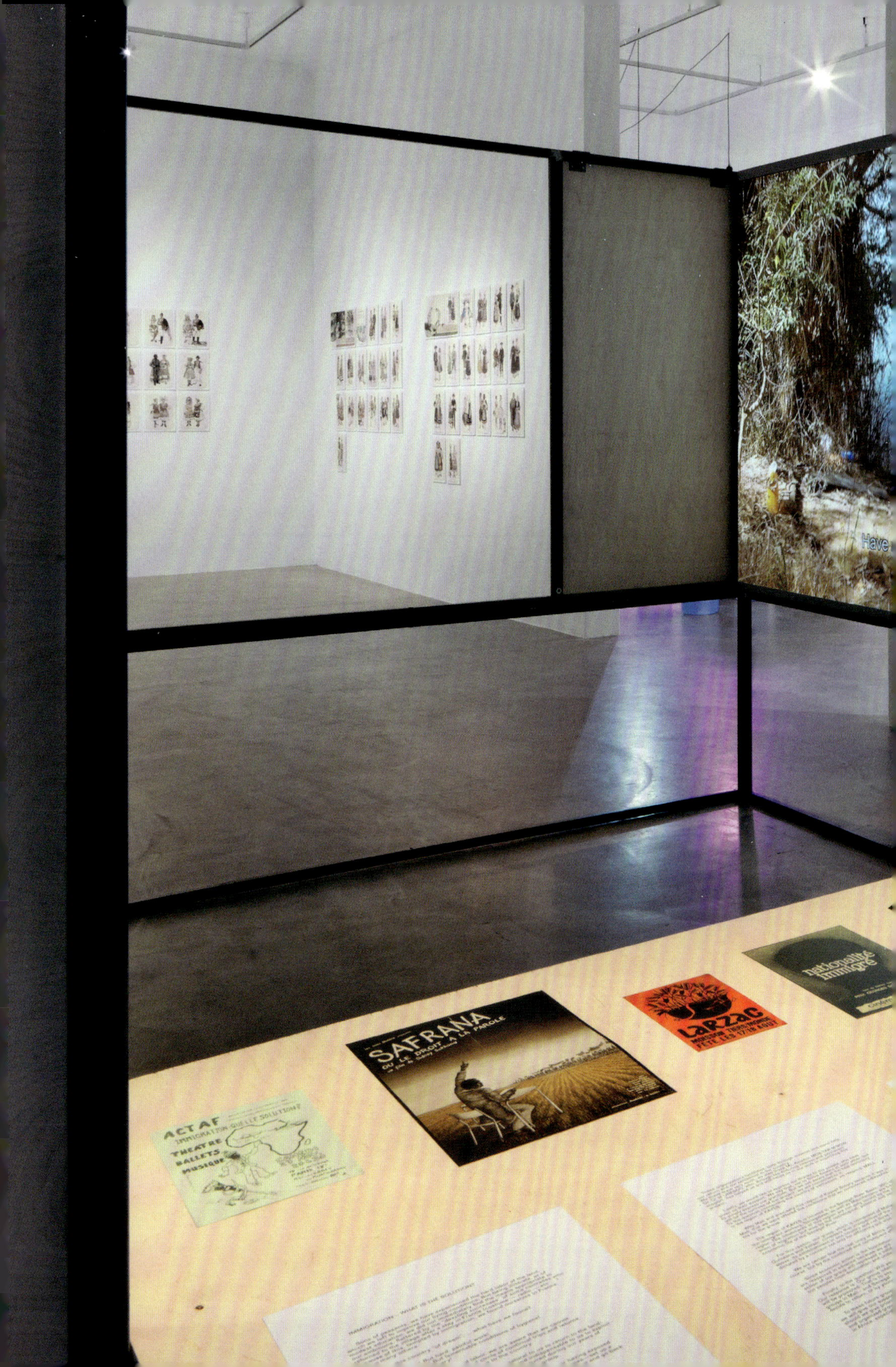

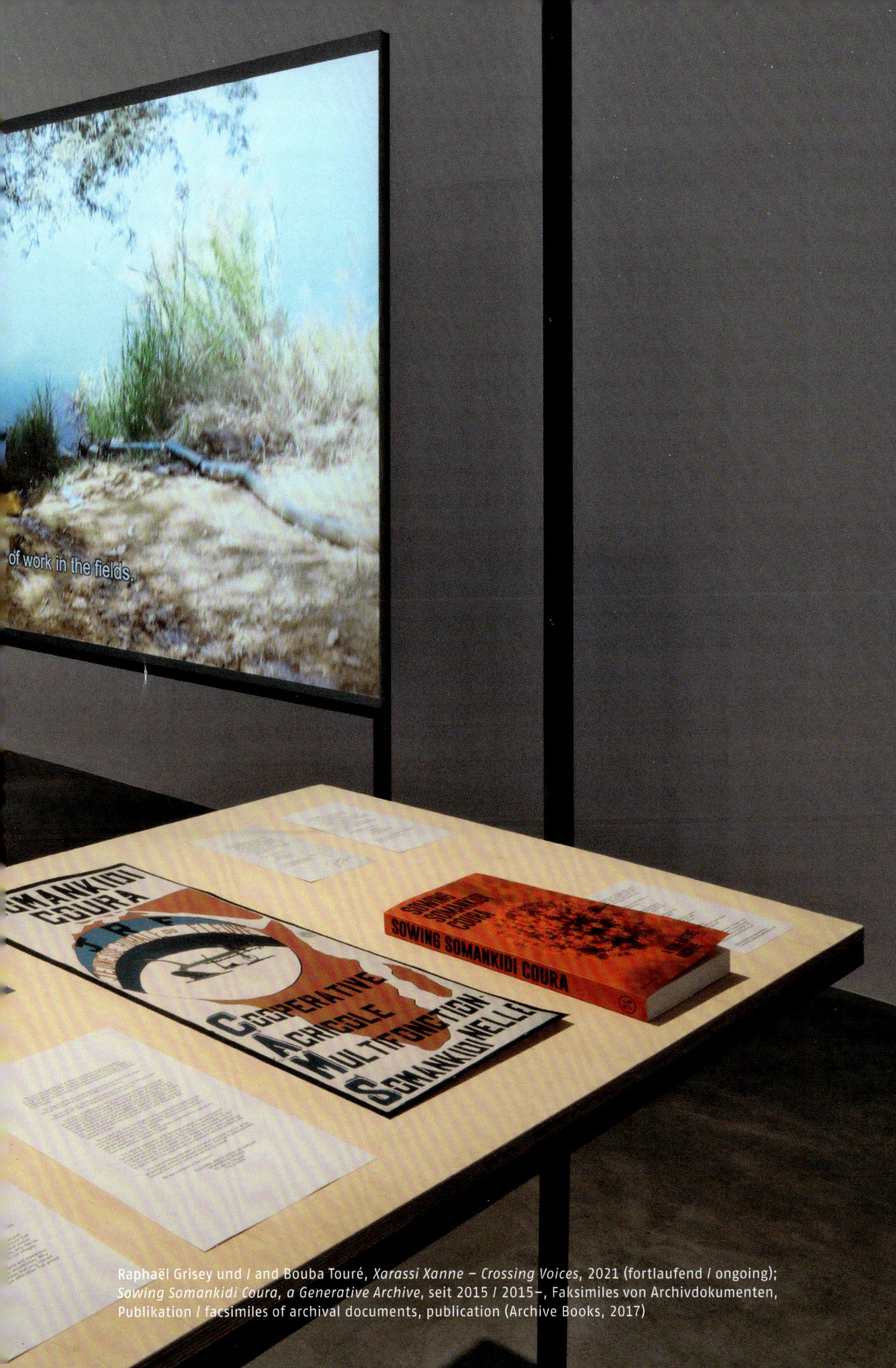

Raphaël Grisey und / and Bouba Touré, *Xarassi Xanne – Crossing Voices*, 2021 (fortlaufend / ongoing); *Sowing Somankidi Coura, a Generative Archive*, seit 2015 / 2015–, Faksimiles von Archivdokumenten, Publikation / facsimiles of archival documents, publication (Archive Books, 2017)

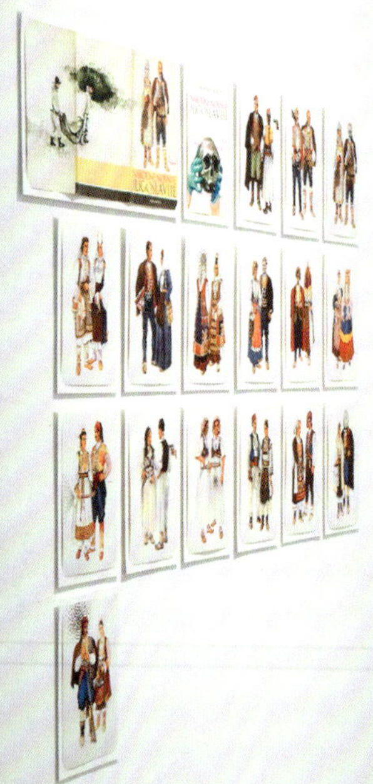

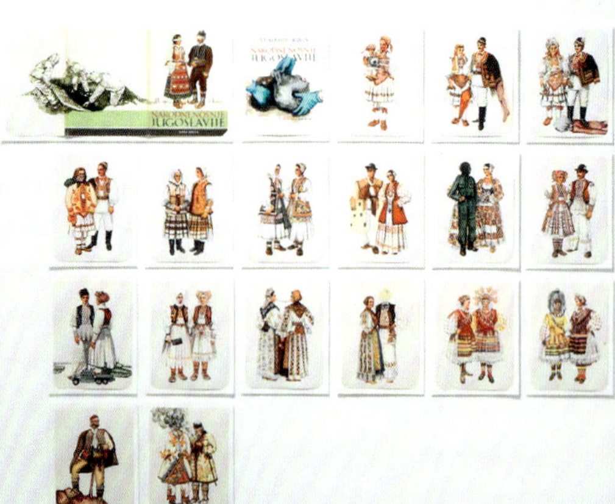

Rajkamal Kahlon, „*Dear Yugoslavia, I regret to inform you...*", 2018, 72 Aquarelle auf illustrierten Buchseiten / 72 watercolors on illustrated book pages, je / each 30 × 63,5 cm (Umschläge / cover), 30 × 22,5 cm

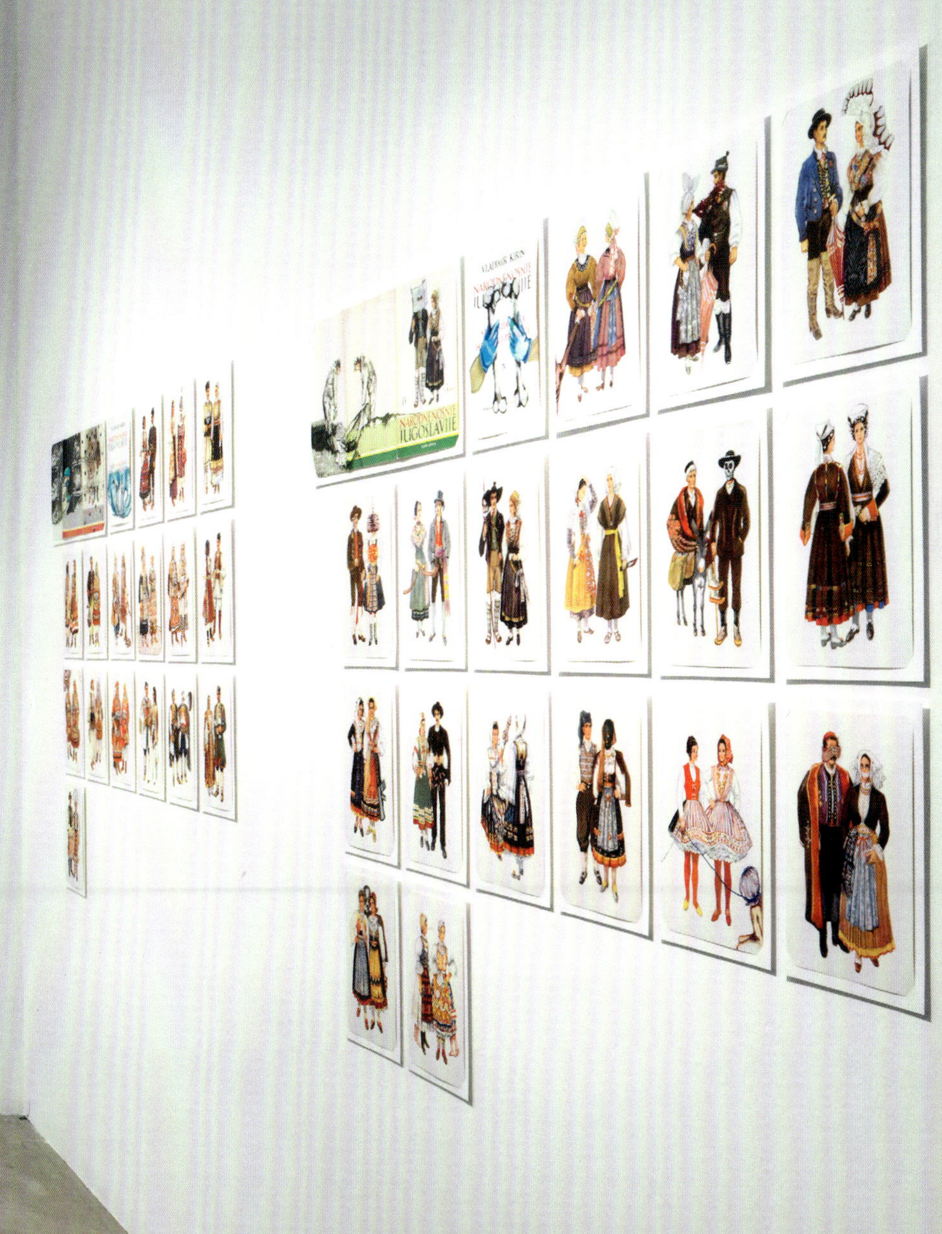

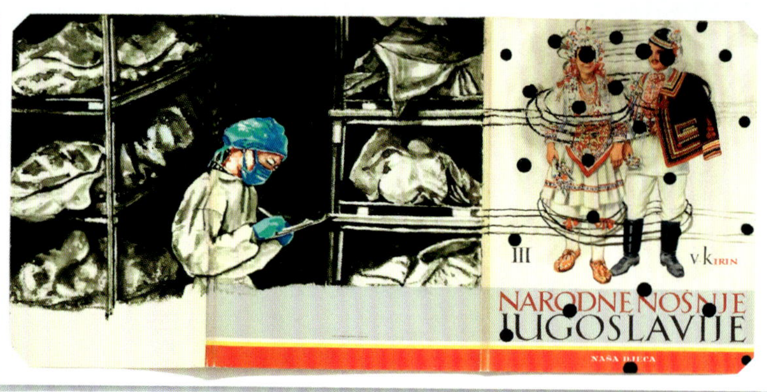
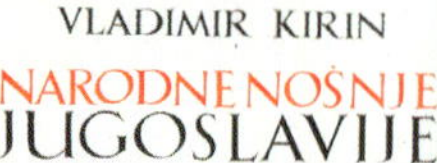

VLADIMIR KIRIN

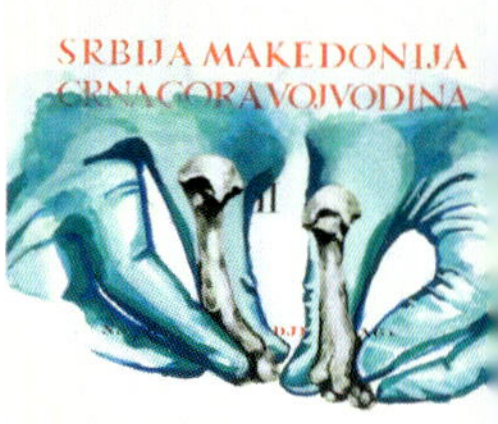

NARODNE NOŠNJE
JUGOSLAVIJE
SRBIJA MAKEDONIJA
CRNA GORA VOJVODINA

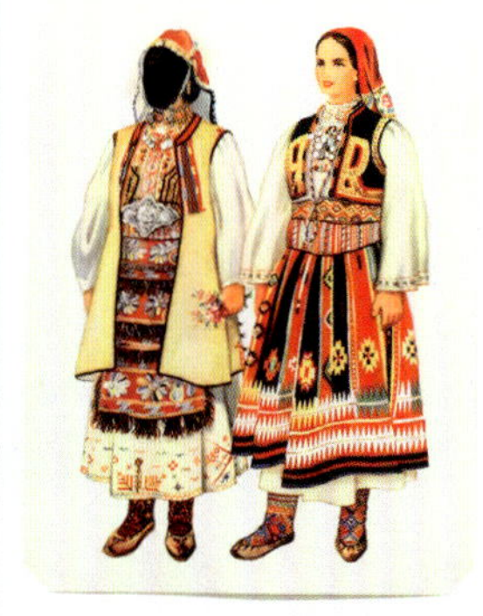
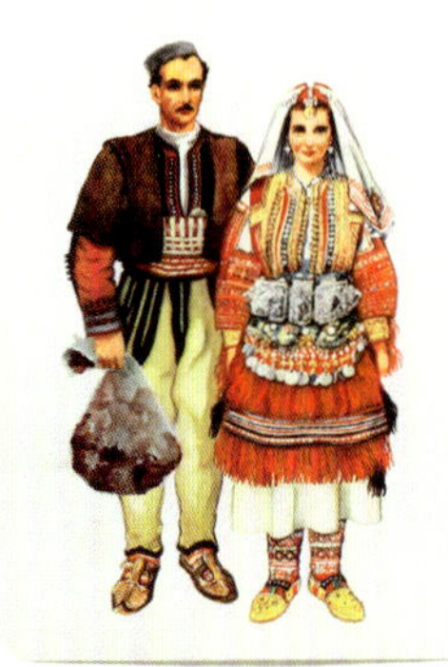
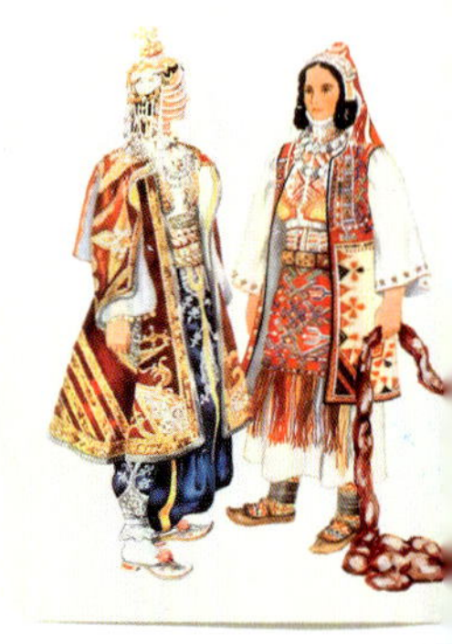
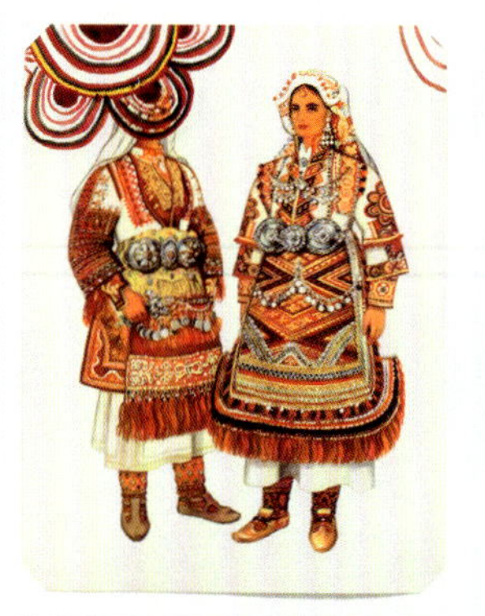
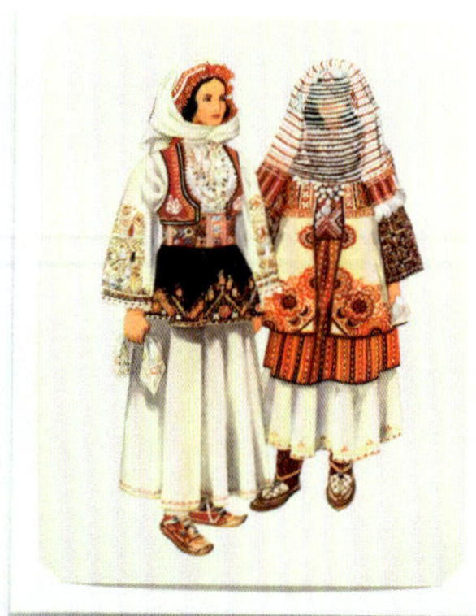
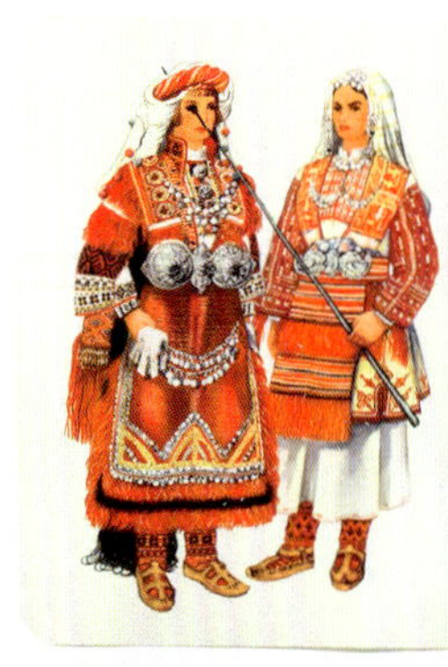
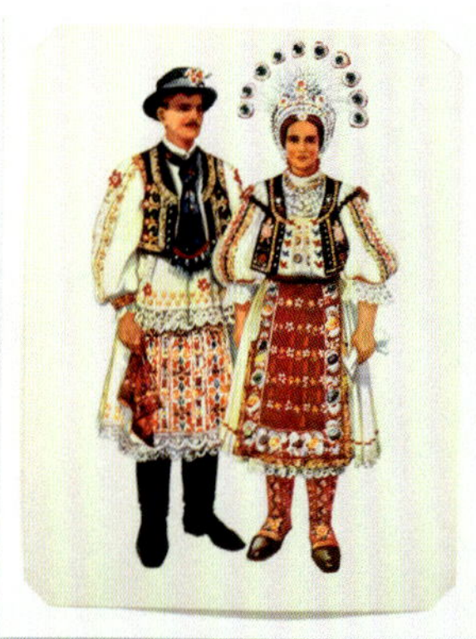

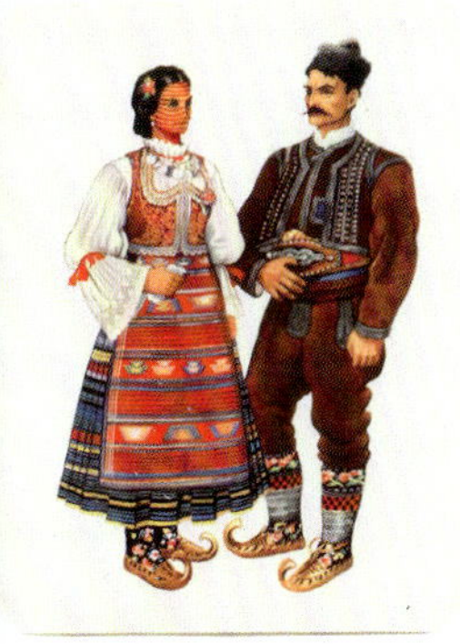
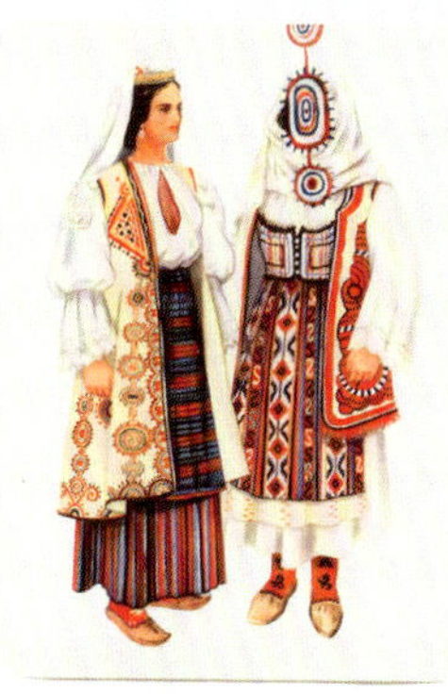
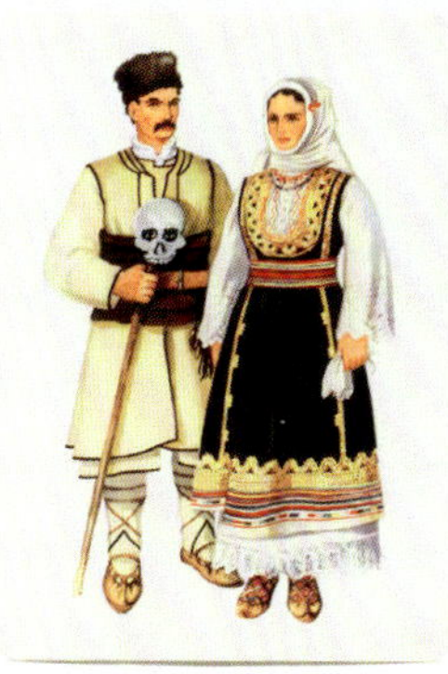
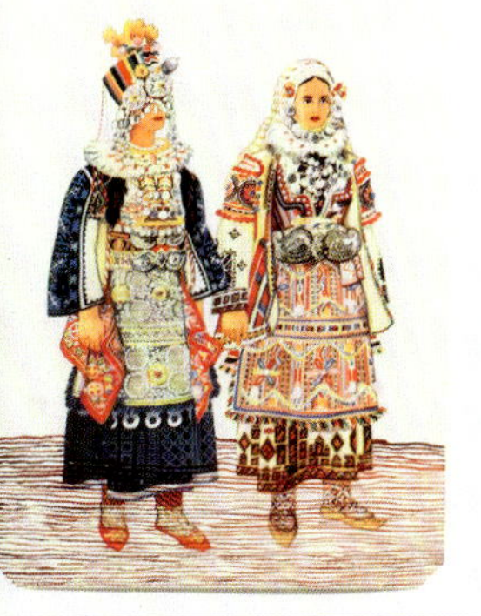
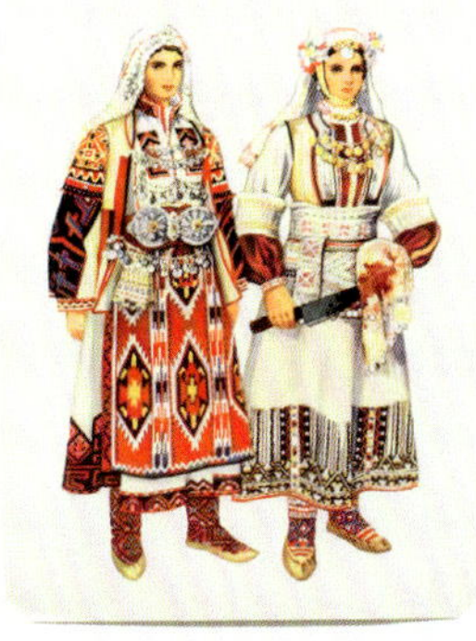
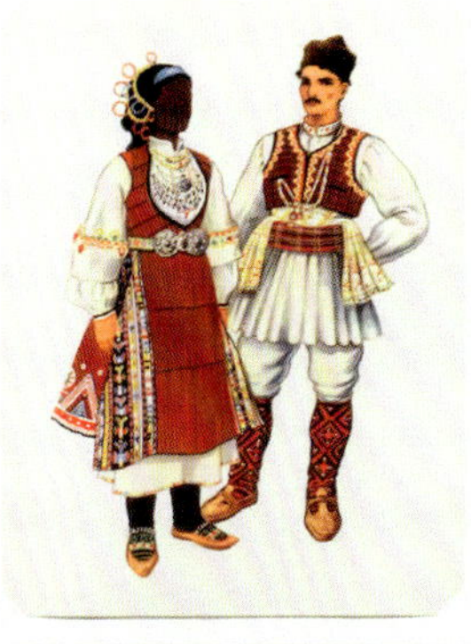
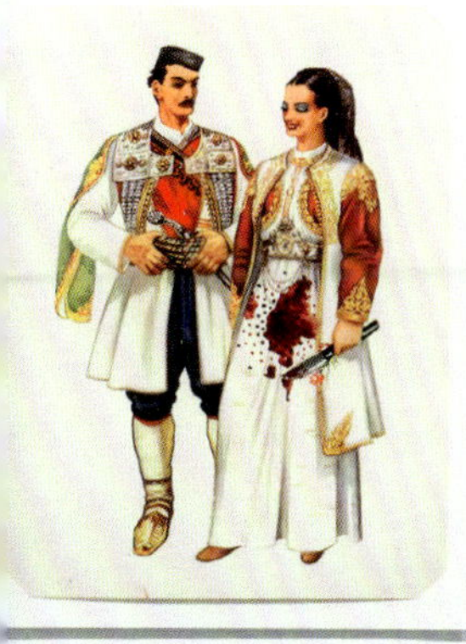
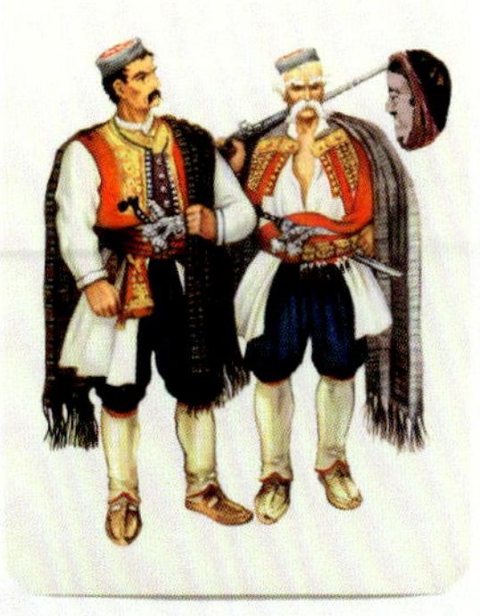
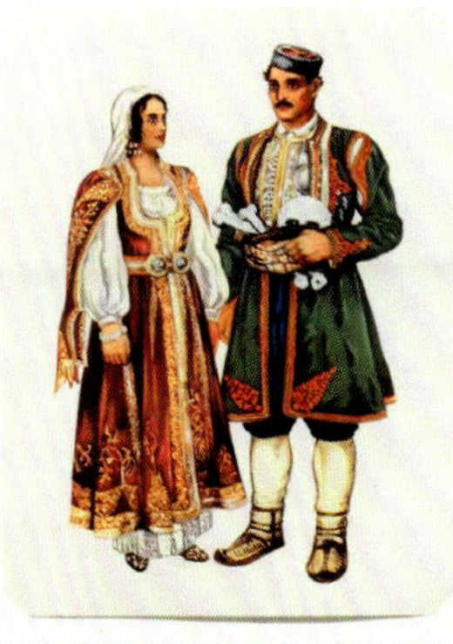

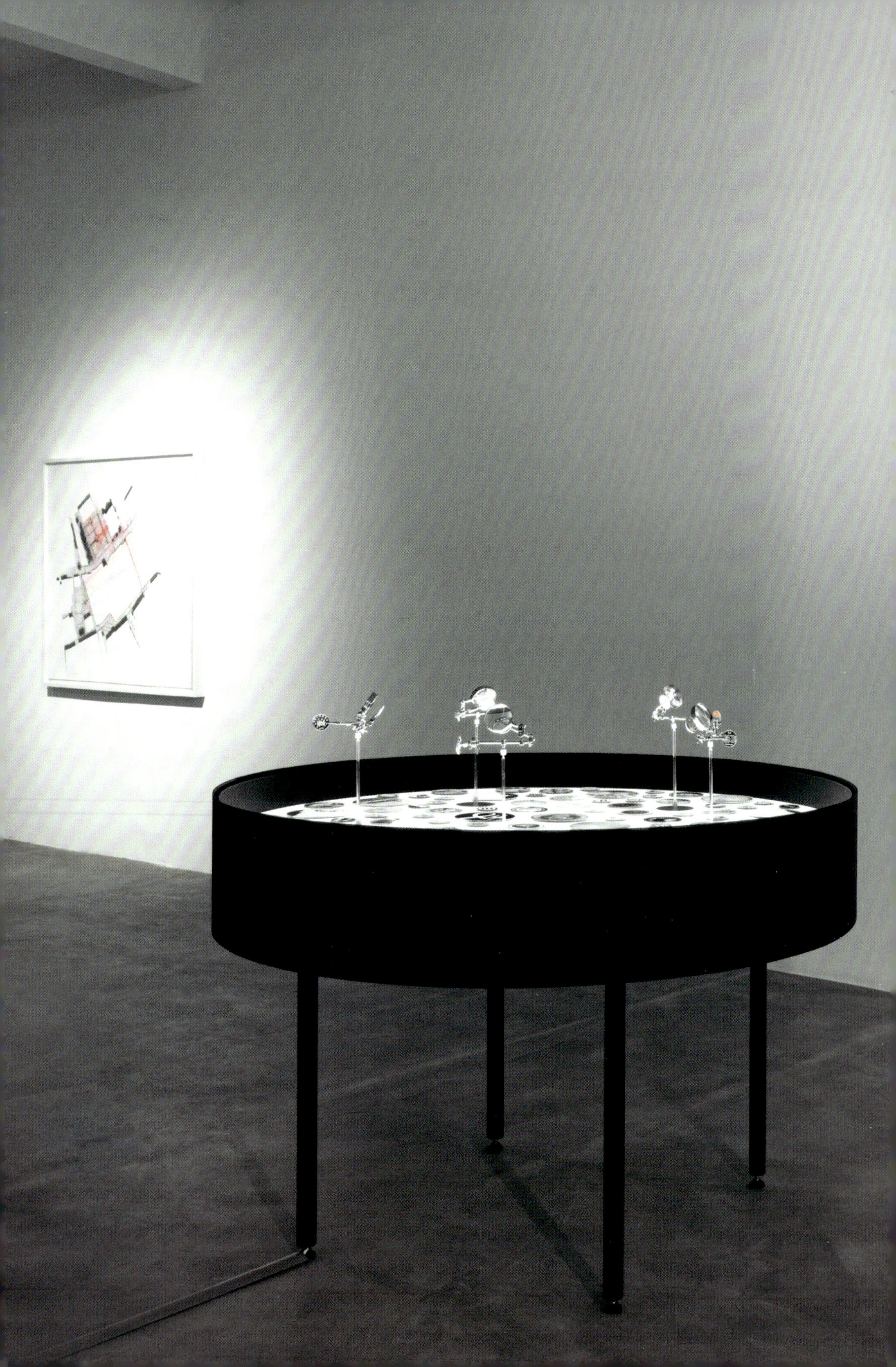

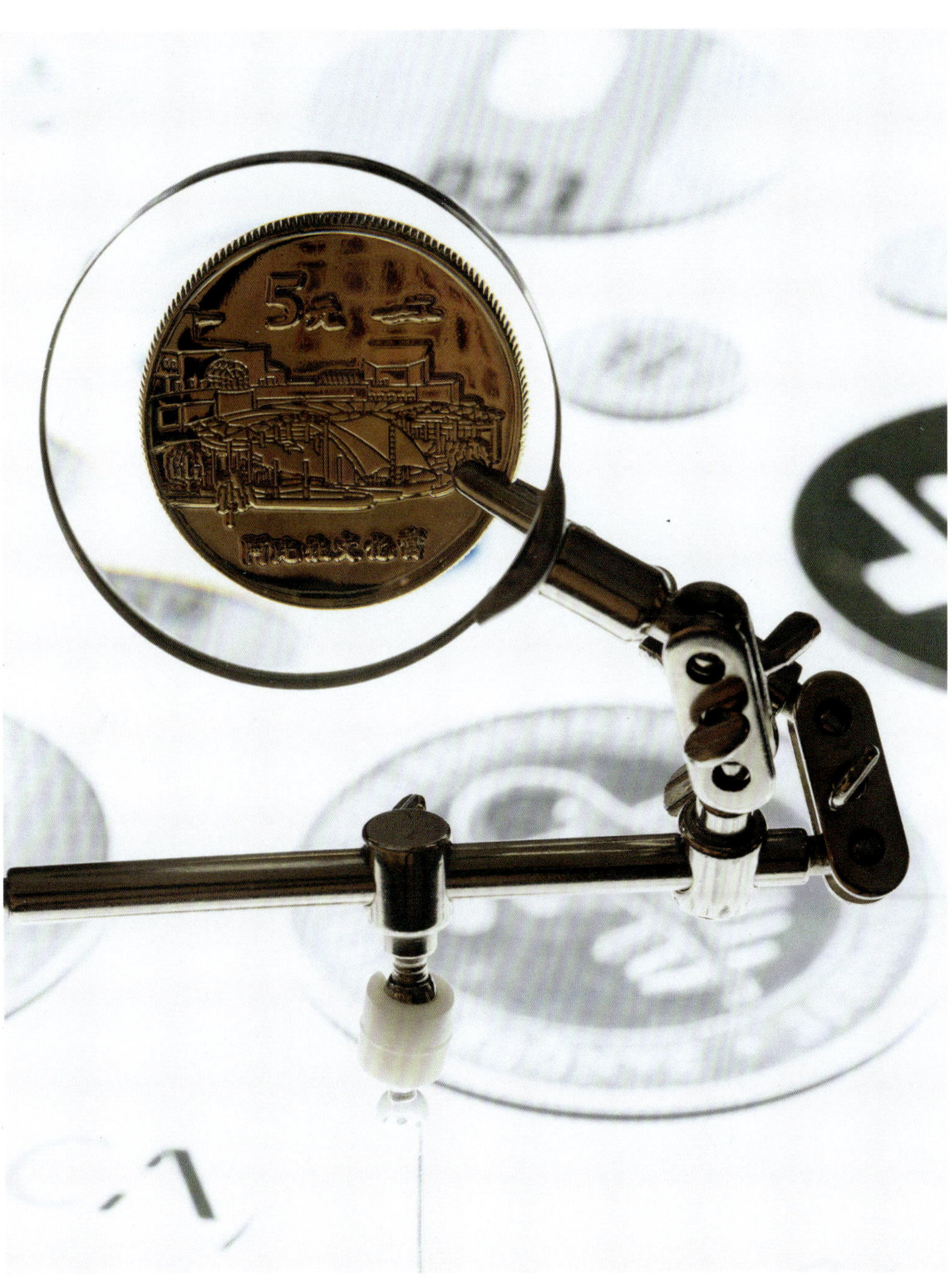

Musquiqui Chihying, *The Cultural Center*, 2018–2020, LED-Leuchtvitrine, Digitaldrucke auf Acrylglas, Münzen mit Zinklegierung, Lupen / LED-illuminated showcase, digital prints on acrylic glass, zinc alloy coins, magnifying glasses, Höhe / height 100 cm, Ø 148 cm

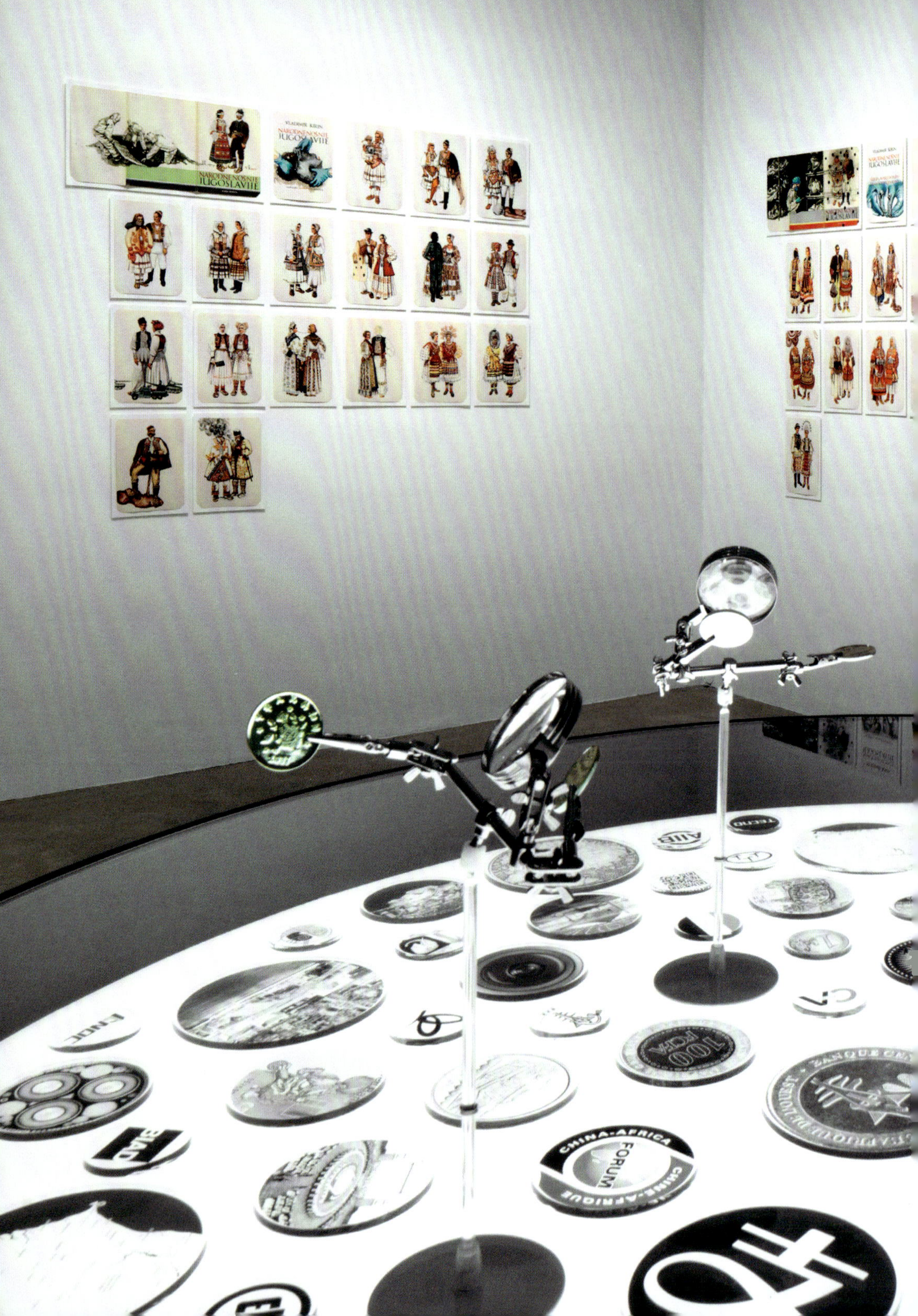

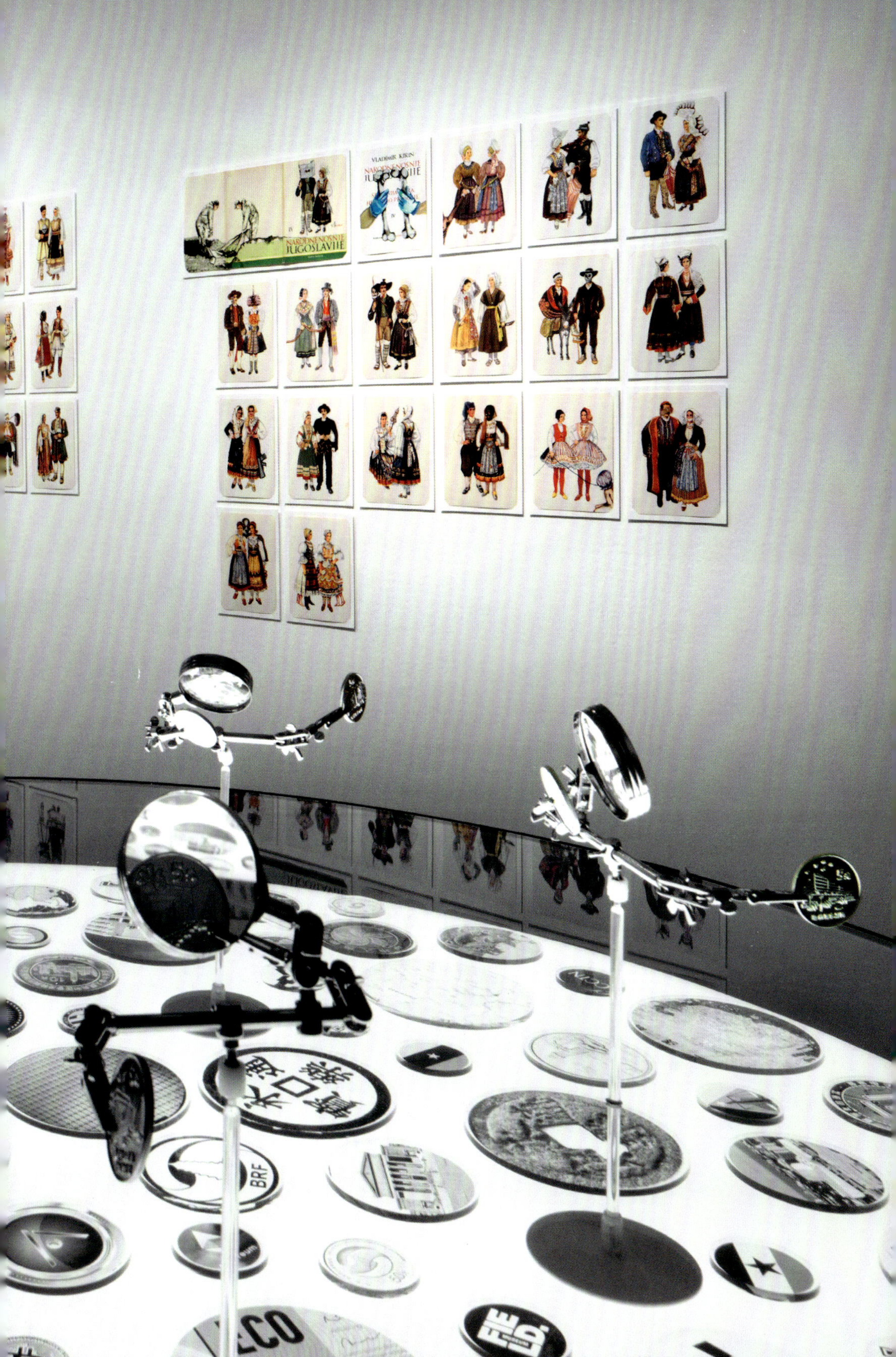

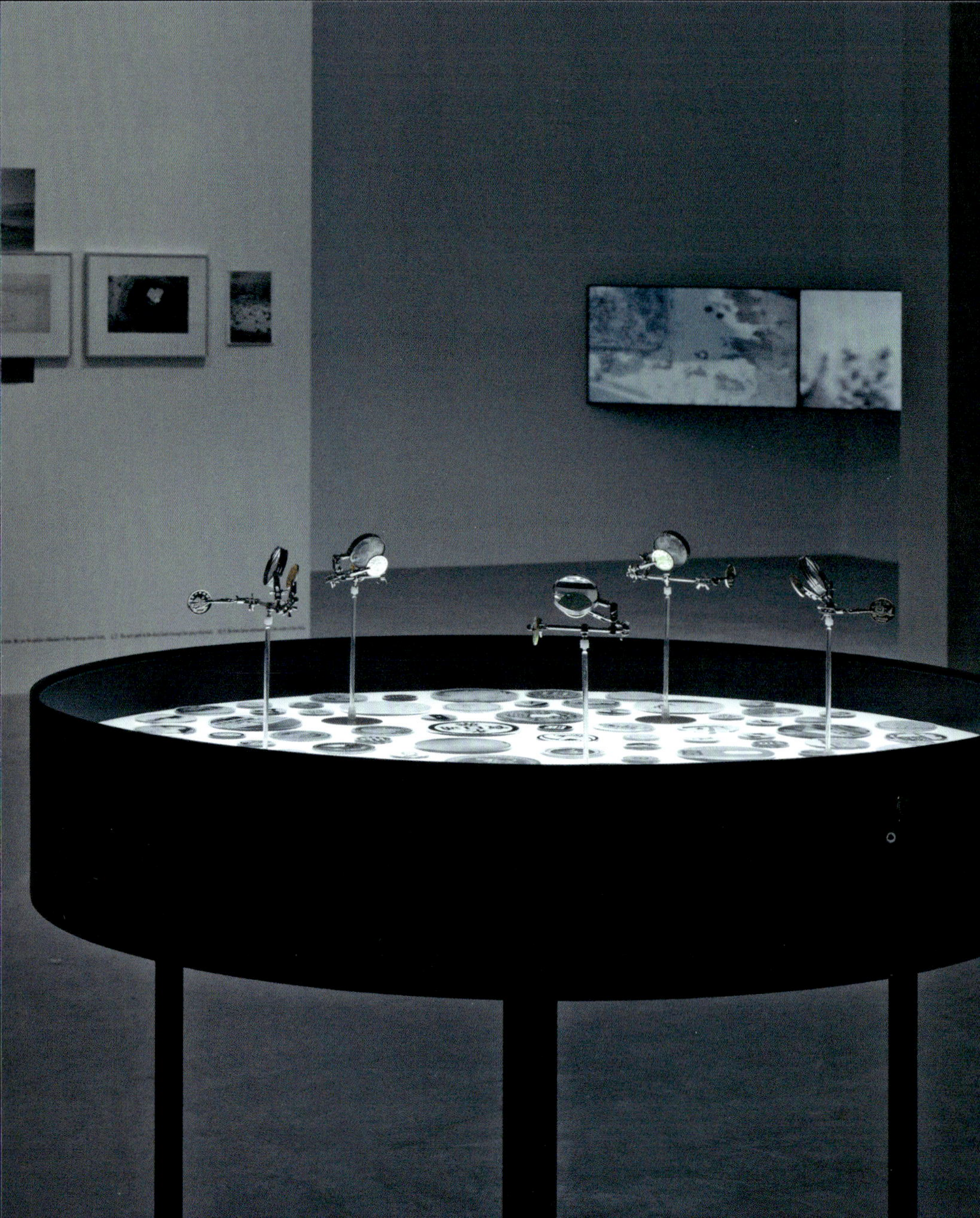

Grußwort
Klaus Lederer, Senator für Kultur und Europa

In der mittlerweile 16. Ausgabe der Ausstellung der Arbeitsstipendien des Landes Berlin wurden im Frühjahr 2021 Werke der Künstler*innen Larissa Fassler, Raphaël Grisey, Bettina Hutschek, Rajkamal Kahlon, Musquiqui Chihying, Mandla Reuter, Padraig Robinson, Setareh Shahbazi, Paul Sochacki, Adnan Softić und Clarissa Thieme sowie deren Kooperationspartner*innen im Neuen Berliner Kunstverein präsentiert. Die Jurymitglieder Ariane Beyn, Nuray Demir, Stef Heidhues, Jörg Heiser und Tirdad Zolghadr wählten diese elf Künstler*innen aus 418 Bewerbungen aus; sie erhielten jeweils ein Stipendium in Höhe von 18.000 Euro. Der vorliegende Katalog gibt Einblick in die Arbeit der Künstler*innen und in die Präsentationen in der Ausstellung.

Das Arbeitsstipendium für bildende Künstler*innen gibt es in Berlin seit vielen Jahrzehnten. Es war und ist für viele Künstler*innen eine wichtige Förderung, um die eigene künstlerische Entwicklung voranzubringen. Die Veränderungen des Förderprogramms über die Jahre spiegeln sowohl die Bedingungen künstlerischen Schaffens als auch die sozialen Kämpfe um die „richtige" Künstler*innenförderung wider. Anfang der 2000er Jahre wurden noch 19 Stipendien, die jeweils mit etwas über 10.000 Euro dotiert waren, vergeben. Heute sind es elf Stipendien mit jeweils 18.000 Euro. Im Austausch mit der freien Szene wurde 2015 entschieden, nicht die Anzahl der Arbeitsstipendien zu erhöhen, sondern mittels 60 Recherchestipendien à 8.000 Euro eine möglichst breite Förderung zu erzielen.

Die Anzahl der Anträge für die Arbeitsstipendien lag in den 1990er Jahren bei über 900. Manche Kolleg*innen aus der Kulturverwaltung können sich noch daran erinnern, dass irgendwann der Platz auf Tischen, Stühlen und Fensterbänken im großen Sitzungssaal nicht mehr ausreichte und die Bewerbungsmappen auf dem Boden ausgelegt werden mussten. Die Jurysichtung war also auch physisch eine Herausforderung: Tagelang müssen bis spät in die Nacht meterweise Bewerbungen abgegangen und durchgeblättert worden sein, während der Rauch etlicher Zigaretten langsam den Saal in der Brunnenstraße vernebelte – so stelle ich mir das jedenfalls vor. Heute ist das Rauchen in den Räumen der Brunnenstraße nicht mehr erlaubt und die Antragstellung digitalisiert.

Stipendien gehören im Bereich der Künstler*innenförderung zu einem der wichtigsten Förderinstrumente. Dies wurde im Besonderen auch während der Corona-Pandemie deutlich. Stipendien ermöglichen Künstler*innen, selbstbestimmt und frei zu arbeiten, ohne auf Markt- oder Verwertungslogiken achten zu müssen. Ohne Aufführungs- und

Präsentationsdruck können Dinge erprobt werden. Auch das Scheitern eines Vorhabens kann eintreten und als Erfahrung und ebenfalls wichtiger Schritt in der künstlerischen Entwicklung verstanden werden. Viele Bundesländer – und so auch Berlin – haben während der Einschränkungen durch die Infektionsschutzverordnungen zur Eindämmung des Corona-Virus Künstler*innen durch eine Vielzahl an Stipendien unterstützt. Nicht nur um einen finanziellen Ausgleich zu weggefallenen Honoraren oder Verkäufen zu bieten – vor allem ging es darum, künstlerische Praxis am Leben zu erhalten. Um Künstler*innen zu ermöglichen, (anders) weiterzuarbeiten und auch, um den Mut nicht zu verlieren, geplante Vorhaben und Projekte doch noch umsetzen zu können.

Ich wünsche den Stipendiaten*innen aus dem Jahr 2020 viel Erfolg für ihre weitere Arbeit. Für die Organisation und Umsetzung der Stipendiat*innenausstellung bedanke ich mich recht herzlich bei Marius Babias, den Kuratorinnen Krisztina Hunya und Melanie Roumiguière und dem Team des Neuen Berliner Kunstvereins.

Greeting
Klaus Lederer, Senator for Culture and Europe

The exhibition featuring the State of Berlin's visual arts working fellowship recipients is already a beloved tradition. In its sixteenth iteration, held in the spring of 2021, the Neuer Berliner Kunstverein showcased art by Larissa Fassler, Raphaël Grisey, Bettina Hutschek, Rajkamal Kahlon, Musquiqui Chihying, Mandla Reuter, Padraig Robinson, Setareh Shahbazi, Paweł Sochacki, Adnan Softić, and Clarissa Thieme as well as their collaborators. The members of the jury – Ariane Beyn, Nuray Demir, Stef Heidhues, Jörg Heiser, and Tirdad Zolghadr – had selected these eleven artists from 418 applicants; each received a fellowship worth €18,000. This catalogue provides insight into the artists' work and reprises their presentation in the galleries.

The visual arts working fellowship has been a mainstay of Berlin's cultural policy for decades and a key source of support for many artists that has allowed them to develop and refine their practices. The changes to the fellowship program over the years reflect both the circumstances in which artists work and the social struggles over the "right" way to help them thrive. In the early 2000s, the city awarded nineteen fellowships, each carrying a stipend of just over €10,000. Now there are eleven fellowships of €18,000 each. In consultation with the city's independent arts scene, we decided in 2015 not to raise their number, instead creating sixty research fellowships of €8,000 each to provide the broadest-based support possible.

In the 1990s, the Department of Culture routinely received over nine hundred applications for a single round of fellowships. Some of my colleagues still remember how the tables, chairs, windowsills, and even the floor in the large meeting room overflowed with portfolios. That made reviewing the applications, always a challenging task, physically taxing as well: for days on end and often deep into the night, the jurors must have literally waded through portfolios as the smoke of many a cigarette fogged up the room – or that is how I imagine it. Smoking has been prohibited inside the office building on Brunnenstraße for a while, and nowadays, artists submit their applications digitally.

Fellowships are one of the most important instruments with which we can support working artists. That was perhaps never more evident than during the coronavirus pandemic. The stipends enable artists to create at their own pace and as they see fit, relieving them of the need to keep an eye on the demands of the market and the logic of economic value. Alleviating the pressure to perform or exhibit, fellowships offer them an opportunity to strike out in new directions. And if their ventures fail, they may find that it was a learning experience and, in its own way, an important step forward in their creative evolution. As the regulations designed to contain the pandemic went into effect, a wide range of fellowship programs underwritten by many of the German states, Berlin among them, helped artists weather the crisis, compensating them for lost income from performances or sales, but also, and more importantly, keeping creative practices alive. Public support enabled artists to stay working, or devise new ways of working, and gave them confidence that they would eventually realize their projects and visions.

I wish the winners of the 2020 fellowships the very best for their future endeavors. My gratitude goes to Marius Babias and the curators Krisztina Hunya and Melanie Roumiguière, and the team at the Neuer Berliner Kunstverein for organizing and realizing the exhibition of the fellows' work.

Vorwort
Marius Babias

Der Neue Berliner Kunstverein setzt mit der Ausstellung *Step Out of the Strange Light* seine Präsentationsreihe mit den Stipendiat*innen des Arbeitsstipendiums Bildende Kunst des Berliner Senats fort. Seit seiner Gründung 1969 hat sich der n.b.k. mit Ausstellungen, Diskursformaten und Publikationen als Plattform zeitgenössischer Kunstproduktion etabliert. Durch Kooperationsprojekte tief in der Berliner Kunstlandschaft verwurzelt und zugleich international vernetzt, schafft der n.b.k. mit seinem Programm ein Forum für Dialoge zwischen Künstler*innen, Theoretiker*innen und Publikum. Mit einem Fokus auf drängende Fragestellungen rund um die Themen Globalisierung, Transkulturalität, Biopolitik, Feminismus und Digitalität greift der n.b.k. aktuelle Diskussionen auf und erweitert sie um interdisziplinäre Perspektiven. Den Kern seines bildungspolitischen Auftrags bildet die Kunstvermittlung und das damit verbundene Anliegen, die Besucher*innen zu einer aktiven Teilhabe an kulturellen Prozessen einzuladen. Die zwei Sammlungen des n.b.k. sind Ausdruck dieses Bestrebens: In der Artothek können über 4.000 Werke internationaler Kunst des 20. und 21. Jahrhunderts von Berliner Bürger*innen ausgeliehen werden; das Video-Forum, die älteste und größte Videokunstsammlung Deutschlands, umfasst mehr als 1.700 Videoarbeiten, die frei gesichtet werden können. Es ist dieses Engagement, das den n.b.k. zu einem wichtigen Impulsgeber in der Berliner Stadtgesellschaft macht. Zusammen mit dem Berliner Senat, der jährlich die finanziellen Mittel für das Arbeitsstipendiums bereitstellt, nutzt der n.b.k. seine Reichweite, um in Berlin lebende internationale Künstler*innen einer breiten Öffentlichkeit zu präsentieren.

Das Bestreben, künstlerische Produktion am Standort Berlin zu fördern und die Vernetzung von Künstler*innen anzuregen, erscheint nicht nur in Anbetracht pandemiebedingter Schließungen von kulturellen Orten überaus dringlich. Die der Stadt Berlin anhaftende Verheißung einer unbeschwerten, dynamischen Kreativszene wurde längst von der Realität eingeholt. Das kulturelle Ökosystem der Stadt ist seit dem Mauerfall durch Gentrifizierung, Kommerzialisierung und den Rückgang von Freiräumen geprägt, die Künstler*innen zunehmend in prekäre Arbeitsmodelle zwingen. Die COVID-19-Pandemie hat als Katalysator dieser Entwicklungen gezeigt, wie verletzlich die Grundlagen kreativen Schaffens sind. Längst wird ökonomischen gegenüber kulturellen Interessen der Vorrang eingeräumt – ein Trend, der während der Pandemie nicht zuletzt in der Priorisierung wirtschaftlicher Betriebe ihren politischen Ausdruck fand und zeitweise dazu führte, dass die weiterhin als Verkaufsräume geöffneten Galerien neben dem öffentlichen Stadtraum zur einzig verfügbaren Präsentationsstätte für Kunstwerke wurden. Wenn wir in diesem gesellschaftlichen Klima weiterhin eine kritische Kunstproduktion jenseits der Marktförmigkeit anregen wollen, bedarf es Förderungen wie jener des Berliner Senats, die Künstler*innen eine unabhängige Praxis ermöglichen.

Die mit dem Arbeitsstipendium ausgezeichneten Künstler*innen waren in dem Jahr ihrer Förderung mit besonderen Herausforderungen konfrontiert. Die Einschränkungen des Reiseverkehrs, der erschwerte Zugang zu Materialien und fehlende Gelegenheiten für Austausch mit Gleichgesinnten wie mit der breiteren Öffentlichkeit führten dazu, dass gewohnte Prozesse verworfen, Konzepte neu gedacht und Zeitpläne angepasst werden mussten. Es ist das besondere Verdienst der beteiligten Künstler*innen und nicht zuletzt der Kuratorinnen, dass es in der Ausstellung gelungen ist, Werke zusammenzuführen, die nicht dem der Pandemie geschuldeten Stillstand erlegen sind, sondern die bestehenden Hindernisse als Herausforderung verstanden haben, ebenso präzise wie kritische Auseinandersetzungen mit der Gegenwart vorzustellen.

Ich danke der Senatsverwaltung für Kultur und Europa für die vertrauensvolle Zusammenarbeit und die großzügige finanzielle Unterstützung sowie den Kuratorinnen Krisztina Hunya und Melanie Roumiguière für ihr Engagement bei der Konzeption und Realisierung der Ausstellung in Dialog mit den beteiligten Künstler*innen. Mein Dank gilt auch der kuratorischen Assistenz Layla Burger-Lichtenstein sowie Frauke Boggasch, Ali Labgaa, Klaus Sagi, Jonathan Schmidt-Ott und Wibke Tiarks für die bauliche und technische Umsetzung der künstlerischen Projekte. Michaela Richter gebührt großer Dank für Redaktion und Lektorat sowie Theresia Kimmel für die Gestaltung der vorliegenden Publikation.

Preface
Marius Babias

Neuer Berliner Kunstverein presents *Step Out of the Strange Light,* continuing its series of presentations showcasing the winners of the Berlin Senate's visual arts working fellowships. With its program of exhibitions, discursive formats, and publications, n.b.k., founded in 1969, has long been an important platform for emerging contemporary art. Both firmly anchored in the Berlin arts scene, where it teams up with other institutions for cooperative ventures, and the hub of an extensive international network, n.b.k. provides a forum for dialogues between artists, theorists, and audiences. Focusing on today's pressing concerns around globalization, transculturality, biopolitics, feminism, and digitality, n.b.k. contributes to contemporary debates and enriches them with interdisciplinary perspectives. Fostering engagement with art is central to its educational mandate; the objective is to encourage visitors to become active participants in cultural processes. Neuer Berliner Kunstverein's two collections reflect this aspiration: the Artothek, an art lending library with over 4,000 works of international twentieth- and twenty-first-century art that serves all residents of Berlin, and the Video-Forum, Germany's oldest and largest collection of video art, with more than 1,700 works on video accessible to the public. This commitment has made n.b.k. a key source of fresh impulses for Berlin's urban community at large. Joining forces with the Senate of Berlin, which allocates annual funding for the working fellowships, n.b.k. capitalizes on its appeal to wide audiences to turn the spotlight on international artists who live in Berlin.

Promoting creative production in Berlin and helping artists build networks is a vital mission, responding to needs that have only become more evident as the pandemic has shuttered cultural venues. The aura that draws artists to Berlin – the promise of a carefree and dynamic creative scene – increasingly contrasts with the reality of living and working in the city. Since the fall of the Wall, the local cultural ecosystem has been reshaped by gentrification, commercialization and the shrinking of open spaces; the attendant pressures have left more and more artists struggling with precarious economic circumstances. COVID-19 has catalyzed these developments, illustrating how fragile the conditions are in which creative projects thrive. Economic interests have long taken precedence over cultural endeavors – a trend that was on display during the pandemic when political decisionmakers prioritized businesses: for a while, commercial galleries, which were allowed to remain open along with other retailers, were the only game in town for artists looking for an indoor venue to present their work. If we hope to counter these pressures and embolden artists to engage in critical thinking and make work that does not conform to market demands, we need funding instruments like the Berlin Senate's fellowship program that allow artists to pursue their independent practices.

The new crop of working fellows faced unusual challenges during the grant year. The limitations on travel, difficulties obtaining materials, and a dearth of opportunities to exchange ideas with both like-minded colleagues and the wider public compelled them to abandon accustomed processes, rethink their ideas, and revise timetables. The exhibition speaks to the dedication of the contributing artists and, no less importantly, the curators: the works gathered in it, far from succumbing to pandemic-enforced paralysis, seize on adverse circumstances as a prod to articulate a scrutiny of the present moment that is as exacting as it is critical.

I am grateful to the Senate Department for Culture and Europe for our close collaboration on this undertaking and the generous financial support. Special thanks go to the curators Krisztina Hunya and Melanie Roumiguière, who have conceived and realized the exhibition in dialogue with the contributing artists. I would also like to thank our curatorial assistant Layla Burger-Lichtenstein and Frauke Boggasch, Ali Labgaa, Klaus Sagi, Jonathan Schmidt-Ott, and Wibke Tiarks for the architectural and technical implementation of the artists' projects; Michaela Richter for editing the present book and preparing it for publication; and Theresia Kimmel for its graphic design.

Zur Ausstellung
Step Out of the Strange Light

Krisztina Hunya, Melanie Roumiguière

Welchen Mehrwert bietet die Teilnahme an einer Gruppenausstellung, die in erster Linie über ihre Dokumentation und die begleitende Publikation erfahrbar ist? Wie werden Displays gestaltet und Neuproduktionen für einen reduzierten Publikumsverkehr sichtbar? Wie können künstlerische Projekte, die sich mit globalen Phänomenen wie asymmetrischer Ressourcenverteilung, Geschichtsrevisionismus und den Spannungen zwischen Wahrheit und Wahrnehmung befassen, dem Nachrichtenmonopol einer Pandemie standhalten?

Seitdem die Verbreitung von COVID-19 den Bewegungsradius von Menschen und Kunstwerken maßgeblich mitbestimmt, erscheint die Frage nach der Relevanz und Öffentlichkeit des Ausstellens in neuem Licht. Die globale Gesundheitskrise stellt die Kunstangebote von Museen und Galerien zunehmend als exklusives Freizeitvergnügen dar. Dennoch haftet im Frühjahr 2021 dem Besuch von Ausstellungen ein vorsichtiges Gefühl der Normalität und die Manifestation dessen an, was sich in den Online-Angeboten oft verflüchtigt: Die Begegnung von Werken und Publikum in einem räumlichen Zusammenhang, der zu konzentrierter Auseinandersetzung und ästhetischer Erfahrung einlädt.

Die mit der Pandemie einhergehenden Herausforderungen, die die Ausstellung *Step Out of the Strange Light* begleiteten, reichten von abgesagten Projektvorhaben über Ungewissheiten in der Ausstellungsplanung bis hin zu einer stark eingeschränkten Laufzeit. Zugleich war das Arbeitsstipendium Bildende Kunst des Berliner Senats selten wichtiger für die Sicherung einer autonomen künstlerischen Praxis sowie für die Realisierung neuer Arbeiten. Die heterogene Gruppe von Künstler*innen, bestimmt durch ein Auswahlkomitee bestehend aus Ariane Beyn, Nuray Demir, Stef Heidhues, Jörg Heiser und Tirdad Zolghadr, repräsentiert eine vielfältige Bandbreite künstlerischer Praktiken und konvergierender thematischer Interessen, die im Neuen Berliner Kunstverein zu einem Parcours von kritischen Positionen zu zeitgenössischen Phänomenen zusammenwuchsen.

Der Eingang in die Ausstellung wurde flankiert von einem archivarischen Display von Padraig Robinson sowie von einem Gemeinschaftsprojekt von Raphaël Grisey und Bouba Touré, die die Aufmerksamkeit auf Archive und forschungsorientierte künstlerische Ansätze lenkten – ein Fokus, der sich wie ein roter Faden durch die gesamte Ausstellung zog. Robinsons publizistische und filmische Arbeiten, darunter das Werk *Masquerades of Research: Part I* (2020) – das auf der Website des n.b.k. erstaufgeführt wurde –, suchen nach Möglichkeiten der Modifikation bestehender Erzählstrukturen und Bildökonomien aus einer queeren Perspektive. In seiner fortlaufenden Beschäftigung mit dem Soziologen Laud Humphreys und seiner Studie *Tearoom Trade: Impersonal Sex in Public Places* (1970) beleuchtet Robinson die gesellschaftliche und wirtschaftliche Lebenswirklichkeit von Schwulen und Lesben und ihre Kriminalisierung. Seit 2006 erweitern Grisey und Touré konstant ein „generatives Archiv" aus Videowerken, Interviews, Plakaten und Fotografien. Im Mittelpunkt ihrer Auseinandersetzung steht das landwirtschaftliche Kollektiv Somankidi Coura in Mali, das 1977 von aus Frankreich heimkehrenden afrikanischen Migrant*innen und Aktivist*innen – darunter Touré – gegründet wurde. *Xarassi Xanne – Crossing Voices* (2021), der neueste Essayfilm von Grisey und Touré, deckt die Bezüge zwischen den Lebensumständen von Arbeitsmigrant*innen in Frankreich, Unabhängigkeits- und Solidaritätsbewegungen sowie dem ruralen Exodus in Afrika auf.

An bestehende Formen institutionellen Sammelns und Präsentierens tasten sich Larissa Fassler und Musquiqui Chihying mit multimedialen Strategien heran. Im Eröffnungsjahr des Humboldt-Forums in Berlin erscheinen die beiden Plastiken *Palace / Palace (Palast der Republik / Berliner Stadtschloss)* (2012) sowie die Studienzeichnung *Schlossplatz II* (2014) von Fassler wie eine Prophezeiung über die bauliche Veränderung des Areals, das aus der Zeit gefallen und wie ein Fremdkörper wirkt. Das Gelände um den ehemaligen Palast der Republik wird in den Arbeiten zu einem symbolischen Schauplatz der Materialschlacht und des missverstandenen Glamours einer künstlichen Historizität. Während die Restitution historischer Artefakte sowie die Legitimation ethnologischer Sammlungen besonders in Hinblick auf das Humboldt-Forum auf breiter Ebene diskutiert wird, verweist Musquiqui Chihying mit *The Cultural Center* (2018–2020) auf neokoloniale Museumsbauten chinesischer Geldgeber in Afrika. Ein kreisförmiges Tableau stellt fünf Kulturhäuser für afrikanische Kunst vor, die seit den 1990er Jahren von der Volksrepublik China oder von privaten chinesischen Investoren gestiftet wurden. Das museal anmutende Display erschließt sich als kaleidoskopischer Irrgarten eines spannungsvollen Komplotts, dessen Ursprung wie Ausgang ungewiss bleiben.

Ein weiterer Ort nationaler Mythenbildung und hegemonialer Überblendung von Opferperspektiven, die bosnisch-herzegowinische Stadt Višegrad, steht im Mittelpunkt der neuen Videoarbeiten von Adnan Softić und Nina Softić. *The Silent Weaving of the Spirit* (Das stille Weben des Geistes) und *The Maidenhair Fern* (Der Frauenhaarfarn, beide 2021) sind Teil eines fortlaufenden Ensembles, das die Konstruktion beziehungsweise Unterschlagung von Geschichte im Kontext der ethnischen Konflikte und brutalen Kriegsverbrechen der Jugoslawienkriege beleuchtet. Dabei werden dokumentarische und imaginäre Erzählstränge um die von Peter Handke betriebene Geschichtsrelativierung und das Višegrader Kurhotel Vilina Vlas verschränkt, um der Ignoranz und Indifferenz im Umgang mit den dort in den 1990er Jahren verübten Massenvergewaltigungen entgegenzuwirken. Ähnlich bringt Rajkamal Kahlons Aquarellserie *"Dear Yugoslavia, I regret to inform you …"* (2018) Gräueltaten buchstäblich an die Oberfläche, indem sie historische Illustrationen von Trachtenkleidung aus den Balkanstaaten mit teils grausamen Szenen übermalt. Die filigranen Interventionen verweisen auf die Öffnung von Massengräbern, forensische Untersuchungen, die Transmutation von Körpern und Waffen, die verdrängte Präsenz historischer Gewaltverbrechen und nicht zuletzt auf marginalisierte Szenen misogyner Gewalt.

Während die Softićs nach den kulturhistorischen Irrwegen der Erinnerungspolitik fahnden und Kahlon den Subalternen eine Stimme gibt, untersuchen Charlotte Eifler und Clarissa Thieme Dokumente der juristischen Aufarbeitung von Menschenrechtsverletzungen. Videos und 360-Grad-Fotos aus dem Archiv des Internationalen Strafgerichtshof für das ehemalige Jugoslawien (ICTY) zeigen Ortsbegehungen mit Zeug*innen und Mitarbeiter*innen, die als Beweisdokumente für den gezielten Beschuss von Zivilist*innen während der Belagerung von Sarajevo (1992–1995) dienen sollen. *Archival Grid* (Preview, 2021) verbindet vergangene und gegenwärtige forensische Verfahren mit zukünftigen Formen digitaler Raumvermessung und spürt die Fehlstellen im Bereich juristischer Wahrheitsfindung auf. Welche Formen und Orte geben diese unseren Erinnerungen und welche subjektiven Resonanzräume lassen sie vermissen? Die Ausstellung ermöglicht den Einblick in den künstlerischen Umgang mit den Kriegsverbrechen im Kontext des Zerfalls Jugoslawiens sowie deren Aufarbeitung aus mehreren Perspektiven.

Die bewusste Kaschierung, Verfremdung und assoziative Manipulation von Schnappschüssen oder Filmausschnitten – Bildern aus meist privaten Archiven –, erhebt Setareh Shahbazi zum künstlerischen Prinzip. In Serien wie *Spectral Days* (2013) und *Moving Forward with No Return* (2016) befragt sie die Fotografie in ihrer Rolle als Spiegel der Realität und zerlegt sie über digitale Montage und Filterfunktionen auf ihre gebrochenen Erzählungen hin. Ihre Werke unternehmen einen Balanceakt zwischen geografischen Kontexten, fluiden Zeitlichkeiten und bekannten wie neuen Sprachen, wenn Shahbazi beispielsweise als Erwachsene im deutschen Exil erstmals fotografischen Dokumenten ihrer eigenen Familiengeschichte im Iran begegnet.

Es sind mitunter die verwirrenden Momente zwischen Fiktion und Wirklichkeit, in denen sich die Absurditäten gesellschaftlicher Utopievorstellungen entlarven lassen und zu neuen Konzepten anregen. Die Bilder von Paul Sochacki basieren auf scheinbar bekannten Figuren, die mit ebenso viel Humor wie Realitätssinn gesellschaftliche Werteverhältnisse und Identitätspolitiken kommentieren. In flüchtiger und von Durchlässigkeit geprägter Manier, die der Kunst der Malerei jegliche Virtuosität abzusprechen scheint, eröffnet Sochacki rätselhaft unbequeme Welten: ein Eis essender Löwe, der über den Globus von Nordafrika nach Europa tappt, oder ein Specht, der gerade ein Art Fachwerkgestell zusammenschraubt, auf dem ein Nest mit einer geheimnisvollen Ei-Trophäe thront. Was auf den ersten Blick so wirkt, als sei es leicht zu erfassen, birgt oftmals das alltägliche Unfassbare, hinterfragt den Wert von Kunst, die Rolle der Betrachter*innen und konforme Wahrnehmungsmuster. Eine ironische Hinterfragung zeitgenössischer Phänomene und utopischer Konzepte liegt Bettina Hutscheks *Expedition zu den Huix* (2020) zugrunde. Sie adaptiert Science-Fiction-ähnliche Szenarien zwischen realen und imaginären Räumen, die Ausdruck einer Sehnsucht nach alternativen Lebensentwürfen und außerirdischen Begegnungen sind. Über das Motiv einer Expedition in eine spekulative Raum-Zeit-Dimension wendet sie eine spielerische Auseinandersetzung mit fiktiven Erzählstrukturen an und fordert eine kritische Reflexion populärer Theorien um globale Verschwörungen und „alternative Fakten".

Die Abhängigkeiten und ressourcenorientierten Funktionsweisen des digitalen Kapitalismus deckt Mandla Reuter durch gezielte Eingriffe in Räume und Situationen auf. Der Traum von Selbstversorgung – den Grisey und Touré in ihrer Untersuchung von Somankidi Coura als Emanzipation landwirtschaftlicher Allianzen kenntlich machen –, manifestiert sich in Reuters Arbeit *Iqhingi* (2021) in Form eines unabhängigen Versorgungssystems zwischen dem Ausstellungsraum und dem Hinterhof des Neuen Berliner Kunstvereins. Mithilfe von Photovoltaikmodulen sowie einer Zisterne werden drei Pflanzen aus dem Studio des Künstlers während der Laufzeit der Ausstellung mit Licht und Wasser versorgt. Dabei folgt das System dem Tag-Nacht-Rhythmus der peruanischen Stadt Iquitos. Ungeachtet institutioneller Öffnungszeiten und deren pandemiebedingter Einschränkungen macht die Arbeit die Absurditäten logistischer Maßnahmen und die Abhängigkeit von elementaren Ressourcen greifbar und ruft das unmittelbare Potenzial künstlerischer Arbeitsvorhaben als Werkstätten für alltägliche Utopien auf den Plan.

Die Künstler*innen der Ausstellung *Step Out of the Strange Light* kommentieren, verfremden oder manipulieren durch bewusste Eingriffe Konzepte sozialer (Un)-Gerechtigkeit, persönlicher und kommunaler Erinnerung und erschaffen neue Realitäten in ständigem Dialog mit ihrer eigenen künstlerischen Verantwortung. Zentrales Bindeglied der ausgestellten Werke ist dabei der Impuls, jene Strukturen aufzudecken und zu hinterfragen, die den Entstehungs- und Wandlungsformen gesellschaftlicher Verfasstheit eingeschrieben sind und oft dahinter verborgen bleiben.

On the Exhibition
Step Out of the Strange Light

Krisztina Hunya, Melanie Roumiguière

What is the added value in participating in a group exhibition that viewers experience primarily through documentary representations and the accompanying publication? How are displays designed and new productions made accessible to a restricted audience? How can artistic projects that address global phenomena such as the asymmetrical distribution of resources, historical revisionism, and the tensions between truth and perception withstand a pandemic's monopoly over the news?

By precipitating significant limitations on the mobility of people as well as works of art, the spread of COVID-19 has cast the question of the relevance and public nature of exhibition-making in a new light. The global health crisis has made the art experiences offered by museums and galleries seem more and more like an exclusive leisure pursuit. Still, a visit to an exhibition in the spring of 2021 brings a tenuous sense of normalcy and the manifestation of what is often diluted to the point of vanishing in online presentations: the encounter between works and their audience in a spatial setting that encourages engagement and conscious aesthetic experience.

The pandemic-related challenges with which the exhibition *Step Out of the Strange Light* had to contend ranged from canceled project proposals to a sharply curtailed exhibition period. Meanwhile, the Berlin Senate's visual arts working fellowships have never been more vital, helping to secure a basis for autonomous artistic practice and the realization of new works. The heterogeneous group of artists chosen by a jury composed of Ariane Beyn, Nuray Demir, Stef Heidhues, Jörg Heiser, and Tirdad Zolghadr represents a broad and diverse spectrum of creative practices and converging thematic interests that coalesced at the Neuer Berliner Kunstverein in a parcours of positions on contemporary phenomena.

The entrance to the exhibition was flanked by an archival display by Padraig Robinson and a collaborative project by Raphaël Grisey and Bouba Touré that directed attention to archives and research-oriented approaches in art – a focus that resurfaced throughout the exhibition. Robinson's publications and films, including the work *Masquerades of Research: Part I* (2020) – which premiered on n.b.k.'s website – explore ways to modify existing narrative structures and visual economies from a queer perspective. In an ongoing series of works inspired by the sociologist Laud Humphreys and his study *Tearoom Trade: Impersonal Sex in Public Places* (1970), Robinson sheds light on the social and economic realities of gay and lesbian lives and the criminalization of homosexuality. Grisey and Touré, for their part, have built their steadily expanding "generative archive" of video works, interviews, posters, and photographs since 2006. Their interests focus on the agricultural collective Somankidi Coura, founded in Mali in 1977 by African migrants and activists – Touré among them – returning from France. *Xarassi Xanne – Crossing Voices* (2021), Grisey and Touré's most recent filmic essay, uncovers the linkages between the circumstances in which labor migrants live in France, independence and solidarity movements, and the rural exodus in Africa.

Larissa Fassler and Musquiqui Chihying employ multimedia strategies in a wide-ranging review of existing forms of institutional collection-building and presentation. In light of this year's inauguration of the Humboldt-Forum in Berlin's reconstructed City Palace, Fassler's two sculptures *Palace / Palace (Palast der Republik / Berliner Stadtschloss)* (2012) and the study drawing *Schlossplatz II* (2014) presaged the architectonic adulteration of the neighborhood, which now feels like an incongruous holdover from a different era. The area around the former Palace of the Republic emerges in the works as the symbolic scene of a battle waged with masses of objects and the misconceived glamour of an artificial historicity. As the Humboldt-Forum has become a flashpoint in a broad-based debate over the restitution of historic artifacts and the legitimacy of ethnological collections, Musquiqui Chihying's *The Cultural Center* (2018–2020) pivots to neo-colonial museum buildings erected in Africa by Chinese financiers. A circular tableau features five cultural centers housing African art that were established since the 1990s with donations from the People's Republic of China or Chinese private investors. The museum-style display reads as a kaleidoscopic labyrinth, the setting of an intriguing plot whose origins as well as conclusion remain uncertain.

Another site of national mythmaking and the hegemonic masking of victims' perspectives, the Bosnian city of Višegrad, stands at the center of new videos by Adnan Softić and Nina Softić. *The Silent Weaving of the Spirit* and *The Maidenhair Fern* (both 2021) are part of a growing ensemble of works that shed light on the construction – and, in some respects, obfuscation – of history in the context of the ethnic conflicts and brutal war crimes perpetrated during the Yugoslav wars. They interweave documentary and imaginative narrative strands around Peter Handke's attempts to spin what happened and the spa hotel Vilina Vlas in Višegrad in an effort to counter the ignorance and indifference toward the mass rapes that took place there in the 1990s. Similarly, Rajkamal Kahlon's series of watercolors *"Dear Yugoslavia, I regret to inform you …"*

(2018) literally brings atrocities to the surface by overpainting historic illustrations of traditional Balkan attires with scenes of sometimes wrenching cruelty. The delicate interventions refer to the opening of mass graves, forensic investigations, the transmutation of bodies and weapons, the repressed lingering presence of historic acts of violence, and, not least importantly, to marginalized scenes of misogynistic violence.

While the Softićs investigate the cultural-historical vagaries of the politics of remembrance and Kahlon gives a voice to the subaltern, Charlotte Eifler and Clarissa Thieme scrutinize documents from the legal proceedings against perpetrators of human rights violations. Videos and 360-degree photographs from the archive of the International Criminal Tribunal for the former Yugoslavia (ICTY) show site inspections with witnesses and officers of the court that have been presented as evidence of the targeting of civilians during the siege of Sarajevo (1992–1995). *Archival Grid* (preview, 2021) combines past and present forensic techniques with future forms of digital mapping and homes in on the blind spots of juridical procedures designed to establish the truth. Which forms do they give and which places do they assign to our recollections, and which spaces of subjective resonance do they foreclose? The exhibition lets visitors compare a number of artistic projects that grapple with the war crimes in the context of Yugoslavia's violent disintegration and the legal aftermath from diverse perspectives.

The deliberate camouflaging, defamiliarization, and associative manipulation of snapshots or excerpts from films – materials mostly drawn from private archives – is the guiding principle of Setareh Shahbazi's art. In series like *Spectral Days* (2013) and *Moving Forward with No Return* (2016), she questions photography's role as a mirror of reality and uses digital montage and filter functions to dismantle it and reveal its fractured narratives. Her works balance between geographical contexts, fluid temporalities, and familiar as well as novel languages, as when the grown-up Shahbazi, living in exile in Germany, first encounters photographic documents of her own family's history in Iran.

Sometimes it is the confusing moments between fiction and reality that allow artists to expose the absurd aspects of social utopias and inspire them to develop new conceptions. Paul Sochacki's pictures are based on ostensibly well-known figures who offer observations on society's weighing of values and identity politics, blending wry humor with a firm grasp of reality. In a perfunctory and permeable style that seems to dash his art's aspirations to virtuoso performance, the painter opens windows on enigmatically discomforting worlds: a lion eating ice cream as it bestrides the globe from Northern Africa to Europe; a woodpecker tightening the screws on a kind of truss construction that supports a nest in which a mysterious egg trophy sits enthroned. What looks easy to grasp at first glance often pinpoints the incomprehensible in the everyday, questioning the value of art, the role of the beholder, and conforming patterns of perception. A probing examination of contemporary phenomena and utopian conceptions that is laced with irony underlies Bettina Hutschek's *Expedition zu den Huix* (Expedition to the Huix, 2020). She adapts science-fiction-style scenarios between real and imaginary spaces that lend expression to a yearning for alternative visions of life and extraterrestrial encounters. The motif of an expedition into a speculative spatiotemporal dimension lets her harness a playful immersion in the structures of fictional narrative to call for a critical reflection on popular theories involving global conspiracies and "alternative facts."

Mandla Reuter stages targeted interventions into spaces and situations to uncover the dependencies and resource-oriented operations of digital capitalism. The dream of self-sufficiency – which Grisey and Touré's work on Somankidi Coura marks as an emancipation of agricultural alliances – manifests itself in Reuter's *Iqhingi* (2021) in the form of an autonomous supply system connecting the Neuer Berliner Kunstverein's gallery to the rear courtyard. For the exhibition's duration, photovoltaic modules and a cistern supply three plants from the artist's studio with light and water. The system is programmed to reproduce the day-night rhythm of the city of Iquitos in Peru. By overriding the institution's opening hours and their pandemic-related reduction, the work renders tangible the absurdities of logistical measures and their dependence on elementary resources and invokes the instantaneous potential of artistic endeavors as workshops for everyday utopias.

The artists gathered in the exhibition *Step Out of the Strange Light* comment on concepts of social (in)justice or personal or communal memory, defamiliarizing or manipulating them with deliberate interventions, and create new realities in constant dialogue with their own artistic responsibility. The key element that unites the works on display is the impulse to expose and interrogate those structures that are encoded in – and often obscured by – the constitutive forms in which social realities come into being and undergo transformation.

Das Leben unter freiem Himmel *Alan Pauls*

Eines Nachmittags im Tiergarten folgte ein Fuchs der Witterung meiner Schuhe. Er beschnupperte mich aus nächster Nähe, seine Nase klebte förmlich an meinen Sohlen, um dann etwas auf Abstand zu gehen und die aufgespürten Reize zu verarbeiten. Ein paar Sekunden später wandte er den Kopf, als lockten ihn verheißungsvollere Düfte, und eine Weile verharrte er unbeweglich mit Blick in Richtung Straße. Ich hätte nur die Hand ausstrecken brauchen, um ihn zu berühren, aber ich bewegte mich nicht. Schönheit und Scheu gehen manchmal Hand in Hand. Schließlich trollte er sich langsam und gelangweilten Schritts über den Kiesweg, bis er in ein Buschwerk eintauchte und verschwand, nicht ohne sich zunächst an der Berührung von Blüten und Blättern zu ergötzen.

Es gab im Laufe der Zeit mehr solche Erscheinungen. So erinnere ich mich an ein Wildschwein, das gesenkten Hauptes die Puschkinallee überquerte, und an ein anderes, das seinen feuchten Rüssel zwischen den Gräbern auf dem Alten St.-Matthäus-Kirchhof versenkte, wo es – er oder sie – seine Wurzeln suchte, und ich den Stein der Brüder Grimm. Es gab jede Menge Eichhörnchen: auf dem Gelände am Gleisdreieck und im Viktoriapark, insbesondere eines auf dem Spielplatz im Rudolph-Wilde-Park, das aufrecht auf den Hinterbeinen mit Befremden meinem Sohn zuschaute, der sich gerade eine fette Ladung Sand in den Mund stopfte. Ich erinnere mich an das Geschwader von Spatzen, die einer nach dem anderen auf unserem Tisch im Restaurant Brachvogel landeten und seelenruhig und manierlich – anders als wir – die Reste eines Hamburgers aufpickten, von dem wir schon beim Bestellen wussten, dass er zuviel sein würde.

Nie bin ich Tieren, die so wenig häuslich waren, so nah gewesen; nein, zumindest nicht ohne einen Zaun oder eine Glasscheibe dazwischen. Wobei das eigentlich Beunruhigende nicht die Nähe war. Es war die abrupte Art, in der wir dorthin gelangt waren, in jene Zone unvorstellbaren Kontakts, und die Haltung mit der wir sie erlebten. Es fiel mir schwer, mir vorzustellen, dass Füchse und Wildschweine menschenfreundlich sein sollen. Aber noch schwerer fiel es mir zu begreifen, dass nicht Toleranz der Grund war, wenn sie sich so näherten, so ohne Argwohn, geradezu sorglos, bis in Reichweite unserer Hände, oder weil ich ihnen sympathisch oder harmlos erschienen wäre. Es geschah, weil sie zuerst da waren, früher, sehr viel früher als ich oder irgendwer sonst. Sie waren zu ortsansässig, zu sehr Herrinnen und Herren Berlins, um für mich mehr als ein paar Sekunden ihres Interesses oder ein zerstreutes Beschnuppern zu erübrigen. Beeindruckend war jedenfalls, wie sicher sie sich im Besitz ihres Privilegs wähnten.

Diese Gewissheit aus tausend Jahren war es (und nicht ein vermeintlicher Domestizierungseffekt durch langanhaltende Koexistenz mit den Menschen), die es ihnen erlaubte, über jegliche Feindseligkeit erhaben zu sein.

Wildtiere auf den Straßen sind ein Berliner Klassiker. Sie waren es schon vorher, lange bevor das Bild den erzieherischen Wert besaß, den es heute hat, wo die Tiere die von den Quarantänen erzwungene Verödung nutzen, um durch die Metropolen der Welt zu spazieren wie aristokratische Neo-Flaneure, ohne Eile, ohne fürchten zu müssen, von Touristen behelligt zu werden. Sie sind ein liebenswerter Klassiker (der ganz oben auf der Rangliste der Weltwunder steht, seit die Pandemie jene der Zivilisation im letzten Jahr fast vollständig gestrichen hat). Die Leute sprechen über die Tiere, auf die sie stoßen, als wären sie Schlagzeilen einer mutmachenden Zeitung, die *Deutsche Welle* lässt keine Gelegenheit aus, sie zu erwähnen, die Schule meines Sohnes (der von seinem Laster, Sand zu essen, mittlerweile geheilt ist, hoffe ich) widmet ihnen eine außerschulische Malwerkstatt, mit speziellen Kursen für solche Exemplare, wie ich sie eines Tages auf der Straße zu treffen hoffe: Biber, Waschbären, Marder, Frettchen, Elstern, Igel, Sperber, Adler. Vor kurzem erfuhr ich von einer Welle von Schuhdiebstählen in Zehlendorf. Fast hundert Exemplare, darunter Turnschuhe, Hausschuhe, Sandalen und sogar Fußballschuhe waren wie durch Zauberei spurlos verschwunden und ließen den Stadtteil konsterniert zurück. Und so wäre es vermutlich weitergegangen, hätte nicht ein Anwohner, der aufmerksame Herr Meyer, den Urheber des Verbrechens auf frischer Tat ertappt: einen traurigen Fuchs, an dem man die Rippen zählen konnte, der über eine Brachfläche schnürte, ein Paar Badelatschen zwischen den Zähnen.

Es ist einigermaßen verwirrend zu wissen, dass man in einer Stadt mit Tieren zusammenlebt, die niemand mit Beton, Spätis, Verkehrsampeln und Philharmonien in Verbindung brächte, die auch dem Orbit beneidenswerter Komplizenschaft nicht angehören, in dem zu kreisen jene Duos sich rühmen, die Herrchen und Hundchen oder Frauchen und Wauchen bilden (Begriffe, so anachronistisch wie der sklavenhalterische Wortschatz insgesamt). Dabei eher zu wissen, dass man zusammenlebt, als wirklich zusammen zu leben. Denn eine sichtbare, persönliche Bestätigung dieses Zusammenlebens zu bekommen, ist eine beunruhigende Erfahrung; aber zu wissen – ohne sie zu sehen –, dass die Wildtiere da sind, irgendwo verborgen, in einer ähnlichen Latenz – um nicht weiter auszuholen – wie die zigtausend Bomben, die seit dem Zweiten Weltkrieg in der Stadt vergraben liegen, das ist etwas ganz anderes, etwas auf vielleicht spezifischere, endemischere Art Berlinerisches: ein Zusammenleben mit einer Art chronischer Bedrohung, die man argwöhnt, der gegenüber es aber kein anderes Mittel gibt als Zuversicht.

Aber es hat auch etwas Magisches, denn 25 Meter von der Siegessäule entfernt mit einem roten Fuchs in Kontakt zu treten, ist so, als gerate man zwischen die Seiten einer Fabel oder sehe sich bereits in ihr gefangen, in einer dieser Erzählungen mit „Moral von der Geschicht", auf die eine frühere Pädagogik zurückgriff, um uns via Äsop oder La Fontaine die Liebe zu – oder die Furcht vor – dem Gebot, dem rechten Weg, dem guten Benehmen einzuimpfen. Und das ist nicht normal. Denn wenn die Regeln des Genres auch verlangten, dass die Ameise oder der Fuchs oder der Esel oder der Löwe mit menschlichen Worten menschliche Konflikte verkörperten, galt es doch als ausgemacht, dass der Mensch, damit es Fabeln waren, in ihnen nichts zu suchen hatte, in der Geschichte durch Abwesenheit glänzen und auf ihren Horizont beschränkt bleiben musste, wo er sich in ihren Adressaten, das eigentliche Ziel der Belehrung verwandelte. In Berlin dagegen befinden wir uns in der Fabel. Unser Umgang mit den Wildtieren ereignet sich in einem jener radikalen Trugbilder, die es nur gibt, wenn wir durch einen Spiegel treten und auf der anderen Seite landen. Und das Trugbild, das seinem Wesen nach unbedingt flüchtig zu sein hat, zieht sich hier wundersamerweise genau in dem Moment in die Länge, da wir es verloren glauben, dauert im Wirklichen an und vermittelt unserem Körper sein unverwechselbares Echo, das Vibrieren, das mich die Schnauze des Fuchses an jenem Abend im Tiergarten spüren ließ, diese Wärme, diese unglaubliche Ladung Leben, kurz bevor er sich davonmachte – denn er verschwand nicht, wie magische Dinge es tun: Er hatte sich entfernt, mich zurückgelassen, nicht verärgert, aber erbarmungslos, ein wenig so, wie jene anderen Klassiker des unbehausten Berlins uns zurücklassen, die Bettler, wenn sie feststellen, dass sie von uns nicht das bekommen, was sie brauchen.

Füchse, Wälder, von gierigen Rüsseln aufgewühlte Erde, Legionen von Wespen, die um unser Essen kreisen, gleichgültig gegen das Gefuchtel, mit dem wir sie zu vertreiben suchen: In Berlin zu leben wurde unversehens zu einem Abenteuer Wildnis, zu einer Art verkehrter Safari, wo die Kuriosität – das *target* – nicht das Wildtier, sondern der Mensch war, der pathetische, durch eine schlecht abgekochte Fledermaussuppe auf einem Wochenmarkt in Wuhan seiner zivilisierten Humanität beraubte Mensch: Mensch ohne Kino, ohne Museen, ohne Restaurants, ohne Bars, ohne Diskotheken, ohne öffentlichen Nahverkehr – Mensch ohne Berghain.

(Monate zuvor, als ich mir noch nicht einmal vorstellen konnte, dass irgendwo auf der Welt Fledermäuse in der Suppe landen, schaffte ich es allerdings ins Berghain,

wenn auch nicht um zu tanzen. Ich nahm an, dass mich mein Name auf der Gästeliste für eine Performance experimenteller Musik – eine der vielen Freundlichkeiten,
die mir damals die Institution erwies, die mich als Stipendiaten nach Berlin gebracht
hatte – aus dem Schussfeld der zugleich systematischen wie aleatorischen Politik der
Zurückweisung heraushielt, mit der die dortigen *bouncer*, allen voran Sven Marquardt,
den ich unlängst durch einen Dokumentarfilm kennen und verachten gelernt hatte,
den Ruhm des Clubs gefestigt hatten. Ich wurde tatsächlich eingelassen, aber nicht
ohne vorher eine der langen, mysteriösen Wartezeiten vor den großen massiven Türen
ohne Nummer, Buchstabe oder sonstiges Erkennungsmerkmal durchzustehen, und
fragte mich in dieser kalten und regnerischen Nacht unter freiem Himmel ein ums
andere Mal, ob die Schlange, in der ich stand, die richtige war, ob die Tür, vor der
ich wartete, wie die arme Figur bei Kafka vor dem Gesetz, meine Tür war, ob die be-
rühmte Gästeliste wirklich existierte und ob mein Name darauf stand, und als ich
eintrat, natürlich in einem Zustand der Ungewissheit, außerdem überzeugt, von der
Performance, zu der man mich eingeladen hatte, jetzt genauso weit entfernt zu sein
wie von dem Fauxpas, der Ungeschicklichkeit, der Unvorsichtigkeit, dem unpassen-
den Wort, das meine Zurückweisung rechtfertigen würde, hörte ich das Knurren, mit
dem die beiden Türsteher mich auf der berühmten Liste suchten, ein einfaches Stück
Papier übrigens, das sie sich ständig hin und herreichten und mit spitzen Fingern an
den Rändern fassten, weniger aus Behutsamkeit als aus Ungläubigkeit oder Ekel, wie
ein Metzger den Menü-Flyer eines veganen Restaurants, das man neben seiner Metz-
gerei neu eröffnet hatte, und unwillkürlich musste ich an die Fänge jener wütenden
Hunde denken, fast immer Dobermänner, glaube ich, die in gewissen Filmen zur Zeit-
geschichte, viele aus deutscher Produktion, fast alle von einer gewissen Periode der
deutschen und europäischen Geschichte handelnd, als wirksame Maßnahme aufge-
boten werden, um große Ansammlungen von zum Warten gezwungenen Menschen
auf Distanz zu halten.)

Es ist übrigens nicht Wut, was ich bei den Hunden beobachtet habe, denen ich
in Berlin begegne, die zahlreich sind und die, wie schon gesagt, mit ihren Frauchen
(oder Herrchen) in einem Limbus stiller Harmonie zu schweben scheinen. Eher Argwohn. Oder Angst, schlicht Angst. Ich habe nicht viele Hunde gesehen, die wütend
bellten oder zähnebleckend knurrten oder einen Artgenossen gar in der Absicht fixier-
ten, ihm sein Territorium streitig zu machen, aber mich erstaunt der feige, gleichsam
schreckhafte Ausdruck, den sie oft an den Tag legen, die Art, den Kopf einziehen,
wenn man die Hand nach ihnen ausstreckt, und zurückzuweichen, kaum dass ein

Mensch, Erwachsener oder Kind, erfahren im Umgang mit Hunden oder bloß tierlieb, einen Schritt auf sie zu macht. Es gibt eine Hündin, Chica, die mich oft in der Buchhandlung besucht, wo ich eine Schreibwerkstatt leite. Sie gehört einer Nachbarin der Buchhandlung, deren Chefin mir verriet, dass sie sich angewöhnt habe, ihr jedes Mal eine Leckerei zu geben, wenn sie sie vorbeitrotten sehe. Die Buchhandlung war für die Hündin zu einem Ort der Belohnungen geworden, so sehr, dass selbst bei einem Unbekannten wie mir der Reflex wirkte, stehenzubleiben und auf ihre Leckerei zu warten. Selbstverständlich behielt ich das Ritual bei. Aber jedes Mal, wenn ich die Sache weiterzutreiben und durch Streicheln oder Spiel diese bescheidene Epiphanie der Zufriedenheit auszudehnen versuche, senkt Chica den Kopf, und ihre Hinterbeine legen den Rückwärtsgang ein. „In einem ihrer Leben muss sie eine misshandelte Hündin gewesen sein", wagte die Besitzerin der Buchhandlung zu vermuten. Ich weiß nicht, welche Hypothese einen mehr erschüttern muss, ihre oder eine, die die ehrfürchtige Scheu mit den in Hundeschulen praktizierten Erziehungsmethoden erklären würde.

Wer nach Berlin kommt, aus einer unberechenbaren und chaotischen Stadt wie Buenos Aires oder Santiago de Chile, in denen tagein, tagaus vagabundierende Hundemeuten patrouillieren, kann über die Tadellosigkeit des durchschnittlichen Verhaltens eines Berliner Hundes nur staunen, ebenso über die Vielfalt und Vielzahl sozialer Vorrechte, zu denen die Überanpassung oder Wohlerzogenheit sie ermächtigt. Hunde in der U-Bahn, in Taxis, in Bussen, still und aufmerksam, bereit aufzuspringen und ihren Platz zu überlassen; Hunde, hingestreckt wie müde Halbgötter, während ihre Frauchen (oder Herrchen) auf dem Ku'damm Kleider für 2.500 Euro anprobieren; Hunde in Aufzügen, schicken Restaurants, Banken, Wartezimmern von Arztpraxen, Friseursalons, Casinos. (Einmal erschien einer meiner Workshop-Teilnehmer mit seiner Hündin Selma zur Sitzung, die drei lange Stunden Lektüre und Diskussion über sich ergehen ließ, ohne ein einziges Mal den Kopf vom Boden zu heben. Aber kaum, dass wir am Ende aufstanden und unsere Sachen zusammenpackten, als augenblicklich wieder Leben in sie kam, wie auf Knopfdruck sozusagen, und sie mit der flehentlichen Ungeduld ihrer Augen zu ihrem Herrchen aufschaute.) Außer Krankenhäusern, Kino- und Theatersälen, Museen und Schwimmbädern (die, erstere ausgenommen, wegen der Pandemie von der öffentlichen Bühne ohnehin ausgeschlossen sind) scheint es keinen Ort zu geben, der Hunden, die ihre Herrchen (oder Frauchen) begleiten, verwehrt wäre, was ihrer Anwesenheit in der Stadt einen sehr eigentümlichen Charakter verleiht, wie den einer nicht ganz glücklichen, zugleich verheißungsvollen und melancholischen Utopie. Denn wenn man sie so sieht, so zivilisiert in ihrem Wohlverhalten, auch so vorhersehbar, immer dem subtilen Leinenzwang gehorsam, den beide sicher in der Hundeschule erlernt haben und mit dem Frauchen (oder Herrchen) dem Liebling befiehlt, still zu sitzen, etwas sein zu lassen, an der Straße zu warten oder sie zu überqueren, immer lautlos, wie versessen darauf, sich unsichtbar zu machen, dann kann man sich des Gedankens kaum erwehren, dass dieses wunderbar vielfältige (wenn auch ein wenig anthropozentrische) soziale Leben ihnen nur unter der Bedingung zugestanden wird – eine unhintergehbare Bedingung, wie die apokalyptische Aufregung beweist, die jeder Fall von Grenzüberschreitung heraufbeschwört –, dass sie genau das sind: unsichtbar und unhörbar, wie Schatten jener Geschöpfe, die sie einst waren, oder richtiger: wie ihre stummen, flachen, eindimensionalen Nachbildungen, bewundernswerte, etwas traurige Repräsentanten nicht einer Art und deren einzigartiger Eigenschaften, sondern vielmehr des disziplinarischen Systems, das sie domestiziert hat.

Vielleicht ist das Doppelpack aus Furcht und Zittern die generische Form, die der Verzicht auf die meisten Verhaltensweisen, derentwegen sie Hunde genannt zu werden verdienen, bei ihnen annimmt. Trotzdem, immer wenn ich streng nach der Grundregel für die körperliche Annäherung an einen unbekannten Hund, der zufolge die Hand nicht von oben nach unten kommen darf, von wo ihnen üblicherweise Schläge drohen, sondern horizontal oder von unten nach oben, so dass der Hund sie in jedem Moment sehen kann, sowie unter Einhaltung des menschlichen Protokolls, das jede Berührung eines fremden Tiers verbietet, so nicht vorab die Erlaubnis seines Frauchens (oder Herrchens) eingeholt wurde, immer also, wenn ich bei einem Hund diese Reaktion von Einschüchterung und Zurückweichen hervorgerufen habe, waren es weder die strengen Mienen noch die Erziehungsmethoden der Hundeschullehrer*innen, die mir in den Sinn kamen, sondern die erschrockenen Augen Kims, der ersten Hündin, bei der ich sie vor, wenn ich nicht irre, mehr als fünfzig Jahren beobachtet hatte – Kim, die Hündin, die meine Ende der 1930er Jahre aus Berlin nach Argentinien ausgewanderte Großmutter an den Bahngleisen angebunden fand, die hinter ihrem Haus in Colegiales, einem Mittelschichtsviertel von Buenos Aires, verliefen. Was machte meine Großmutter nicht alles mit dieser Hündin, zum grenzenlosen Erstaunen ihrer Nachbarn? Sie fuhr in die Ferien, reiste im Flugzeug nach Europa und in die Vereinigten Staaten, schlief und hörte Musik mit ihr, küsste sie auf die Schnauze. An einem Nachmittag Ende der 1970er Jahre, während der in einem Badeort an der argentinischen Küste verbrachten Sommerfrische, beging sie den Fehler, mit der Hündin die Casa Böhm, die einzige Buchhandlung am Ort, zu betreten und damit den Zorn des Geschäftsführers heraufzubeschwören, der Bücher und Hunde für unvereinbar hielt. Meine Großmutter, tödlich beleidigt, machte auf dem Absatz kehrt und ging, den Auslagen mit Sonderangeboten ausweichend, wobei sie lauthals schwor, nie wieder einen Fuß in die Buchhandlung zu setzen. Die Hündin, von der auf ihrer Höhe einigermaßen labyrinthischen Einrichtung irritiert, folgte nicht gleich. Der Ladenbesitzer musste dieses Zögern als Provokation aufgefasst haben, denn er näherte sich ihr, um sie mit Geschrei hinauszujagen. Die Hündin reagierte verunsichert: Sie hörte die Stimme meiner Großmutter, die nach ihr rief – komm, Kim, komm! –, aber ohne genau zu erkennen, aus welcher Richtung, und wo der Ausgang lag. So verharrte sie auf den Hinterbeinen, legte die Pfoten auf den Tisch mit Neuerscheinungen und hielt bellend nach ihr Ausschau. Außer sich vor Wut, schlug der Besitzer sie herunter und versetzte ihr einen Tritt, der sie für den Rest des Lebens auf einem Auge blind machte.

Es sind die Hundewiesen, auf denen die Berliner Vierbeiner dann allerdings Furcht und Zittern ablegen und wieder Hunde werden, Hunde, die der Staat als solche anerkennt, duldet und sogar wertschätzt; hier, wo sie laufen und bellen, sich beißen und in Wallung geraten, lassen sie wegen eines Frisbees, eines durchgekauten Balls oder den Dünsten eines Sexuallockstoffs die von der Klosterzucht der Hundeschulen durchgesetzte Harmonie platzen. Hier werden sie wieder unberechenbar, Zufall pur, Chaosprinzip. Hier, in der schlammigen Heterotopie, Mischung aus Spielplatz und Schweinesuhle, die nur in der Hasenheide einen gewissen Glamour entfaltet, wo sich ihre Herrchen (oder Frauchen) ein Privileg und zugleich eine mühsame und tröstliche Mission erobern. Das Privileg, eines von denen, die die Pandemie kassiert hat, ist ein skizzenhaftes Sozialleben; die Mission, die sie in gewisser Weise als Menschen bestätigt, ist das Vermitteln in fremden Konflikten – also das genaue Gegenteil davon, sie von vornherein zu unterbinden.

Nach knapp zwei Jahren in Berlin frage ich mich, ob es nicht mehr Hundewiesen und weniger Hundeschulen geben sollte. Mehr Theater, wo Tiere und Menschen Leidenschaften ausleben und Streitigkeiten schlichten, und weniger Institutionen, die tierischem Kontrollverlust vorbeugen, seine vorauseilende Knebelung durch Regeln, förmliches Benimm und gute Manieren betreiben und sein wildes durch ein vorbildliches Zivilverhalten zu ersetzen, das zweifellos dem weit überlegen ist, das die meisten ihrer menschlichen Halter an den Tag legen. Es gab einmal sogenannte *crash rooms*. In Berlin kannte man sie als Wuträume. Einen gibt es noch in Rummelsburg, glaube ich, aber sie waren eine Zeitlang Mode – angefacht durch das Aufkommen des Burn-out-Syndroms –, und sind es mittlerweile nicht mehr, wobei man sich fragen kann, wie und wo das Gewaltpotenzial, die Verzweiflung, die vernichtende Raserei jetzt ihr Ventil finden, das, was die *crashroomers* – verbiesterte Büroangestellte, gestresste Führungskräfte, angehende Ex-Singles, Langzeitarbeitslose – ausleben konnten, wenn sie, mit Hammern, Spitzhacken, Äxten, Baseball- oder Golfschlägern bewaffnet, möblierte Zimmer, Büros, ganze Häuser kurz und klein schlugen, die eigens für diese Rituale ekstatischen Abreagierens eingerichtet wurden. Aber die Frage klingt müßig im Land der AfD, der Reichsbürger, der Revolution Chemnitz, der Angriffe von Hanau und Halle, der Anschläge der Gruppe Freital. Erscheint müßig sogar in Berlin, einer fortschrittlichen Stadt, wo die Obdachlosen auf niemanden losgehen, nur heulen, so heulen, wie ich nie in meinem Leben jemanden habe heulen hören, für sich allein, mit dem ganzen, durch das Heulen wie ein Handschuh nach außen gewendeten Körper, wo Flohmarkthändler, dem Ton der Frage völlig unangemessen, mit der man sich nach einem Preis erkundigt, urplötzlich eine Wutrede von der Wucht eines Blitzschlags ausspucken, wo die Kontrolleure im öffentlichen Nahverkehr sich zur Ausübung ihrer Arbeit inkognito unter die Fahrgäste mischen und ihre Prüfgeräte verborgen hinten im Gürtel tragen, wie Revolver in einem als pflichtbewusste Bürgerlichkeit verbrämten Wilden Westen.

Das Leben in Berlin scheint infolge der Pandemie ins Spannungsfeld zweier antagonistischer Kräfte geraten zu sein: Einerseits der Rückzug ins Private, unmittelbarer Effekt einer Quarantäne, die als Notstandspolitik begonnen hatte und chronisch zu werden beginnt, fast ein neuer Lebensstil, andererseits der Ausbruch ins Freie, der sich angesichts der Restriktionen, die auf dem öffentlichen Leben lasten, als einzige Alternative zur Intimität der geschützten, aber erstickenden bürgerlichen Häuslichkeit anbietet. Wenn früher die Berliner, durch die Härten des Klimas schon konditioniert, einen schüchternen Wintersonnenstrahl erhaschten, der sich in den Fenstern brach, liefen sie gleich im T-Shirt nach draußen und bevölkerten Parks und Seen. Jetzt ist der Sonnenstrahl eine überflüssige Requisite: Man muss raus, geht raus, wir gehen unter allen Umständen raus, bei Kälte, Wind und bleiernem Himmel, sogar bei Regen, weniger wegen der Dosis Vitamin D, die nicht zu vernachlässigen die Ärzte uns ermahnen, als weil uns die Dosis dürftiger, prekärer, bedrohter Außenwelt, die wir zumindest mit anderen ebenso Verzweifelten teilen, erstrebenswerter erscheint als der Zwang zur Häuslichkeit und der zum Konsum (die einzige öffentliche Freiheit, die uns die Gesundheitspolitik noch zugesteht). Parks, Plätze, Kanalufer, das Niemandsland um manche U-Bahn-Stationen, öffentliche Bänke: Dort, in diesem nackten, oft unwirtlichen Draußen, in dem wir ausharren, bis wir zu Eis erstarren, überrascht uns – und erinnert uns daran, in welchem Ausmaß sie mit und ohne uns existiert – die Berliner Tierwelt, dieses gewissermaßen Unbewusste der Stadt in seiner wilden (die Füchse, die Schuhe beschnuppern oder stehlen) und in seiner disziplinierten Form (die Hunde, die tadellose Mitbürger*innen nachahmen).

Seit Monaten lebe ich in Berlin wie in einer Fabel. Wenn das Wildschwein vom Alten St.-Matthäus-Kirchhof nicht meine Aufmerksamkeit geweckt hätte, wäre ich in die Szene versunken geblieben, die mir die Tränen in die Augen trieb: Ein Mann, ein Trauernder wahrscheinlich, tanzte vor einem Grab eine Art zeitlupenhaftes Tai-Chi (und bei seinem Anblick wurde mir verzweifelt bewusst, dass ich, als ich meinen Vater verbrannte und seine Asche in den Dünen von Villa Gesell verstreute, am selben Strand, an dem die Hündin meiner deutschen Großmutter ihr eines Auge verlor, mich dieser Möglichkeit für immer beraubt hatte – einen Ort zu haben, zu dem ich zurückkehren konnte, um mit ihm zu sprechen und ihm all die Fragen zu stellen, die sein Tod offen gelassen hatte). Manchmal weichen die Hunde der Hand aus, die ich nach ihnen ausstrecke; fast immer sind es ihre Frauchen (oder Herrchen), die es mir halb beleidigt, halb paternalistisch ausreden, sie anzufassen. Manchmal treffe ich, wie vorauszusehen, zu früh an einem Ort ein und vertreibe mir bereitwillig die Zeit draußen in der Kälte, wobei ich plötzlich auf ein „Insektenhotel" stoße, ein Juwel folkloristischer Bizarr-Architektur und ebenso leer wie die Herbergen der Menschen in diesen Zeiten erzwungener Sesshaftigkeit. Eines Abends im Treptower Park, als das Tageslicht ganz allmählich erlosch, flog eine Eule ein Stück neben mir her. Ich radelte, ein Auge auf den Weg, das andere auf mein Telefon geheftet, auf der Suche nach dem Punkt, wo ich mich mit ein paar Freunden zum Tanzen verabredet hatte. Kann sein, dass die *silent parties* als Provokation entstanden sind, um sich zugleich über das Gesetz und den Virus lustig zu machen, mit den Mitteln der Diskretion lustig zu machen: indem man sich unhörbar machte. Doch wie die Eule vielleicht ahnte, die mich begleitete und erst verschwand, als ich die ersten, zitternden Lichter der Stelle erspähte, wo zwei Dutzend Personen in der Dunkelheit zwischen Bäumen zu leiser Musik tanzten, waren und sind sie noch mehr: Eine Leistung der Camouflage, eine Form, den fantastischen Raum der Fabel zu bewohnen, die Möglichkeit, Wald zu sein.

Dezember 2020
Aus dem Spanischen von Christian Hansen

Berlin Out in the Open
Alan Pauls

One afternoon in the Tiergarten a fox was smelling my shoes. It was sniffing me from close up, its nose stuck to the edge of the sole, before drawing back a little to process all the stimuli. A few seconds later, it turned its head, as if attracted by more promising scents, and stood stock still for a while, peering out into the street. If I had stretched out my hand I could have touched it, but I didn't dare. Sometimes beauty and fear combine. Eventually, the fox sauntered off along the gravel path, before plunging into a flower bed and disappearing, after enjoying brushing against leaves and flowers.

As time went by, there were more apparitions of this sort. I remember a wild boar crossing Puschkinallee head down, and another one burying its wet snout between two tombs in Alter St. Matthäus cemetery, he or she looking for its rhizome, while I was looking for the headstone of the Brothers Grimm. There were also plenty of squirrels: in Gleisdreieck, in Viktoriapark: one in particular in the Spielplatz of Rudolph-Wilde-Park, reared on its hind legs, staring in amazement at my son, who was raising a succulent handful of sand to his mouth. I also remember the flock of small birds landing one by one on our table at Brachvogel restaurant and picking very politely – not like us – at the remains of a hamburger we knew even when we ordered it would be too much for us.

I had never before been so close to animals that weren't tame; at least, not without a wire fence or glass screen between us. But what was disturbing wasn't exactly how close they were. It was the abrupt way we had arrived at this point, this area of unimaginable contact, and the feelings it aroused in us. I found it difficult to imagine that foxes or wild boar were human friendly. But I found it harder still to realize that if they came so close without any trepidation, so nonchalantly even, until I could reach out and touch them, it wasn't because they were tolerant or because they thought I was friendly or simply inoffensive. It was because they were there *first,* from before, long before me or anyone else. They were too local, too much the masters of Berlin to allow me anything more than a few seconds' curiosity or an offhand sniff. What was most striking was how certain they seemed to be of having the right to that privilege. Stretching back thousands of years, that conviction (and not a supposed tameness brought about by prolonged co-existence with human beings) was what allowed them to refrain from any hostility.

Wild animals in the streets are classic Berlin. They were that long before the image took on the didactic value it has now, when these wild beasts profit from the desolation of quarantines to stroll around the world's capitals like aristocratic neo-flâneurs, taking their time, without fear of being molested by tourists. They are a friendly classic (that the pandemic, which cancelled nearly all those offered by civilization, has this year made number one in the hit list of the wonders of the world). People talk about the animals they bump into as if they were the headlines of a good news publication; *Deutsche Welle* never misses an opportunity to mention them; at the school my son goes to (cured by now I hope of any temptation to eat sand) they have an extra drawing workshop with special emphasis on species I hope someday to meet in the street: beavers, raccoons, pine martens, ferrets, magpies, hedgehogs, sparrowhawks, eagles. I recently heard of a spate of shoe thefts in Zehlendorf. Trainers, slippers, sandals and even football boots: close to a hundred items of footwear had vanished as if by magic, leaving the whole neighborhood perplexed. This would apparently have continued if a local resident, the sharp-eyed Herr Meyer, had not spotted the criminal in *flagrante delictu*: a sad fox, with protruding ribcage, heading for a waste lot with a pair of sports flip-flops between its teeth.

There is something disturbing about knowing you're sharing a city together with animals one would never associate with cement, *Spätis*, traffic lights, orchestras, alien even to that zone of enviable complicity of which the couples made up of pets (a term as outdated, I suppose, as any from the lexicon of slavery) and their masters can boast. To *know* that one lives with them rather than simply doing so, since having the visible, personal proof of that co-existence is a troubling experience; but to know – without having to see them – that those beasts are there, hidden out there somewhere, a latent threat very similar to that of the thousands of bombs that have lain buried beneath the city since the Second World War, is something altogether different, and perhaps more typical of Berlin: to live with a kind of chronic threat, always at the back of one's mind, but of which one has to take account.

There is also something magical about this, because to come into contact with a red fox at twenty-five meters from the Victory Column is to enter, is to find that you are already caught up in the intricacies of a fable, one of those moral tales that a past pedagogical system sought to use to inculcate in us – via Aesop or La Fontaine – love or fear of the Rule, the Right Way, Correct Path, Good Behavior. Because even if the genre dictates that the ant, vixen, ass or lion employ human words to embody human debates, those tales took it for granted that, to be true fables, the human element should not be present, should be conspicuous by its absence from the story and remain on the horizon, where it would become its recipient, the ultimate aim of its teaching.

In Berlin, by contrast, we are *inside* the fable. We rub up against wild beasts in one of those radical illusions that only occur when we cross through the looking-glass and emerge on the other side. And that mirage, which by definition ought to be fleeting, is here miraculously prolonged just when we thought it was gone, and persists in real life. It leaves an unmistakable echo in our bodies, the vibration which that afternoon in the Tiergarten the fox's snout left in me, that warmth, that incredible charge of life, shortly before it moved on – because it didn't vanish, as magical things usually do: it slipped away, leaving me behind, not angrily but without compassion, in somewhat the same way as, when they realize they're not going to get what they need from us, we are abandoned by those other classic figures of life in Berlin: its beggars.

Foxes, woods, earth dug up by avid snouts, legions of wasps looping round our food, ignoring the desperate waves of our hands to drive them off: all of a sudden, living in Berlin became a wild *trip,* a kind of inverted safari where the curiosity – the *target* – wasn't the wild animal but the human being, the pathetic human stripped of his civilized humanity by a poorly cooked bat soup in a popular market in Wuhan: humans with no cinemas, no museums, no restaurants, no bars, no discos, no public transport – humans without Berghain. (Months before, when I didn't even suspect that somewhere on the planet people ate soup made from bats, I had managed to get inside Berghain, although not to dance. I thought that by being included on the guests' list for a *performance* of experimental music – one of the many kindnesses shown to me by the institution that had given me a grant to come to Berlin – would remove me from the firing line of the systematic but random policy of rejection with which the Berghain bouncers, and in particular Sven Marquardt, whom I had just got to know and detest thanks to a documentary, had cemented its fame. I did in fact get in, not without first having to go through one of those lengthy, mysterious waits outside massive doors that had no number, plaque or anything else to identify them, asking myself time and again as I stood outside on a cold, rainy night, if the line I had joined was the right one, if the door I was waiting outside, like Kafka's poor character waiting for the law, was my door, if the famous guest list really existed and whether my name was on it. When I finally entered, which naturally enough I did in a state of confusion, convinced not so much that now I was closer to the *performance* I had been invited to, but nearer to the *faux pas*, the blunder, the slip-up, the misplaced word that would justify my not being accepted, I heard growls from a pair of bouncers looking for my name on the famous list – a scrap of paper, let it be said, that they insisted on passing to each other, picking at its edges not so much delicately as with disbelief or disgust, like a butcher might hold a flyer containing the menu of the vegan restaurant recently opened next to his butcher's shop, and this immediately brought to mind the jaws of those rabid dogs, almost always Dobermans I think, that certain historical films, many of them German, and nearly all from a certain period of history in Germany and Europe, portrayed as an effective way of keeping back important numbers of people forced to wait.)

That being said, the dogs I've come across in Berlin aren't violent – there are plenty of them and, as I mentioned earlier, they all seem caught up in a kind of silent harmony with their owners. It's more that they are suspicious. Or afraid, simply afraid. I haven't seen many dogs barking wildly, or growling as they show their fangs, or even looking at another member of their species with the intention of invading their territory; no, what surprises me is the scared, almost cringing air they often have, the way they lower their heads when you hold out your hand to them, the way they cower as soon as a human being – adult or child – either an expert in dealing with dogs or simply someone being friendly, takes a step towards them. There's a bitch called Chica who frequently comes to visit me in the bookshop where I co-ordinate writers' workshops. She belongs to a woman who lives nearby. The bookshop owner told me she was in the habit of giving Chica a sweet every time she saw her go past. Chica associated the bookstore with getting a reward, so much so that even when she met a stranger like me there, her reflex was to stop and wait for her treat. Of course I continued the habit. But whenever I try to go further, to extend this modest epiphany of satisfaction by stroking or playing with her, Chica lowers her head and her rear paws beat a retreat. "She must have been mistreated in one of her former lives," the bookstore owner ventured. I don't know which is the more dismal hypothesis: that or another one that would blame her reverential fear on the kind of teaching imparted by the Hundeschulen.

For someone coming from a disorderly, chaotic city like Buenos Aires or Santiago de Chile, patrolled daily by packs of stray dogs, the on the whole irreproachable behavior of dogs in Berlin cannot help but seem astonishing, as well as the variety and abundance of social prerogatives to which this over-adaptation or impeccable education entitles them. Dogs on the U-Bahn, in taxis, buses, quiet, alert, always ready to get up and surrender their space; dogs sprawling languidly in the luxury boutiques on Ku'Damn while their owners try on dresses costing 2,500 euros; dogs in lifts, chic restaurants, banks, clinic waiting-rooms, hairdressers', casinos. (One day, one of the participants in my workshops brought his dog Selma with him. She put up with three long hours of reading and discussion without lifting her chin from the floor. But no sooner had we all stood up and were gathering our things than she instantaneously came back to life, as if she had been switched on, and raised the pleading impatience of her eyes to her owner). Apart from hospitals, museums, cinemas, theatres and swimming pools (all of which, apart from the first, have disappeared from public life due to the pandemic) there seems to be nowhere that dogs are forbidden from accompanying their owners. This gives their presence in the city a very special characteristic, like that of a not entirely happy utopia that is both hopeful and melancholic. Seeing them so civilized in their good behavior and also so predictable, always alert to the subtle tug on their lead – doubtless learnt by both of them in the Hundeschule – with which their master orders them to sit, stand up, stop, or cross the road (always silently) as if they were striving to become invisible, it's hard not to think this extraordinarily diverse social life (although perhaps somewhat anthropocentric) is granted them on condition, and it's a *sine qua non* condition, as is demonstrated by the panic caused by any transgression, that they should in fact be invisible and inaudible, like shadows of the creatures they once were, or rather, like their muted, flattened, one-dimensional replicas, admirable though slightly sad representations not of a species or of what makes it unique, but of the disciplinary system that domesticated it.

Perhaps this combo of terror and trembling is the generic way dogs renounce the vast majority of those aspects of behavior that make them worthy of calling themselves dogs. And yet, every time that, religiously following the basic rule of any approach to a strange dog, i.e. that your hand should never move towards it from above to below, which is the direction blows normally come from, but horizontally or from below to above so that the dog can see it at all times, and respecting the human protocol that prohibits touching any strange animal without first asking its owner's permission, every time I have brought about that reaction of fear and withdrawal, it isn't the stern faces or the methods of the instructors in the Hundeschulen which come to mind. No, it is the terrified eyes of Kim, the dog in whose expression I first noted this attitude more than fifty years ago, if I'm not mistaken – Kim, the dog my Berlin grandmother, who emigrated to Argentina at the end of the 1930s, had found tied to the railway tracks behind her house in Colegiales, a middle-class suburb in Buenos Aires. What didn't my grandmother do with that dog of hers, to her neighbors' astonishment? She would take her on vacation, travel with her by plane to Europe and the United States. They would sleep together, listen to music together, kiss each other on the mouth. One afternoon towards the end of the 1970s, during her summer holidays at an Argentinian coastal resort, she made the mistake of taking her dog with her into Casa Böhm, the only bookshop in town. This roused the fury of the manager, who did not think that books and dogs were compatible. Mortally offended, my grandmother turned on her heel and left, skirting the tables of bargain books as she shouted out loud that she would never set foot in there again. Kim, disoriented by the layout of the store, which from her height seemed pretty labyrinthine, was slow to react. The owner must have seen her slowness as a provocation, because he went over to shout at her. Disconcerted, Kim hesitated: she could hear my grandmother's voice calling her: – *Komm, Kim, komm!* –, but couldn't quite understand where it was coming from, where she had to aim for the exit. So she stood up on her hind legs, leant her front paws on the table of new books, and looked for her mistress, barking loudly. Beside himself, the owner knocked her off the table and gave her a kick that left her one-eyed for the rest of her life.

However, it is in the Hundeplätze or dog pens where German dogs no longer tremble in terror and become dogs again, dogs that the State recognizes, tolerates, and even values as dogs; it's there they run and bark and bite each other and go wild, where a Frisbee, a slobbery ball or the whiff of a sexual scent destroys the harmony promoted by the cloisters of the Hundeschulen. It's there, in those muddy heterotopias, a mixture of playground and bull-pen that only acquire a touch of glamour in Hasenheide park, that their human owners can reclaim a privilege and a painful, comforting mission. The privilege, one of those annulled by the pandemic, is a glimpse of social life; the mission, which to some extent confirms their humanity, is to mediate in others' conflicts – which is the opposite of ruling them out beforehand.

After living close to two years in Berlin, I wonder whether there shouldn't be more Hundeplätze and fewer Hundeschulen. More stages where animals and humans can enact passions and resolve differences; fewer institutions that, foreseeing animal wildness, set about guarding against it in advance with rules and lessons in etiquette and good behavior, replacing it with a model public spiritedness far superior to that shown by the majority of their human masters. There used to be places called *crash rooms*, known in Berlin as Wuträume. One or two still exist, I think, in Rummelsburg, but they were a fashion – encouraged by the growth of the *burn-out* syndrome – and as that fashion has died out, one is left to wonder where and how that violence, that despair, that destructive frenzy of the *crashroomers* is worked off now. Those poisoned office workers, stressed executives, single people about to lose that status, unemployed with no prospects who, armed with hammers, pickaxes, hatchets, baseball bats, golf clubs, trashed furnished rooms, offices, entire houses specially built for these rituals of ecstatic release. The question seems a little pointless in the country of the AfD, the Reichsbürger, Revolution Chemnitz, the attacks of Hanau and Halle, the raids by the Gruppe Freital. It sounds pointless even in Berlin, a progressive city where the homeless don't attack anyone, but simply *howl*, and howl in a way I've never heard anyone howl in all my life, all alone, with their whole bodies, turned inside out like a glove by their howling; where a stall owner in the Flohmarkt, unhappy about the way he is asked for a price, is capable of instantly launching a stream of invective as lethal as a flash of lightning; where inspectors on public transport go about their duties *incognito* amongst the passengers, their checking machines concealed behind their back in their belt, like revolvers in a Far West disguised as civic responsibility.

Thanks to the pandemic, life in Berlin seems to be pulling in two opposite directions: privatization, the direct effect of a quarantine that began as an emergency policy and is now becoming chronic, and life out in the open that, given the restrictions placed on public life, appears as the only alternative space to the bourgeois domestic interior, which may be protected but is stifling. Prior to that, when Berliners, only too aware of the rigors of the climate, caught a glimpse of a timid ray of sunlight glinting on their window, they went out in their t-shirts to invade parks and lakes. Now that ray of sunlight is an unnecessary prop: we have to get out, we simply get out, we get out in spite of everything, despite the cold, wind and leaden skies, even with rain, less for the ration of vitamin D that the doctors remind us not to go without, more because that dose of poor, precarious, threatened external life that we at least share with others as desperate as us, seems preferable to domestic confinement and consumption (the only public freedom that public health policies permit). Parks, squares, courtyards, canal banks, those no man's lands surrounding certain U-Bahn stations, public benches: it's there, in that bare and often harsh outdoors that we occupy until the cold freezes us; it's there that we are surprised by – reminding us to what extent it exists with or without us – Berlin's animal life, that kind of city's unconscious in its untamed version (that of foxes sniffing at the soles of shoes and those stealing them) and its disciplined version (that of the dogs playing at being model citizens).

For months now I've been living in Berlin as though I were part of a fable. If the wild boar of Alter St.-Matthäus-Kirchhof hadn't caught my attention, I would have continued to be absorbed in a scene that was bringing tears to my eyes: a man, probably a grieving relative, was dancing a kind of very slow *tai chi* in front of a tomb (seeing him made me feel desolate, realizing that by cremating my father and scattering his ashes in the sand dunes of Villa Gesell, the same resort that had left my German grandmother's dog blind in one eye, I had deprived myself of the possibility of having a place where I could return to him, to speak to him and ask him all the questions his death had left hanging in the air forever). Sometimes dogs avoid the hand I hold out to them; nearly always it is their owners who, somewhere between offended and paternalistic, dissuade me from touching them. Sometimes, as I expected, I arrive too early somewhere and accept to spend time outside in the cold, when all of a sudden I come across an *insect hotel*, that jewel of bizarre folk architecture – equally empty, as far as I can tell, as the hotels for humans in these times of forced sedentariness. One evening, in the woods of Treptower Park, with daylight slowly fading, an owl flew alongside me for a while. I was riding my bike with one eye on the track and the other on my mobile, looking for the spot where I'd arranged to meet with friends to dance. It may be that silent parties sprang up to evade both the law and the virus, and to evade them in the most discreet way: by becoming inaudible. However, as the owl perhaps intuited while it accompanied me until I saw the first lights of our meeting place, and then disappeared, a couple of dozen people dancing in the dark among the trees to a silent music were and are something more: a triumph of camouflage, a means of inhabiting the fantasy space of the fable, the possibility of being the trees.

December 2020
Translated from the Spanish by Nick Caistor

La vida a la intemperie
Alan Pauls

Una tarde, en el Tiergarten, un zorro estuvo olisqueándome los zapatos. Me husmeaba de cerca, la nariz pegada al borde de la suela, y se apartaba un poco para procesar los estímulos recogidos. Unos segundos después giró la cabeza, como atraído por perfumes más prometedores, y se quedó un rato inmóvil, mirando hacia la calle. Con solo estirar la mano lo habría tocado, pero no me moví. Belleza y temor van de la mano, a veces. Al final se alejó despacio, a paso aburrido, por el camino de grava, hasta que se zambulló en una mata de plantas y desapareció, después de deleitarse con el roce de las hojas y las flores.

Hubo más apariciones así con el correr del tiempo. Me acuerdo de un jabalí cruzando cabizbajo la Puschkinallee y de otro hundiendo su húmeda trompa entre dos tumbas en el cementerio Alter St. Matthäus, él o ella buscando su rizoma, yo la lápida de los hermanos Grimm. Hubo muchas ardillas: en Gleisdreieck, en Viktoriapark, una, en particular, en la Spielplatz del Rudolph-Wilde Park, parada en dos patas, mirando con extrañeza a mi hijo, que se llevaba una suculenta porción de arena a la boca. Me acuerdo de la escuadra de pajaritos que fueron aterrizando de a uno en nuestra mesa del Brachvogel para picotear con calma, educadamente —no como nosotros—, los restos de una hamburguesa que ya al pedirla sabíamos que sobraría.

Nunca había estado tan cerca de animales tan poco domésticos; no, al menos, sin un cerco de alambre o una placa de vidrio de por medio. Aunque lo inquietante no era exactamente la proximidad. Era el modo abrupto en que habíamos llegado hasta ahí, hasta esa zona de contacto inimaginable, y la actitud con que lo experimentábamos. Me costaba imaginar que zorros o jabalíes fueran *human friendly*. Pero me costó más darme cuenta de que si se acercaban así, sin recelo alguno, incluso con despreocupación, hasta quedar al alcance de la mano, no era por tolerantes, ni porque yo les resultara simpático o simplemente inofensivo. Era porque ellos estaban ahí *primero*, desde antes, mucho antes que yo y que cualquiera. Eran demasiado locales, demasiado dueños de Berlín para concederme algo más que unos segundos de curiosidad o una olfateada distraída. Lo impresionante, en todo caso, era lo seguros que parecían estar de gozar de ese privilegio. Milenaria, esa convicción (y no un supuesto efecto de domesticidad provocado por la coexistencia prolongada con los humanos) era lo que les permitía abstenerse de toda hostilidad.

Los animales salvajes callejeros son un clásico de Berlín. Ya lo eran antes, mucho antes de que la imagen tuviera el valor didáctico que tiene ahora, cuando las bestias aprovechan la desolación impuesta por las cuarentenas para pasearse por las capitales del mundo como neo *flâneurs* aristocráticos, sin prisa, sin miedo de que las importunen los turistas. Son un clásico amable (que la pandemia, que canceló casi todas las de la civilización, puso en la cima, este último año, del ranking de maravillas del mundo). La gente comenta los animales con los que se topa como si fueran titulares de un periódico alentador, la *Deutsche Welle* no pierde ocasión de mencionarlos, la escuela a la que asiste mi hijo (ya curado, espero, del vicio de comer arena) les dedica un taller de dibujo extracurricular, con clases especiales para los ejemplares que yo espero encontrarme alguna vez por la calle: castores, mapaches, martas, hurones, urracas, erizos, gavilanes, águilas. Hace poco me enteré de que en Zehlendorf hubo una oleada de robos de zapatos. Entre zapatillas, pantuflas, sandalias y hasta botines de futbol, casi cien piezas de calzado se habían esfumado como por arte de magia, dejando al barrio en la perplejidad. Y así habría seguido, al parecer, si un vecino, el observador señor Meyer, no hubiera descubierto en flagrante delito al autor del crimen, un zorro triste, con las costillas marcadas, enfilando rumbo a un baldío con un par de chancletas deportivas entre los dientes.

Hay algo perturbador en saber que se convive en una ciudad con animales que uno jamás asociaría con cemento, *späti*, semáforos, filarmónicas, ajenos incluso a esa órbita de envidiable complicidad en la que se jactan de flotar aquí esos dúos que forman mascotas (un término tan anacrónico, supongo, como cualquiera del léxico esclavista) y dueños. Saber que se convive más que convivir, incluso. Porque tener una prueba visible, personal, de esa convivencia es una experiencia inquietante; pero saber —sin verlas— que esas bestias están allí, ocultas en alguna parte, en una latencia muy parecida, sin ir más lejos, a la de las miles de bombas que yacen enterradas en la ciudad desde la Segunda Guerra, es algo muy distinto y, quizá, más específica, más endémicamente berlinés: es convivir con una especie de amenaza crónica, que se recela pero a la que no hay más remedio que mantenerse fiel.

Pero hay algo también mágico, porque hacer contacto con un zorro rojo a veinticinco metros de la Columna de la Victoria es entrar, es descubrirse ya capturado en los pliegues de una fábula, uno de esos relatos con moraleja con las que un antiguo aparato pedagógico buscaba inculcarnos —vía Esopo o La Fontaine— el amor o el temor de la Regla, el Camino Recto, la Buena Conducta. Y eso no es normal. Porque aun cuando el género ordenara que la hormiga o la zorra o el asno o el león encarnaran con palabras humanas debates humanos, las fábulas daban por sentado que, para ser fábulas, el humano debía no estar, debía brillar por su ausencia en la historia y confinarse en su horizonte, donde se convertiría en su destinatario, blanco último de la enseñanza. En Berlín, en cambio, estamos *adentro* de la fábula. Nos rozamos con las bestias en uno de esos espejismos radicales que solo suceden cuando atravesamos un espejo y caemos del otro lado. Y el espejismo, que para serlo tiene por fuerza que ser fugaz, aquí, milagrosamente, se prolonga justo cuando lo dábamos por perdido, y persiste en lo real, dejándonos en el cuerpo su eco inconfundible, la vibración que esa tarde me dejó el hocico del zorro en el Tiergarten, ese calor, esa carga increíble de vida, poco antes de irse —porque no desapareció, como suelen hacer las cosas mágicas: se alejó, me dejó atrás, sin enfado pero también sin piedad, un poco como nos dejan atrás, al darse cuenta de que no obtendrán de nosotros lo que necesitan, esos otros clásicos de la intemperie de Berlín que son los mendigos.

Zorros, bosques, tierra removida por hocicos ávidos, legiones de avispas trazando *loops* alrededor de nuestra comida, indiferentes a los manotazos con que intentamos espantarlas: vivir en Berlín, de pronto, se volvía un *trip* salvaje, suerte de safari invertido donde la curiosidad —el *target*— ya no era la bestia sino el humano, el patético humano privado de su civilizada humanidad por una sopa de murciélago mal cocida en un mercado popular de Wuhan: humano sin cines, sin museos, sin restaurantes, sin bares, sin discotecas, sin transporte público —humano sin Berghain.

(Meses antes, cuando ni siquiera sospechaba que en alguna parte del planeta se comían a los murciélagos en sopa, llegué a ir a Berghain, sin embargo, pero no a bailar. Consideré que figurar en la lista de invitados de una *performance* de música experimental —una de las tantas deferencias que tenía por entonces conmigo la institución que me había traído becado a Berlín— me sacaría de la mira de la política de rechazo a la vez sistemático y aleatorio con que los *bouncers* del lugar, en particular Sven Marquardt, a quien acababa de conocer y detestar gracias a un documental, habían cimentado la fama del lugar. Entré, en efecto, pero no sin pasar antes por una de esas esperas largas, misteriosas, frente a grandes puertas macizas sin número, ni letra, ni nada que las identificara, preguntándome una y otra vez, a la intemperie de una noche de frío y de lluvia, si la cola que había hecho era la que me correspondía, si la puerta ante la que esperaba, como el pobre personaje de Kafka ante la ley, era mi puerta, si la famosa lista de invitados en efecto existía y si mi nombre estaba en ella, y cuando entré, lo que hice por supuesto en estado de incertidumbre, convencido no de estar ahora más cerca de la *performance* que me habían invitado a ver sino del *faux pas*, la torpeza, la imprevisión, la palabra fuera de lugar que justificarían el rechazo, oí los gruñidos con que el par de *bouncers* me buscaban en la famosa lista, una pobre hoja de papel, dicho sea de paso, que insistían en pasarse uno al otro pellizcando sus bordes con las yemas de los dedos, menos con delicadeza que con incredulidad o asco, igual que un carnicero el *flyer* con el menú del restaurante vegano que acaban de abrir junto a su carnicería, y pensé enseguida en las fauces de esos perros rabiosos, casi siempre doberman, creo, que ciertas películas históricas, muchas de ellas alemanas, casi todas sobre cierto período de la historia de Alemania y de Europa, promovían como expediente eficaz para mantener a raya cantidades importantes de gente forzadas a esperar.)

Dicho esto, no es rabia lo que he visto en los perros con que me cruzo en Berlín, que son muchos y parecen suspendidos, según decía más arriba, en un limbo de armonía silenciosa con sus dueños. Es más bien recelo. O miedo, miedo a secas. No me ha tocado ver muchos perros ladrar desaforados, ni gruñir mostrando los dientes, ni siquiera mirar a otro de su especie con la intención de entrometerse en su territorio, pero me sorprende el aire acobardado y como tembloroso que tienen a menudo, el modo en que agachan la cabeza cuando uno estira una mano hacia ellos, cómo retroceden apenas un humano, adulto o niño, experto en tratar con perros o simplemente amistoso, poco importa, da un paso hacia ellos. Hay una perra, Chica, que me visita a menudo en la librería donde coordino talleres de escritura. Es de una vecina de la librería, cuya dueña me contó que acostumbraba darle una golosina cada vez que la veía pasar. La librería quedó para la perra como un lugar de premios, a tal punto que aun cuando se encontrara en ella con un desconocido como yo, su reflejo era detenerse y esperar su recompensa. Yo continué con el rito, por supuesto. Pero cada vez que intento ir más allá, prolongar con una caricia o un juego esa modesta epifanía de satisfacción, Chica baja la cabeza y sus patas traseras activan la retirada. "En alguna de sus vidas debe de haber sido una perra maltratada", arriesgó la dueña de la librería. No sé cuál es la hipótesis más desoladora: si esa o la que explicaría ese temor reverencial por el tipo de magisterio que practican las Hundeschulen.

Para quien venga a Berlín de una ciudad como Buenos Aires o Santiago de Chile, informales, caóticas, patrulladas a diario por manadas de perros vagabundos, la intachabilidad del comportamiento promedio del perro berlinés no puede no asombrar, como también la variedad y riqueza de las prerrogativas sociales a las que parecen autorizarlo esa sobreadaptación o esa educación impecable. Perros en el Ubahn, en taxis, en autobuses, quietos y atentos y listos para incorporarse y ceder el espacio; perros echados como semidioses lánguidos en las tiendas de lujo de la Ku'damm mientras sus dueños se prueban vestidos de 2500 euros; perros en ascensores, restaurantes chic, bancos, salas de espera de consultorios médicos, peluquerías, casinos. (Un día, uno de mis talleristas vino a la sesión con su perra Selma, que soportó las tres largas horas de lectura y discusión sin despegar la mandíbula del piso. Pero bastó que al final todos nos pusiéramos de pie y empezáramos a recoger nuestras cosas para que volviera en sí de manera instantánea, como si la hubieran encendido, y alzara la implorante impaciencia de sus ojos hacia su dueño.) Salvo hospitales, museos, salas de cine y teatro y piscinas (que, con excepción de los primeros, han quedado fuera de la escena pública por la pandemia), no parece haber lugar que los perros tengan vedado cuando acompañan a sus dueños, lo que da a su presencia en la ciudad un carácter muy particular, como de utopía no del todo dichosa, a la vez esperanzadora y melancólica. Porque viéndolos así, tan civilizados en su buena conducta y también tan previsibles, siempre atentos al tironeo sutil, seguramente aprendido por ambos en la Hundeschule, con que su amo le ordena que se siente, se pare, se detenga o cruce la calle, siempre en silencio, como empeñados en volverse invisibles, es difícil no pensar en que esa vida social prodigiosamente diversa (aunque quizás un tanto antropocéntrica) solo les es concedida con la condición, y es una condición *sine qua non*, como lo prueba la zozobra catastrófica que provoca cualquier episodio en que es transgredida, de que, en efecto, sean invisibles e inaudibles, como sombras de las criaturas que alguna vez fueron o, mejor, como sus réplicas muteadas, aplanadas, unidimensionales, representaciones admirables y un poco tristes no de una especie, no de lo que la hace única, sino del sistema disciplinario que la domesticó.

Quizás ese combo de temor y temblor sea la forma genérica que adopta en los perros la renuncia a la gran mayoría de los comportamientos por los que son dignos de llamarse perros. Y sin embargo, cada vez que, siguiendo al pie de la letra la regla básica de todo acercamiento físico a un perro desconocido, según la cual la mano no debe dirigirse a él de arriba hacia abajo, que es como normalmente se propinan los golpes, sino horizontalmente o de abajo hacia arriba, de manera que el perro la vea en todo momento, y respetando también el protocolo humano que veta tocar cualquier animal desconocido sin pedir antes el consentimiento de su dueño, cada vez que he despertado en un perro esa reacción de amedrentamiento y repliegue, no son las caras severas ni los métodos de los maestros de las Hundeschulen los que me han venido a la mente sino los ojos aterrados de Kim, la primera perra en cuya expresión la noté hace ya, si no me equivoco, más de cincuenta años —Kim, la perra que mi abuela berlinesa, emigrada a fines de los años 30 a la Argentina, había encontrado atada a las vías del tren que corrían por detrás de su casa de Colegiales, un barrio de clase media de Buenos Aires. ¿Qué no hacía mi abuela con esa perra, para asombro de sus vecinos? Se iba de vacaciones, viajaba en avión a Europa y Estados Unidos, dormía, escuchaba música, se besaba en la boca. Una tarde de fines de los '70, veraneando en un balneario de la costa argentina, cometió el error de entrar con la perra a Casa Böhm, la única librería del pueblo, y desatar la ira del encargado del lugar, que no creía que libros y perros fueran compatibles. Mi abuela dio media vuelta y se fue mortalmente ofendida, esquivando las mesas de saldos mientras prometía a viva voz no volver a pisar la librería. La perra, desorientada por la disposición del lugar, a su altura bastante laberíntico, tardó un poco en salir. El dueño debió de tomar esa lentitud por una provocación, porque se acercó para echarla a los gritos. Desconcertada, la perra dudó: oía la voz de mi abuela que la llamaba —*Komm, Kim, komm!*—, pero sin entender del todo de dónde provenía, hacia dónde tenía que moverse para salir. Así que se paró en dos patas, apoyó las manos sobre la mesa de novedades y se puso a buscarla con los ojos mientras ladraba. Fuera de sí, el dueño la bajó de un golpe y le dio una patada que la dejó tuerta de por vida.

Es en los caniles, sin embargo, donde los perros berlineses dejan de temblar y temer y vuelven a ser perros, perros que el Estado reconoce y tolera y hasta valora como perros; es ahí donde corren y ladran y se mordisquean y enardecen, haciendo estallar por un *frisbee*, una pelota babeada o los vahos de un perfume sexual la armonía promovida desde los claustros de las Hundeschulen. Es ahí donde vuelven a ser imprevisibles, puro azar, principio de caos. Y es ahí, en esa heterotopía barrosa, mezcla de *playground* y chiquero, que solo en el Hasenheide adquiere cierto *glamour*, donde sus dueños humanos reconquistan a la vez un privilegio y una penosa, reconfortante misión. El privilegio, uno de los que la pandemia canceló, es un boceto de vida social; la misión, que de algún modo los confirma como humanos, es mediar en conflictos ajenos —que es lo contrario de abolirlos por anticipado.

Después de vivir en Berlín casi dos años, me pregunto si no debería haber más caniles y menos Hundeschulen. Más teatros donde animales y humanos ponen en escena pasiones y dirimen diferendos y menos instituciones que, previendo el descontrol animal, proceden a amordazarlo por anticipado con reglas, etiqueta y buenos modales, sustituyéndolo por un civismo modelo, muy superior, sin duda, al que exhiben la mayoría de sus dueños humanos. Alguna vez hubo unos lugares llamados *crash rooms*. En Berlín se los conocía como Wuträume. Alguno queda en pie, creo, en Rummelsburg, pero fueron una moda — alentada por el despunte del síndrome *burn out*— y esa moda pasó, y uno puede preguntarse dónde y cómo se gastan ahora esa violencia, esa desesperación, ese frenesí aniquilador que los *crashroomers* —oficinistas envenenados, ejecutivos con estrés, solteros a punto de dejar de serlo, desocupados sin horizontes— descargaban cuando reducían a escombros, armados con martillos, picos, hachas, bates de béisbol, palos de golf, habitaciones amuebladas, oficinas, casas enteras montadas especialmente para esos rituales de desahogo extático. Pero la pregunta suena un poco ociosa en el país de la AfD, los Reichsbürger, Revolution Chemnitz, los ataques de Hanau y de Halle, los *raids* del Gruppe Freital. Suena ociosa incluso en Berlín, una ciudad progresista donde los *homeless* no atacan a nadie, solo *aúllan*, y aúllan como nunca oí aullar a nadie en mi vida, solos, con todo el cuerpo, dados vuelta como un guante por el aullido, donde el puestero del *flohmarkt*, disconforme con el tono con que se le pregunta un precio, es capaz de escupir una llamarada de ira instantánea, fulminante como un relámpago, y donde los controladores del transporte público hacen su trabajo sembrados de incógnito entre los pasajeros, con sus maquinitas de verificar ocultas a la espalda, dentro del cinturón, como revólveres de un *far west* disfrazados de responsabilidad cívica.

Por obra de la pandemia, la vida en Berlín parece traccionada por dos fuerzas antagónicas: la privatización, efecto directo de una cuarentena que empezó como una política de emergencia y tiende a volverse crónica, casi un estilo de vida, y la intemperie, que, dadas las restricciones que pesan sobre la vida pública, se ofrece como el único espacio alternativo a la intimidad del interior doméstico burgués, protegido pero sofocante. Antes, ya educados por los rigores del clima, los berlineses captaban una tímida hebra de sol de invierno reverberando en la ventana y salían en musculosa a invadir parques y lagos. Ahora la hebra de sol es un *prop* innecesario: hay que salir, se sale, salimos de todos modos, con frío y viento y cielos plomizos, hasta con lluvia, menos por la cuota de vitamina D que los médicos nos recuerdan que no desatendamos que porque esa dosis de exterior indigente, precario, amenazado, que al menos compartimos con otros desesperados como nosotros, nos parece preferible al confinamiento doméstico y al del consumo (la única libertad pública que autoriza la política sanitaria). Parques, plazas, plazas secas, orillas del canal, esas *no man's land* que rodean ciertas estaciones de Ubahn, bancos públicos: es ahí, en ese afuera desnudo, a menudo inclemente, que ocupamos hasta que el frío nos congela, es ahí donde nos sorprende —recordándonos hasta qué punto existe con o sin nosotros— la animalidad berlinesa, esa especie de inconsciente de la ciudad, en su versión salvaje (la de los zorros que huelen zapatos y los que los roban) y su versión disciplinada (la de los perros que juegan a ser ciudadanos impecables).

Desde hace meses vivo en Berlín como en el interior de una fábula. Si el jabalí del Alter St. Matthäus no hubiese llamado mi atención, yo habría seguido absorto en la escena que empezaba a hacerme llorar: un hombre, un deudo, probablemente, bailaba una especie de tai chi lentísimo frente a una tumba (y viéndolo, yo, desconsolado, supe que al cremar a mi padre y dispersar sus cenizas en los médanos de Villa Gesell, la misma playa que había dejado ciega de un ojo a la perra de mi abuela alemana, me había privado de esa posibilidad —tener un lugar para volver a él, para hablar con él y hacerle todas las preguntas que su muerte había dejado en suspenso— para siempre). A veces los perros esquivan la mano que tiendo hacia ellos; casi siempre son sus dueños los que, entre ofendidos y paternalistas, me disuaden de tocarlos. A veces, tal como lo preví, llego demasiado temprano a un lugar y acepto hacer tiempo afuera, al frío, y me topo de golpe con un hotel de insectos, joya de la arquitectura bizarra folk, tan vacío, por lo que veo, como los hoteles de humanos en estos tiempos de sedentarismo forzado. Una tarde, en el bosque de Treptower Park, cuando la luz se apagaba muy de a poco, una lechuza voló un trecho a mi lado. Yo pedaleaba con un ojo en el camino y otro en el teléfono, buscando el punto donde me había dado cita con unos amigos para bailar. Puede que las *silent parties* nacieran como desafíos, para burlar la ley y el virus al mismo tiempo, y burlarlos a fuerza de discreción: volviéndose inaudibles. Sin embargo, como quizá lo intuyera la lechuza, que me acompañó hasta que vi las primeras, trémulas luces del lugar, y después desapareció, dos docenas de personas bailando en la oscuridad, entre árboles, una música silenciosa, fueron y son algo más: una hazaña del *camouflage*, una forma de habitar el espacio fantástico de la fábula, la posibilidad de ser bosque.

Diciembre de 2020

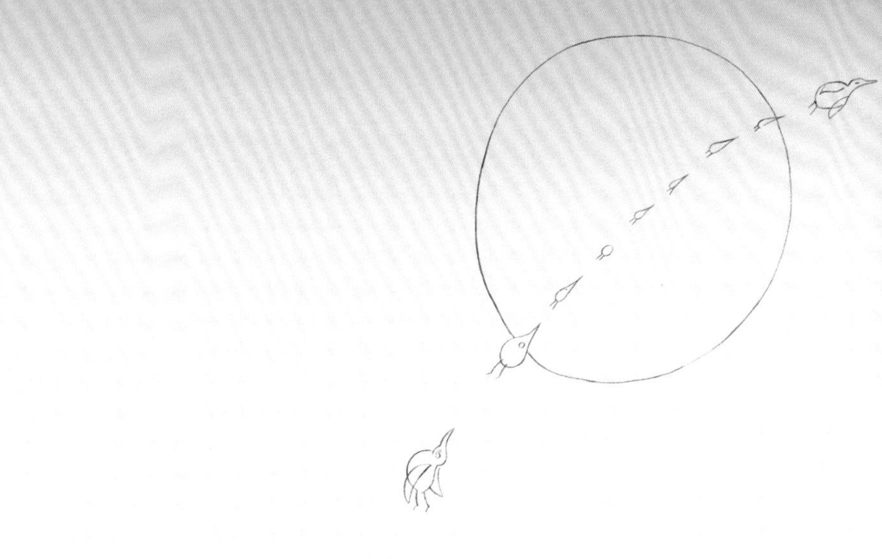

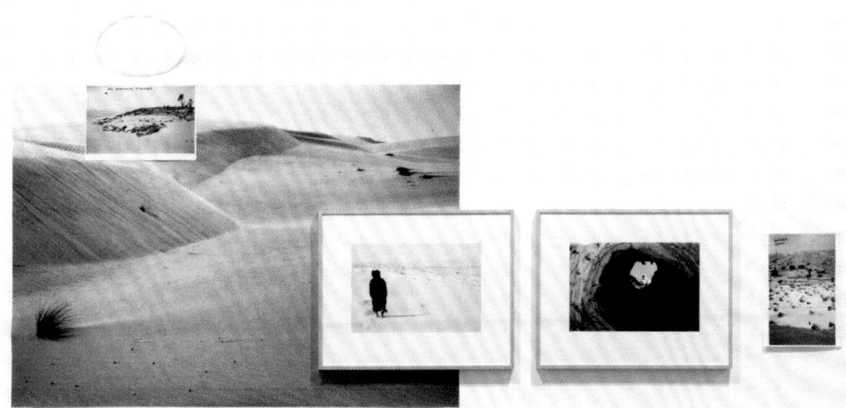

23/1 We seem to walk in circles, but must be approaching the space-time-hole. From afar, we hear the chirping of Time Ibises.   29/1 Today we saw the Hossinga tree for the first time. We see the golden reflection of the ripening rokus fruits.   3/2 The only path to the Huix leads through the space-time-hole.   10/2 We have been welcomed into the realm of the Huix.

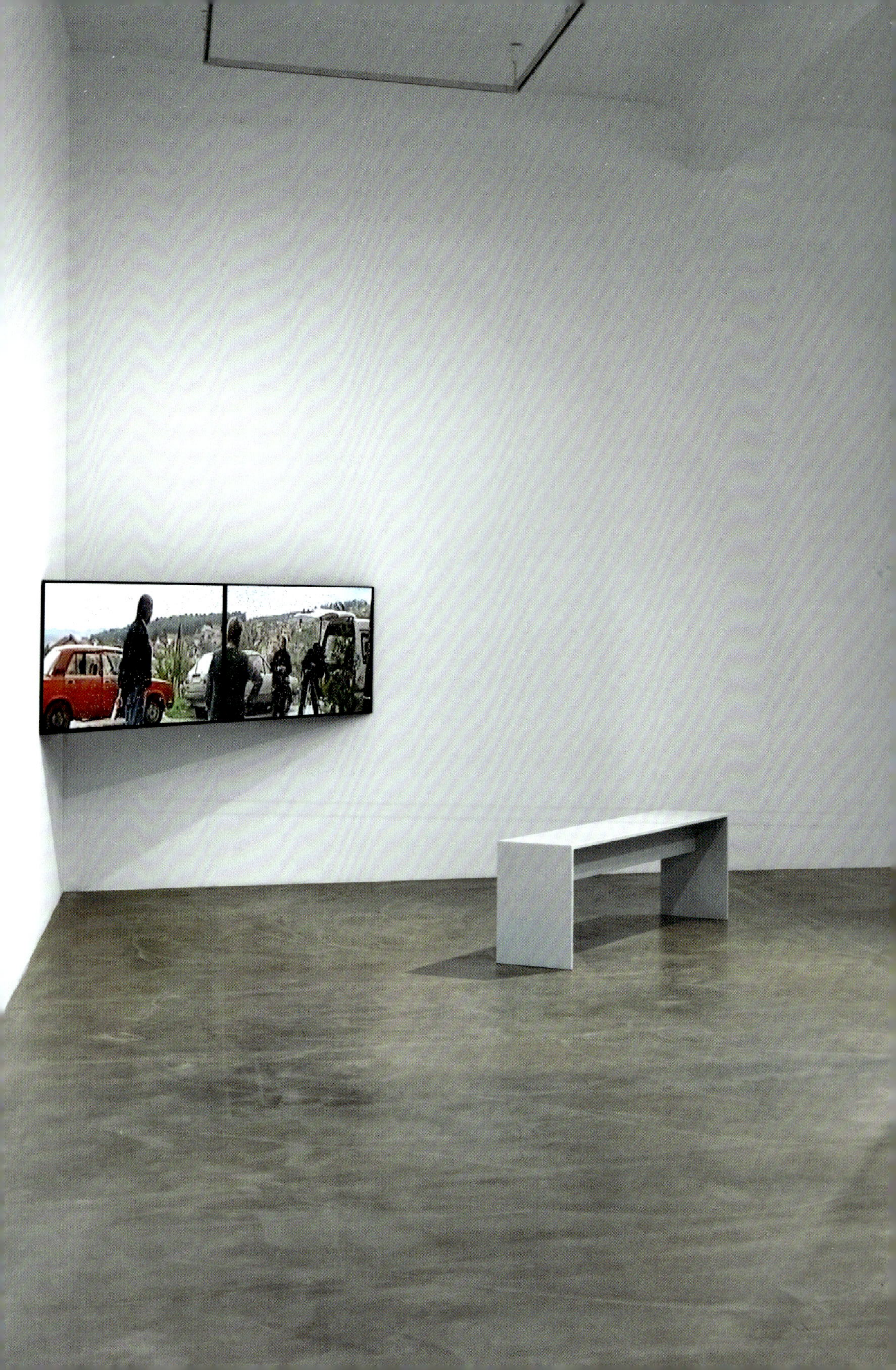

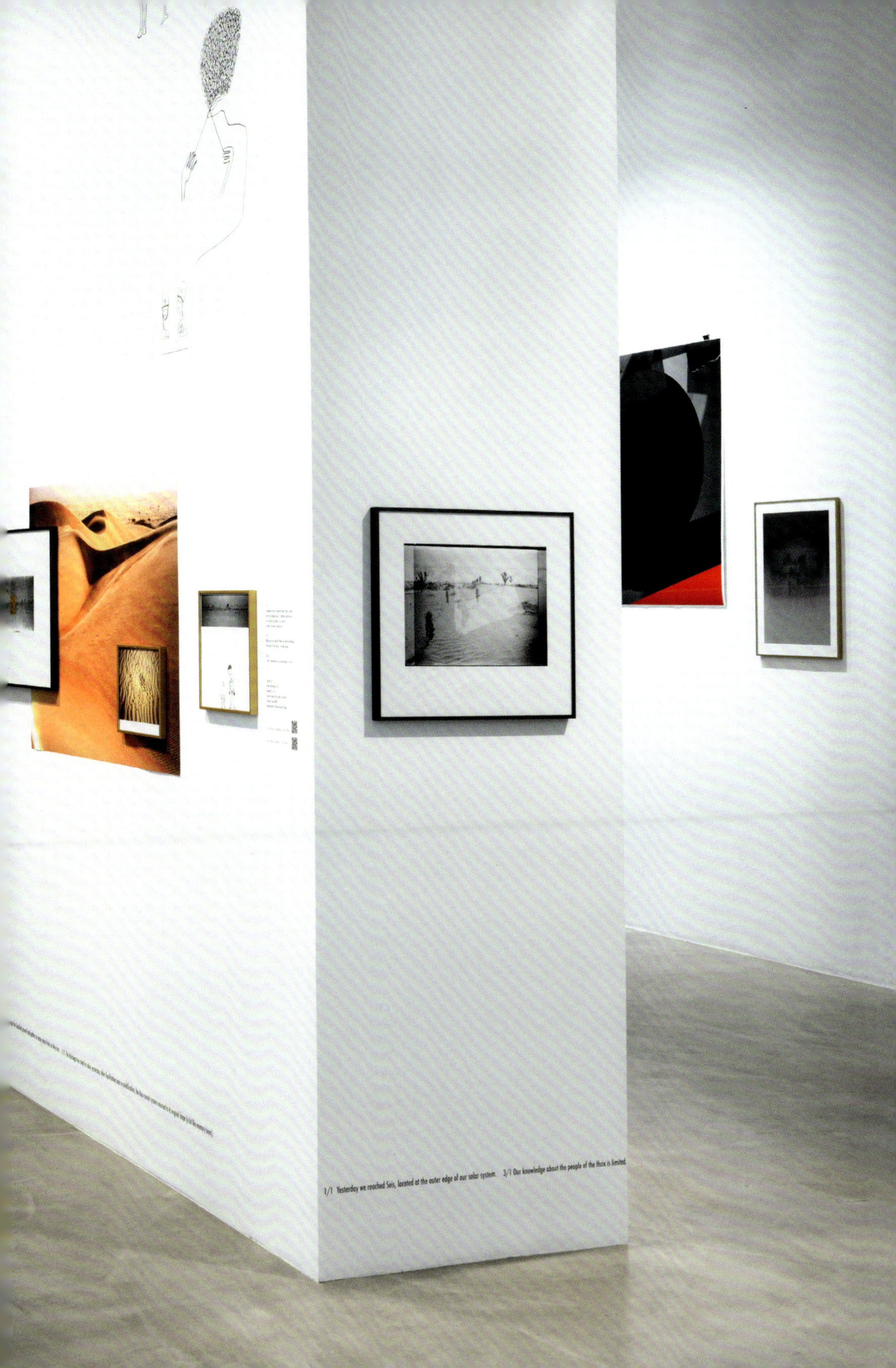

1/1 Yesterday we reached Seis, located at the outer edge of our solar system.   3/1 Our knowledge about the people of the Hoix is limited.

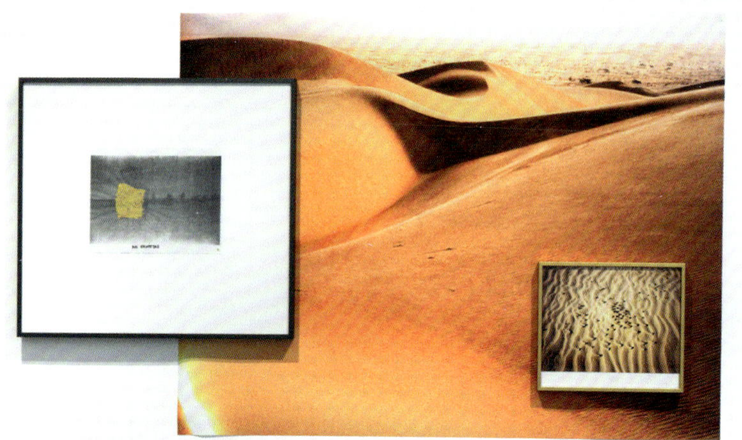
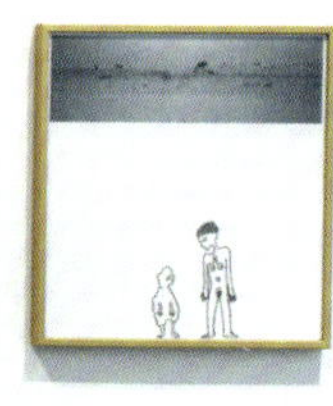

  Bettina Hutschek, *Expedition zu den Huix* (Expedition to the Huix), 2020, Details / details

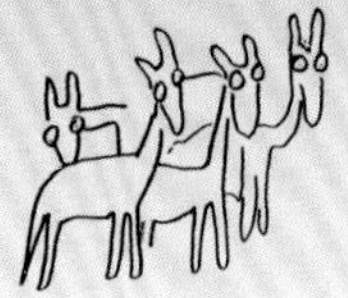

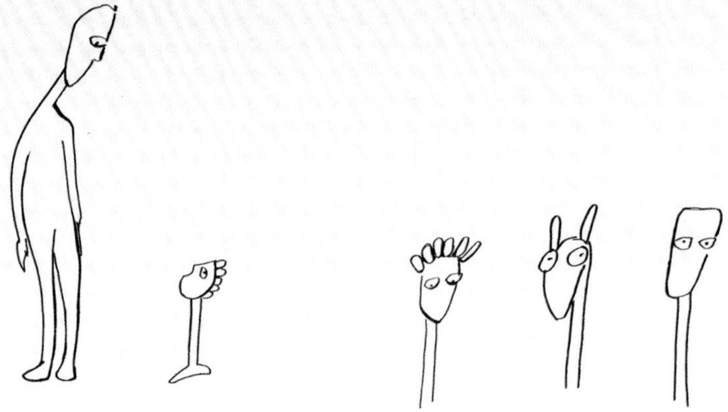

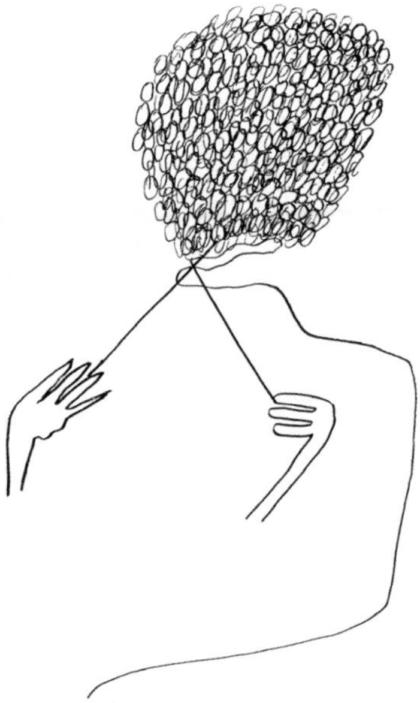

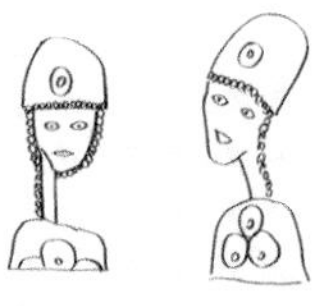

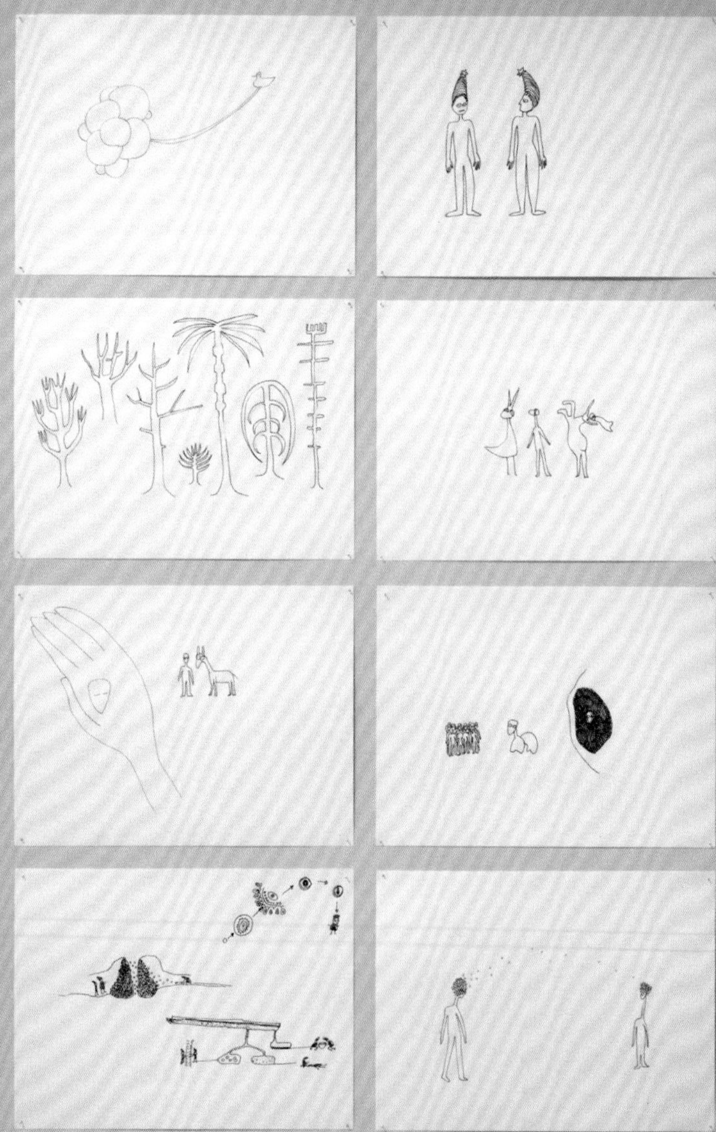

Bettina Hutschek, *Expedition zu den Huix* (Expedition to the Huix), 2020, Details / details

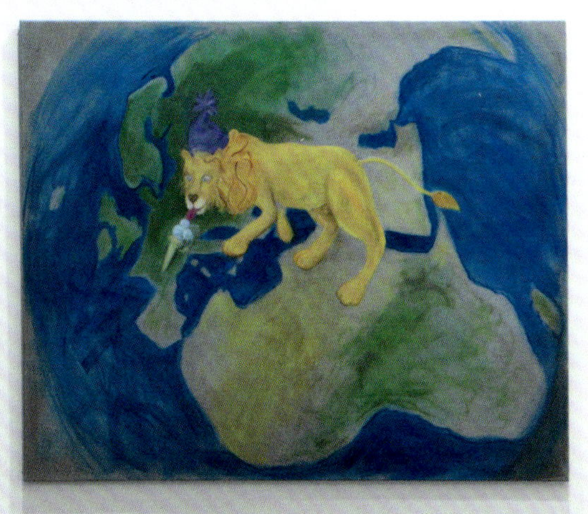
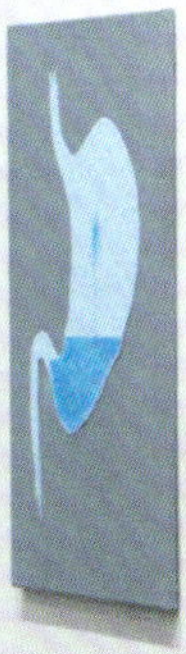

Paul Sochacki, *Body Temperature*, 2017, Gemälde, Öl auf Leinwand / painting, oil on canvas, 140 × 180 cm

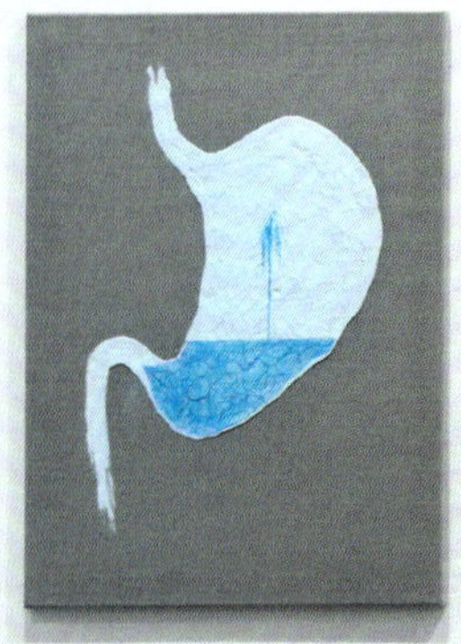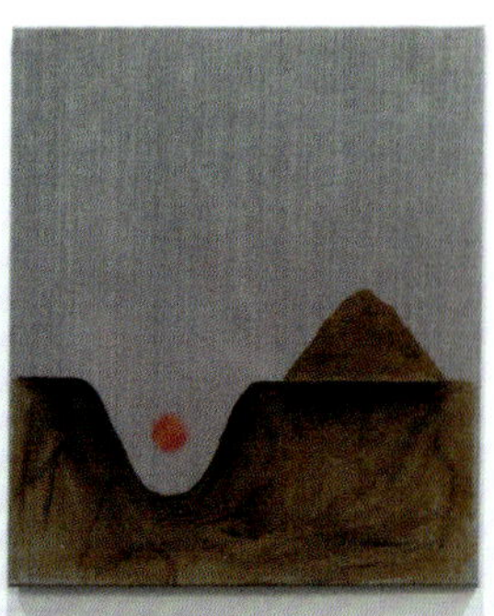

Paul Sochacki, *being hungry is a human right*, 2015, Gemälde, Öl und Wandfarbe auf Leinwand / painting, oil and wall paint on canvas, 80 × 60 cm; *a stone in a cave*, 2019, Gemälde, Öl auf Leinen / painting, oil on linen, 75 × 60 cm; *Untitled*, 2019, Gemälde, Öl auf Leinwand / painting, oil on canvas, 170 × 130 cm

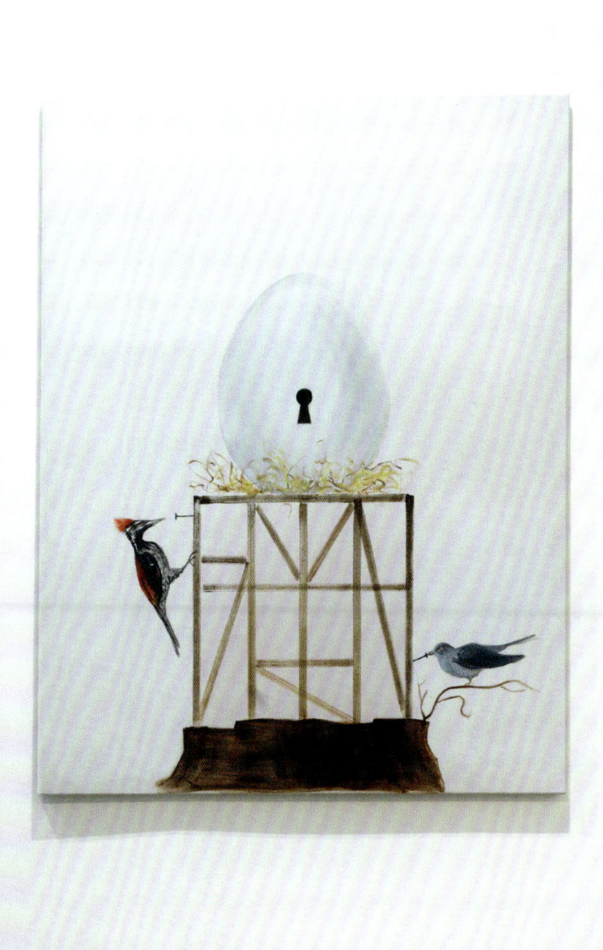

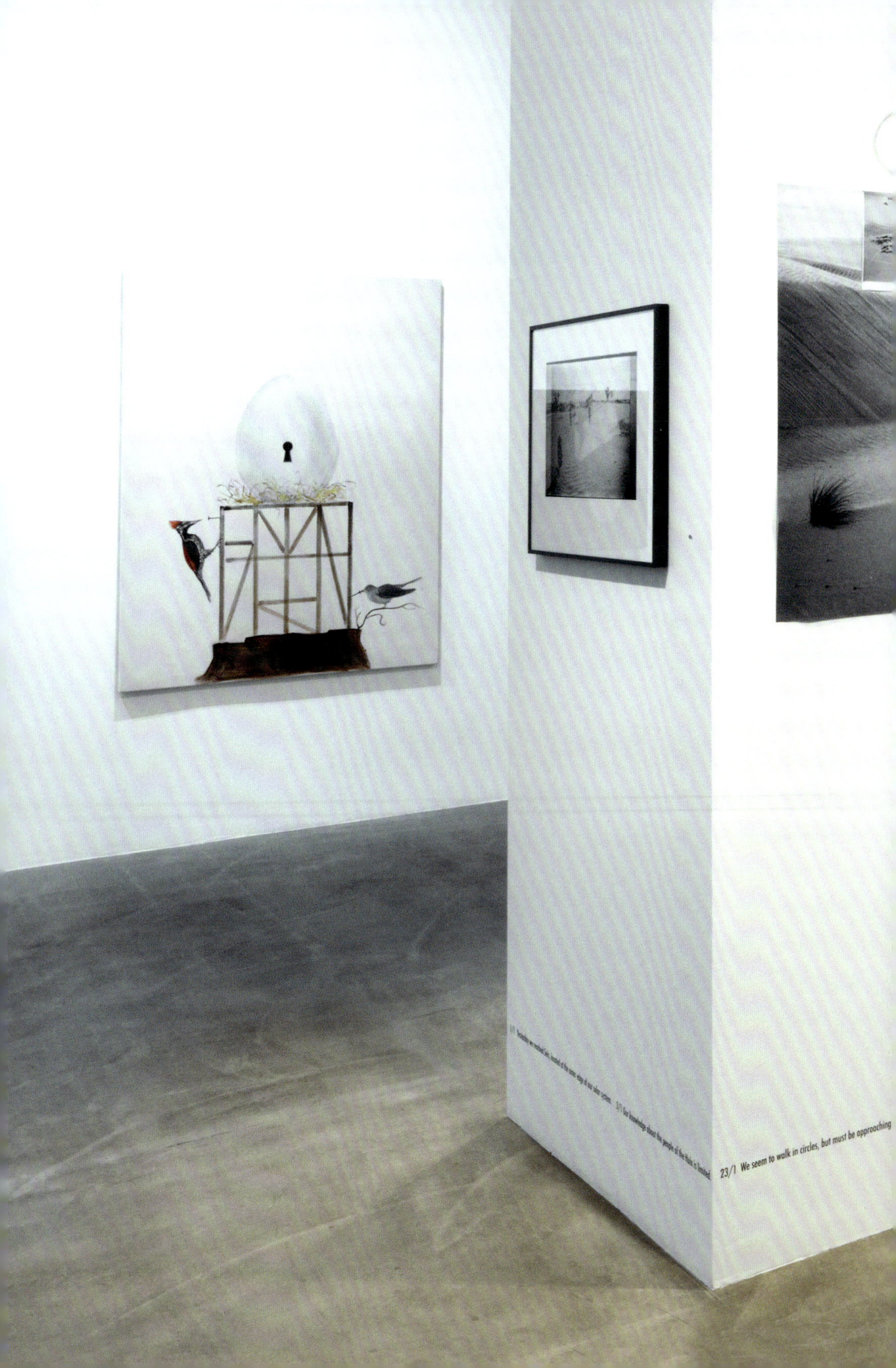
23/1 We seem to walk in circles, but must be approaching

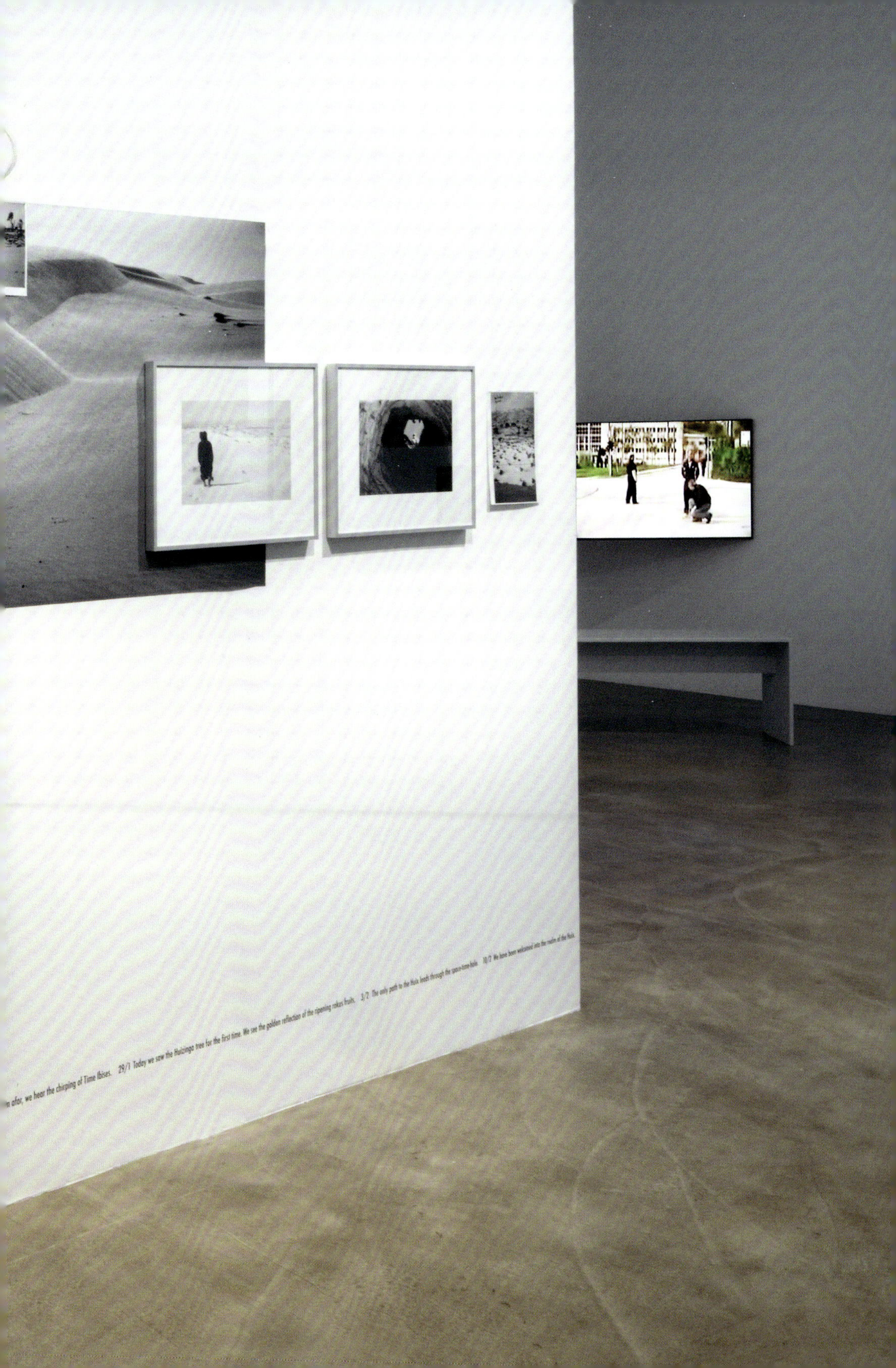

...m afar, we hear the chirping of Time Ibises.   29/1 Today we saw the Huizinga tree for the first time. We see the golden reflection of the ripening rokos fruits.   3/2 The only path to the Noia leads through the space-time-hole.   10/2 We have been welcomed into the realm of the Noia.

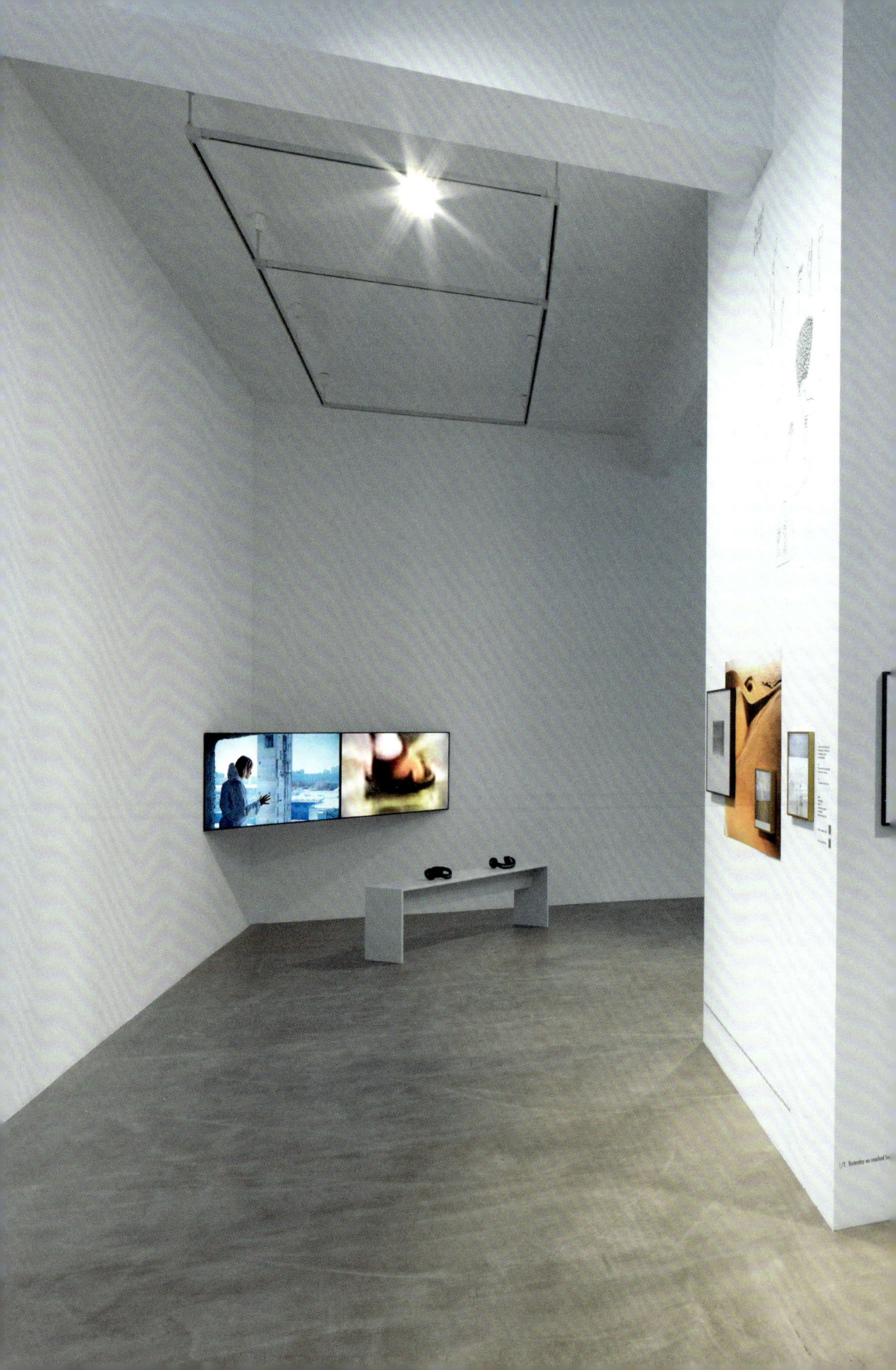

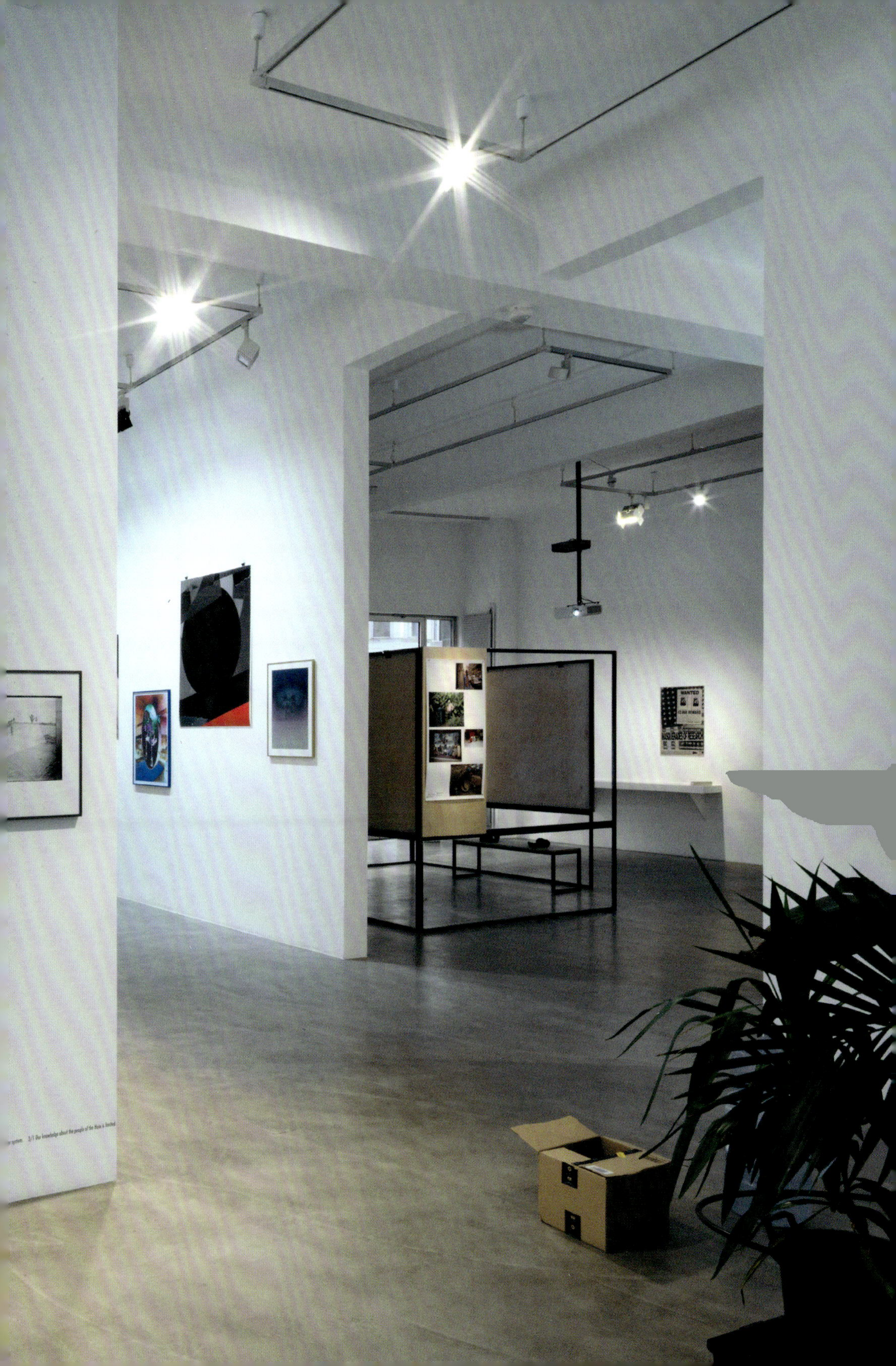

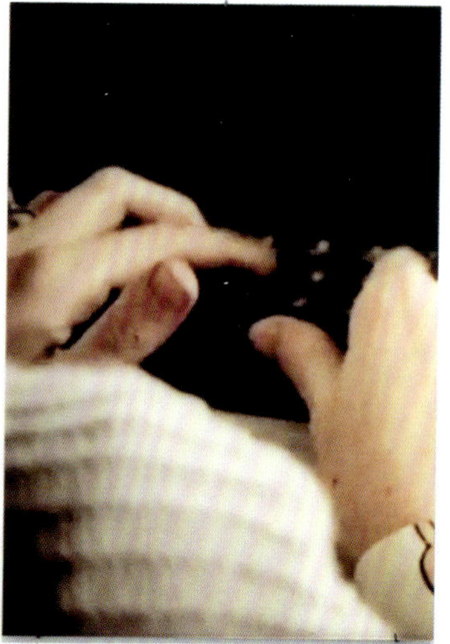
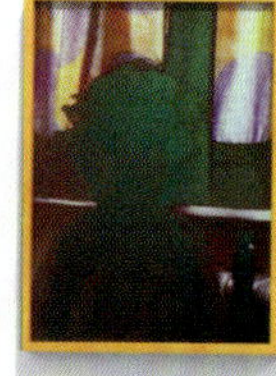
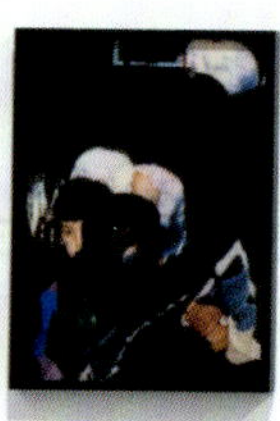
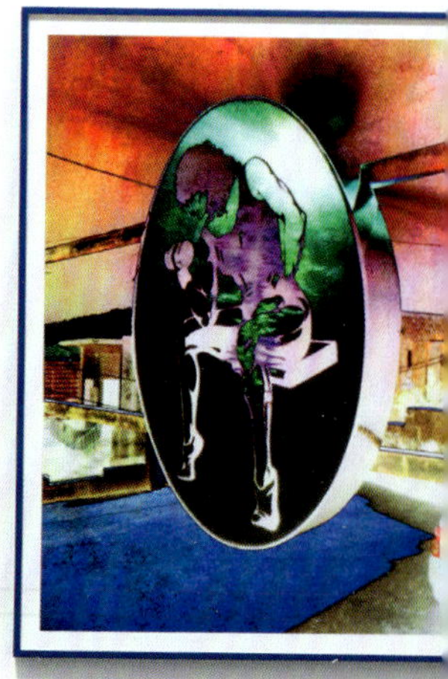

Setareh Shahbazi, *Spectral Days (image #16)*, 2013; *Spectral Days (image #24)*, 2013, C-Prints, gerahmt /
c-prints, framed, je / each 36 × 25 cm; *ANTEDOOM (The Scanner Story)*, 2018, Pigmentdruck hinter Acrylglas /
inkjet print mounted on acrylic, 100 × 70 cm; *Something Always Falls (Strong)*, 2015, Pigmentdruck,
gerahmt / inkjet print, framed, 80 × 60 cm

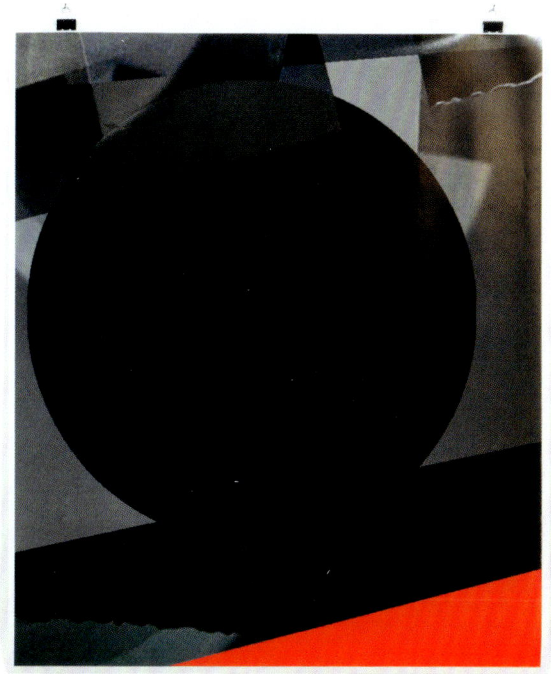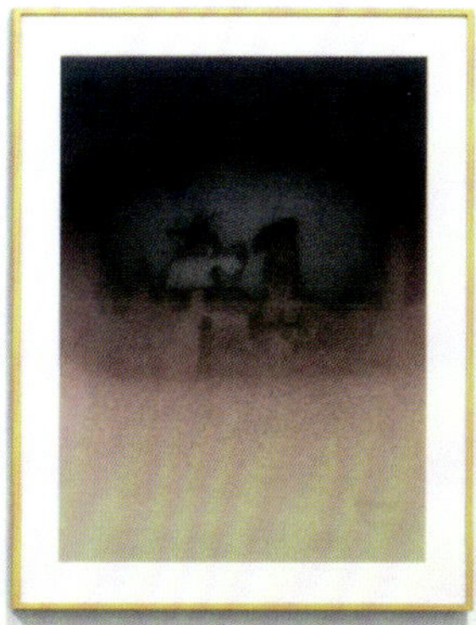

Setareh Shahbazi, *Moving Forward With No Return*, 2016; Pigmentdruck / inkjet print, 110 × 130 cm; *Cat*, 2016, Pigmentdruck, gerahmt / inkjet print, framed, 60 × 45 cm

Charlotte Eifler und / and Clarissa Thieme, *Archival Grid* (Preview), 2021, 3-Kanal-HD-Video-Installation, Farbe, Ton / 3-channel HD video installation, color, sound, 10:32 min

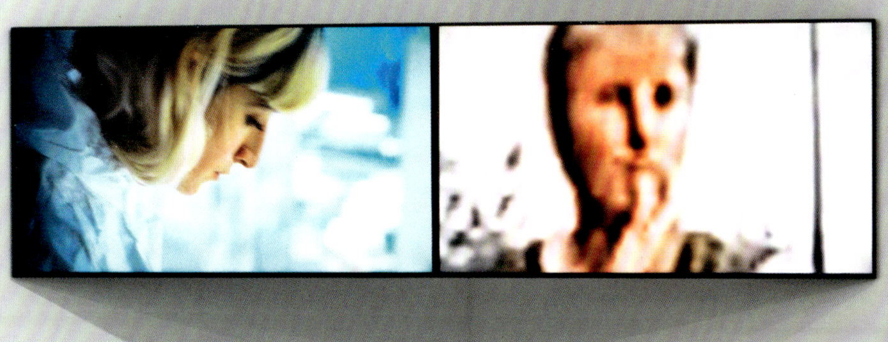

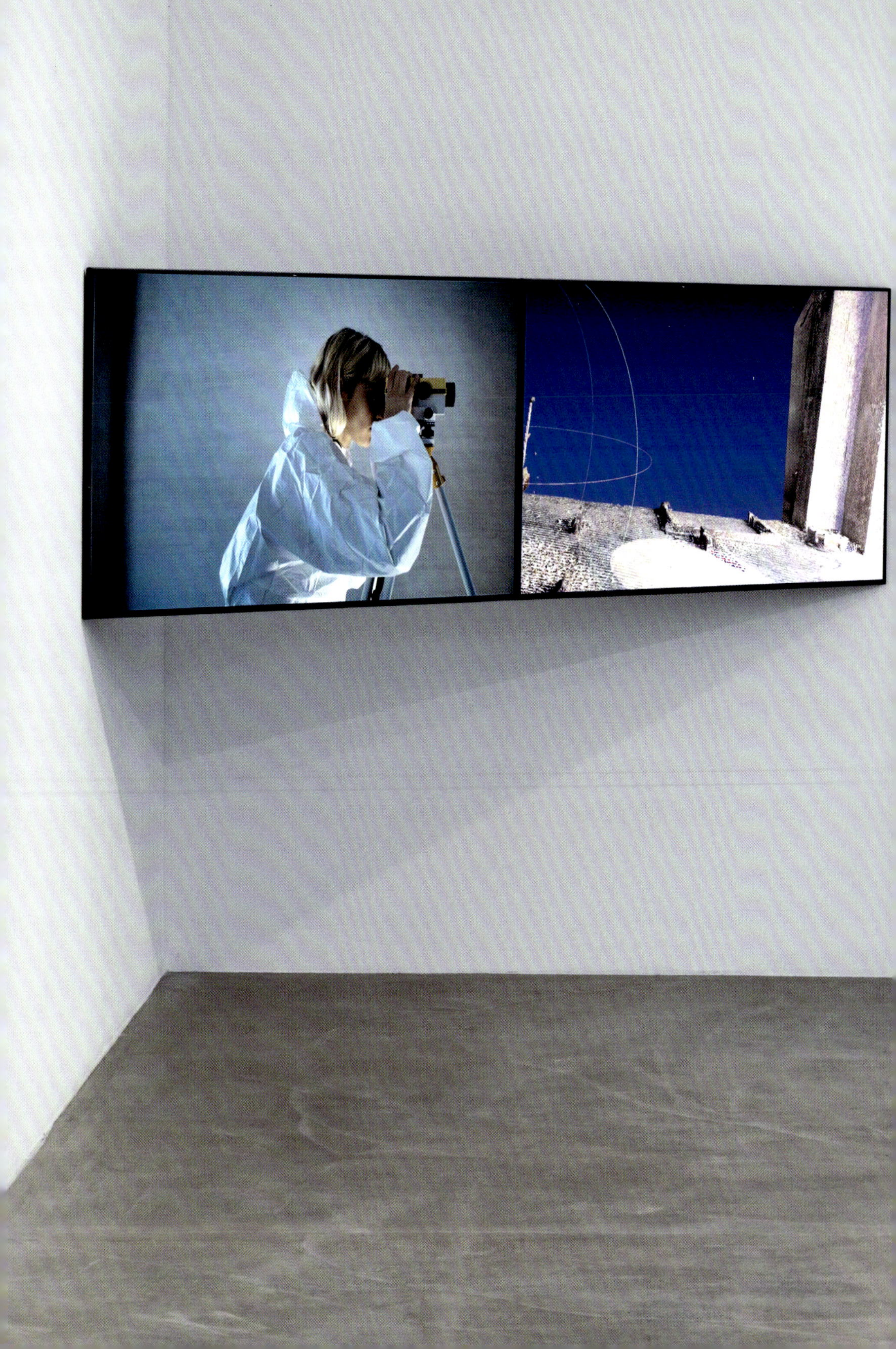

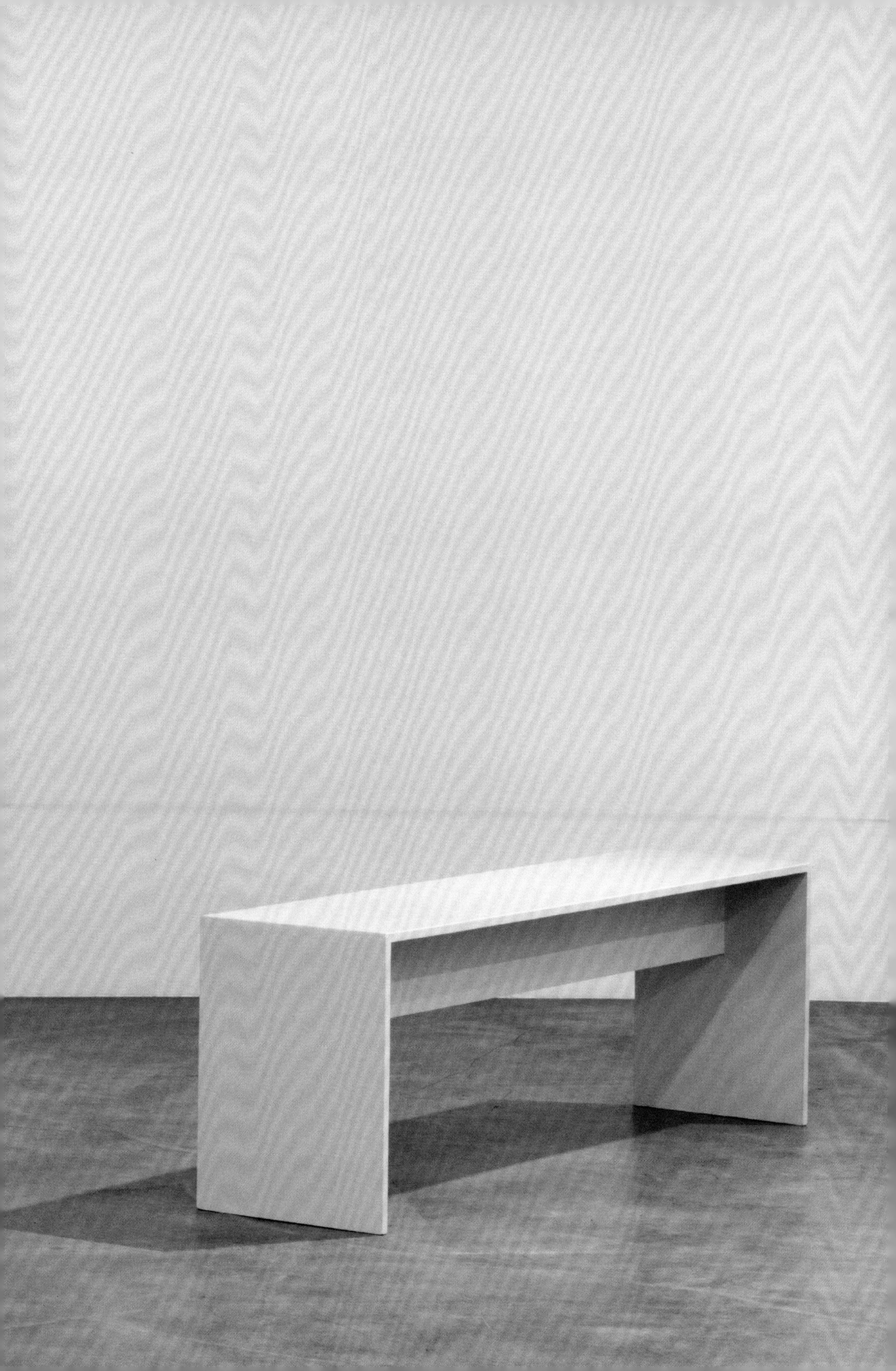

22 Q.   *When you did those things,*

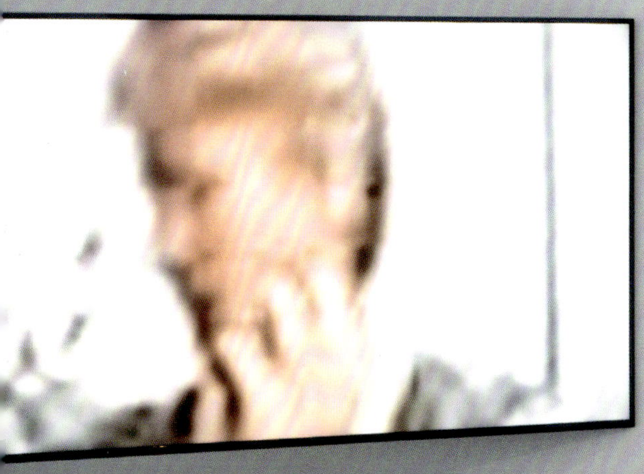

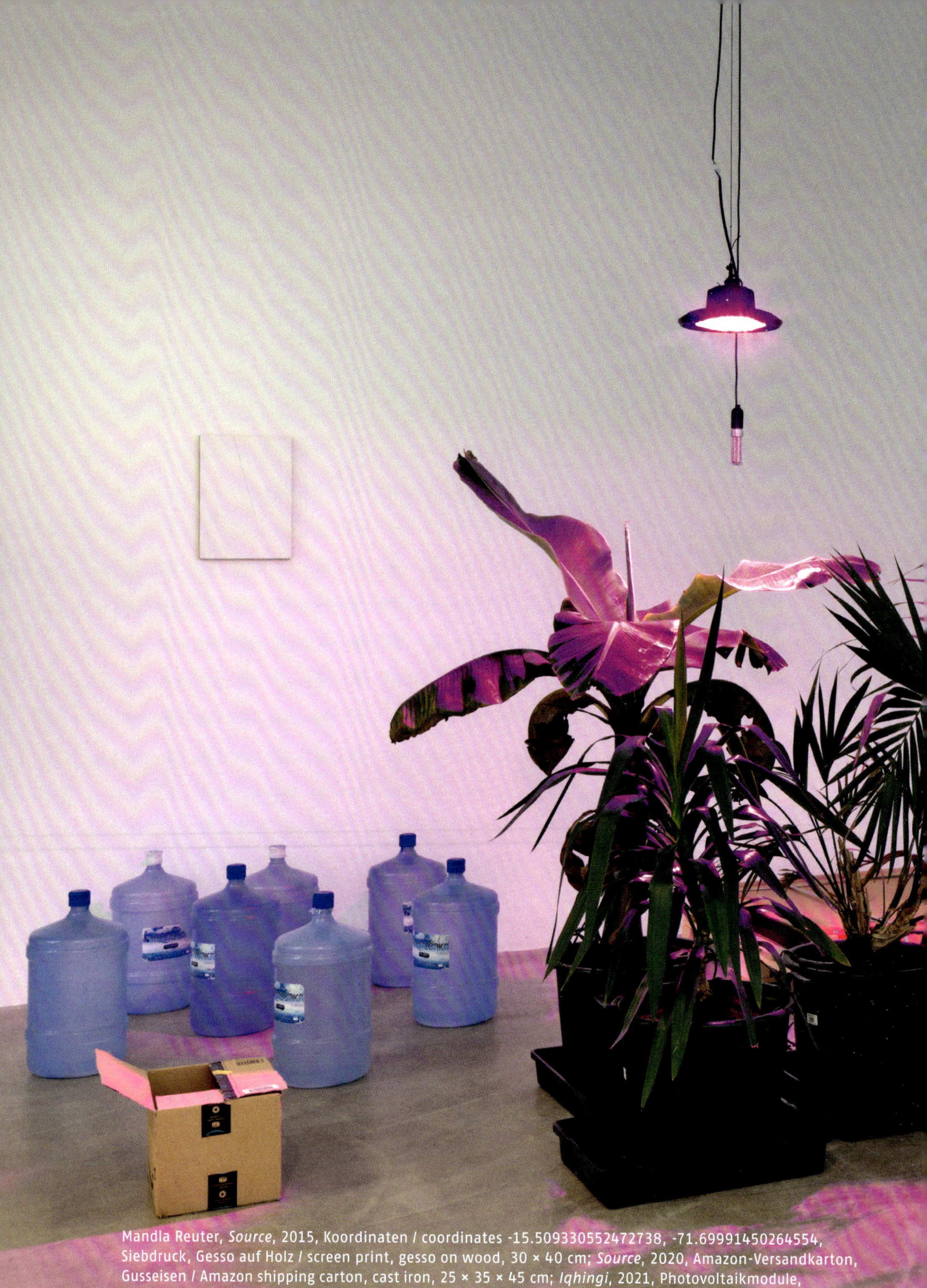

Mandla Reuter, *Source*, 2015, Koordinaten / coordinates -15.509330552472738, -71.69991450264554, Siebdruck, Gesso auf Holz / screen print, gesso on wood, 30 × 40 cm; *Source*, 2020, Amazon-Versandkarton, Gusseisen / Amazon shipping carton, cast iron, 25 × 35 × 45 cm; *Iqhingi*, 2021, Photovoltaikmodule, Wechselrichter, Batteriespeicher, Wasserfilter, Tafelwasser aus Iquitos, Peru, Leitungs- und Regenwasser aus Berlin, Pflanzen, LED-Lampen, weitere Komponenten, Maße variabel / photovoltaic module, inverter, battery storage, water filter, table water from Iquitos, Peru, tap and rain water from Berlin, plants, LED lights, further components, dimensions variable

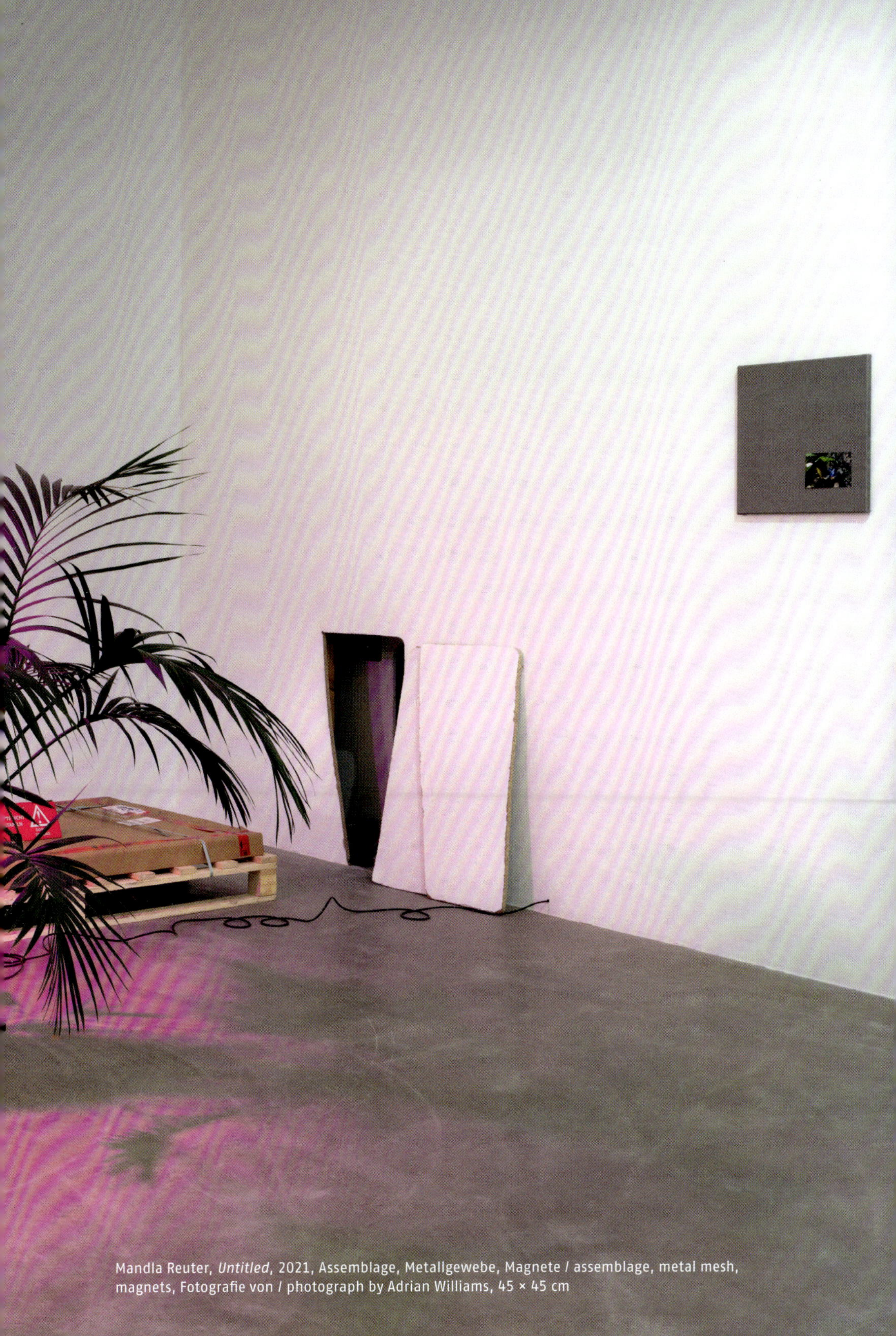

Mandla Reuter, *Untitled*, 2021, Assemblage, Metallgewebe, Magnete / assemblage, metal mesh, magnets, Fotografie von / photograph by Adrian Williams, 45 × 45 cm

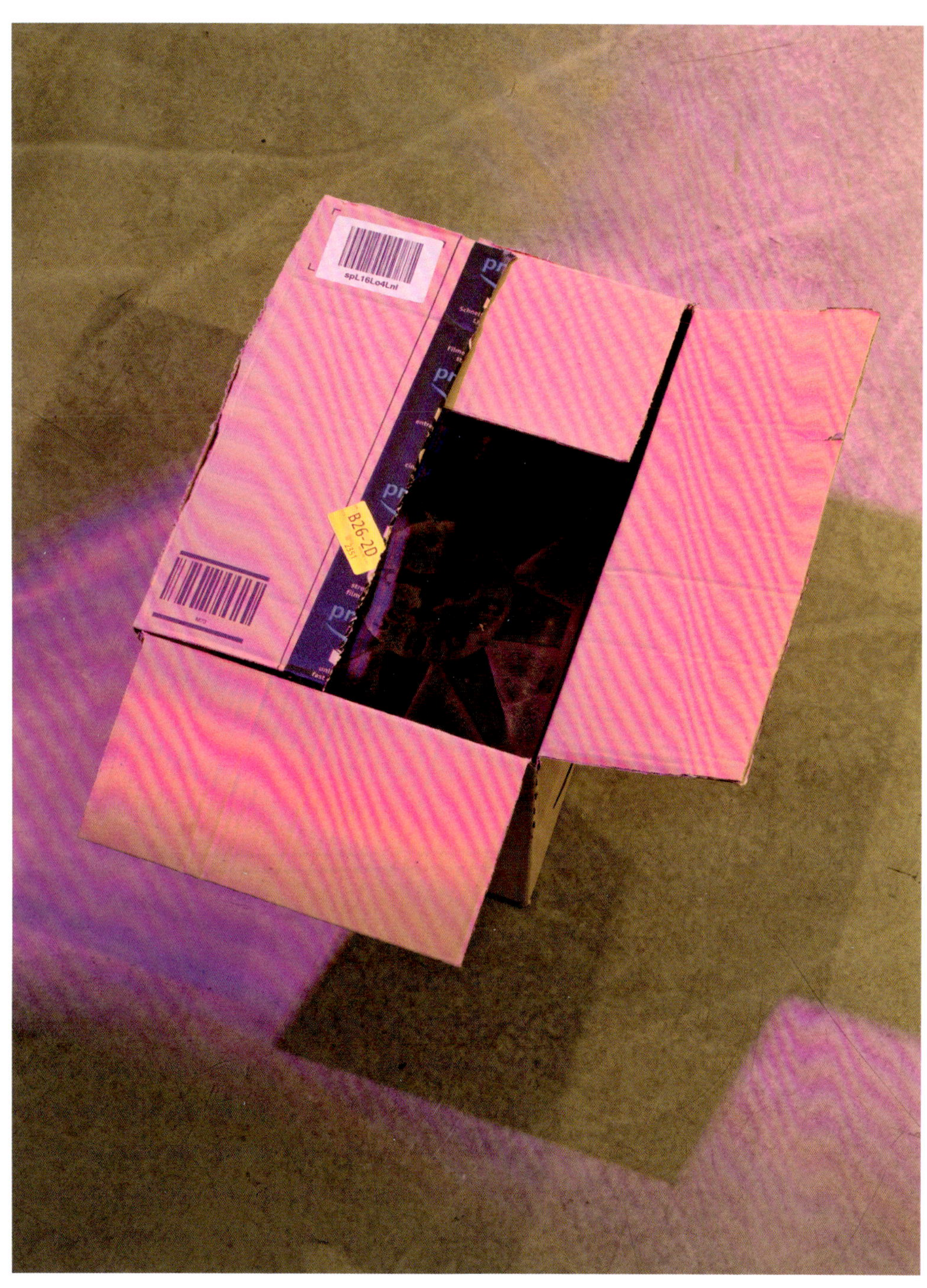

Mandla Reuter, *Source*, 2020, Amazon-Versandkarton, Gusseisen / Amazon shipping carton, cast iron,
25 × 35 × 45 cm

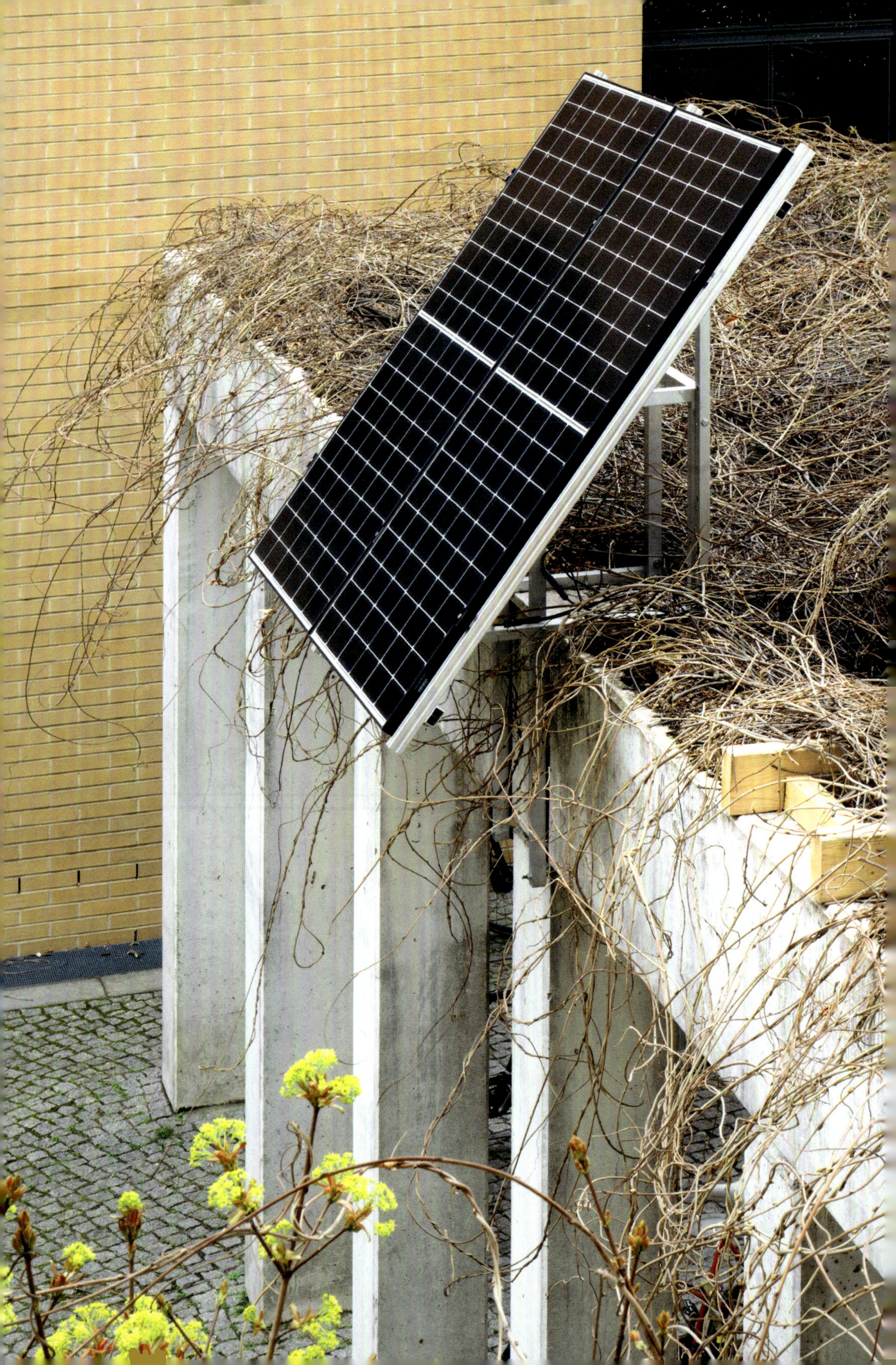

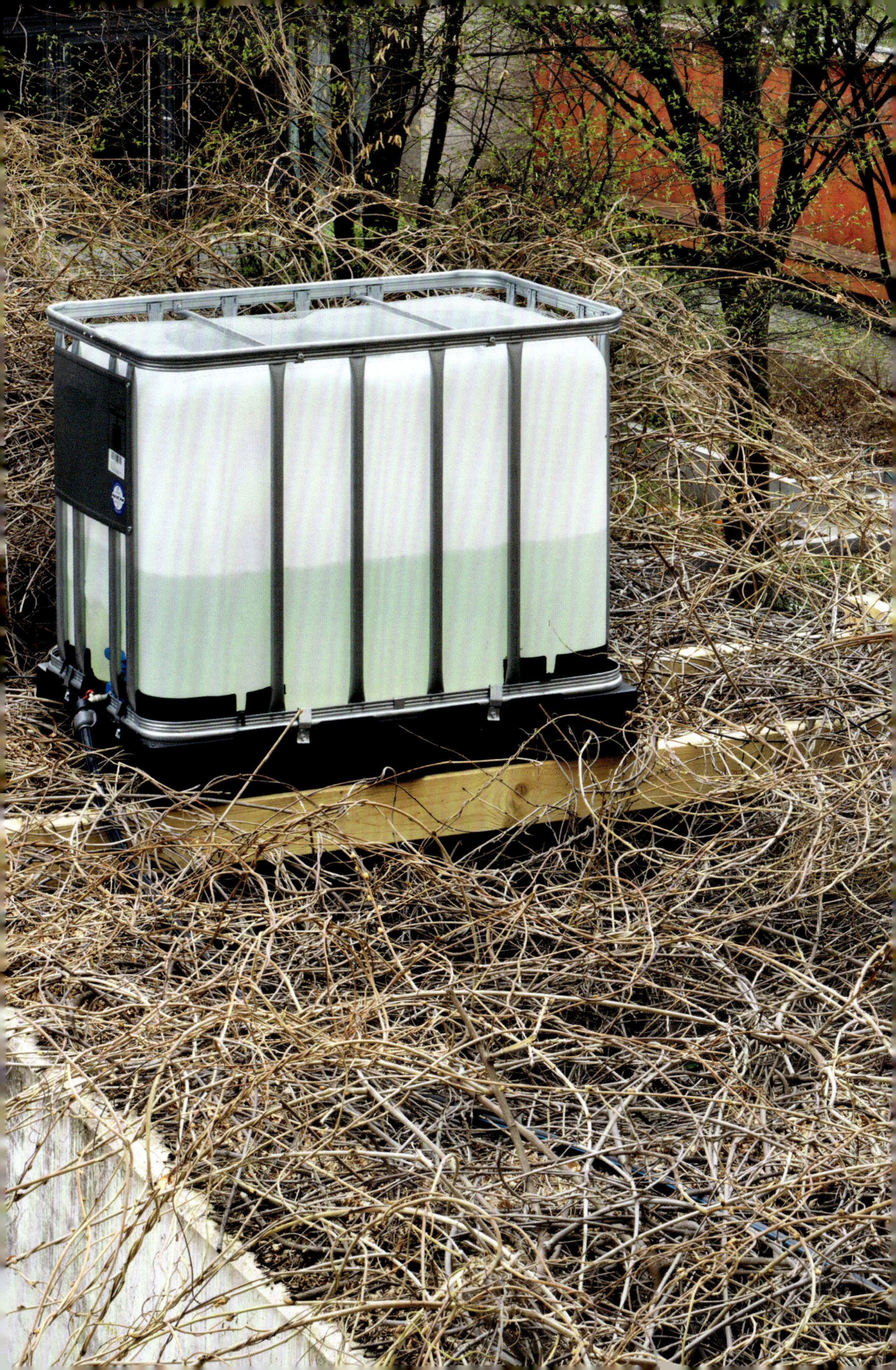

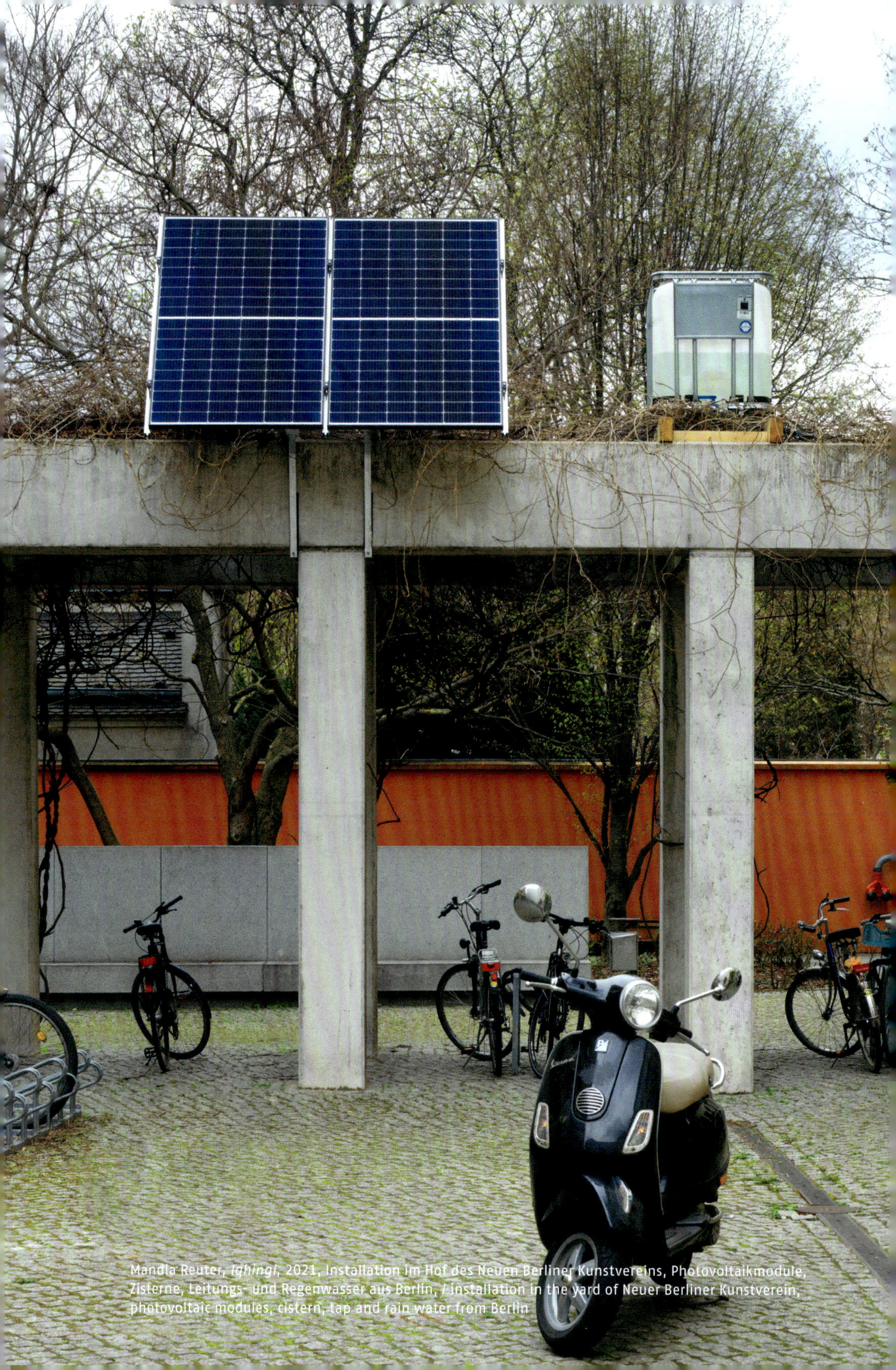

Mandla Reuter, *Ighingi*, 2021, Installation im Hof des Neuen Berliner Kunstvereins, Photovoltaikmodule, Zisterne, Leitungs- und Regenwasser aus Berlin, / Installation in the yard of Neuer Berliner Kunstverein, photovoltaic modules, cistern, tap and rain water from Berlin

Step Out of the Strange Light.

Larissa Fassler
Raphaël Grisey
Bettina Hutschek
Rajkamal Kahlon
Musquiqui Chihying
Mandla Reuter
Padraig Robinson
Setareh Shahbazi
Paweł Sochacki
Adnan Softić
Clarissa Thieme

Texte / texts: Krisztina Hunya, Michaela Richter

Larissa Fassler

Larissa Fassler widmet sich in Zeichnungen, Gemälden und Installationen dem urbanen Raum, den sie sowohl aus einer subjektiven Position heraus als auch mit Blick auf die Bedeutung städtischer Geografien für das kollektive soziale Leben vor Ort analysiert. In zeitintensiven, oft über Monate hinweg betriebenen Feldforschungen beobachtet und dokumentiert sie belebte Plätze und Transiträume. Ihre Aufzeichnungen stehen dabei in der Tradition der Psychogeografie, einem wesentlich von der Situationistischen Internationale entwickelten Verfahren, das den Einfluss der gebauten Umgebung auf das menschliche Verhalten und Gefühlsleben untersucht. Künstlerische Mittel dienen hier dazu, grundlegende Erfahrungen wie etwa eine beschleunigte Fortbewegungsweise, ein fragmentarisches Erleben einzelner Stadtteile, Desorientierung, Vereinzelung oder den Aufenthalt in der Masse zu erforschen und festzuhalten. Fassler beschäftigt sich vor allem mit solchen Orten, denen eine besondere geschichtliche oder politische Bedeutung zukommt, darunter zahlreiche Plätze in ihrer Wahlheimat Berlin. So setzte sie sich seit 2008 in mehreren Projekten mit dem Kottbusser Tor im Stadtteil Kreuzberg auseinander, einem Verkehrsknotenpunkt, dessen Umgebung oftmals als sozialer Brennpunkt charakterisiert wird. Lange Zeit Symbol eines gescheiterten Stadterneuerungsprogramms, ist das zwölfstöckige Neue Kreuzberger Zentrum – das zahlreiche Sozialwohnungen umfassende Herzstück am Platz – mittlerweile Zuhause einer gewachsenen Gemeinschaft, die sich mit den baulichen Eigenheiten vor Ort arrangiert oder sie für ihre Zwecke modifiziert hat, wie Fasslers Aufzeichnungen verdeutlichen. Hier wie in weiteren Arbeiten kommen als zentrales Ausdrucksmittel an architektonische Aufsichtspläne erinnernde zeichnerische Darstellungen zum Einsatz, in denen die bauliche Grundstruktur der Plätze vermerkt ist. Diese werden ergänzt um nach eigenen Kategorien verzeichnete, individuelle Beobachtungen: Schilder von Ladengeschäften, Verkehrszeichen, Werbeanzeigen und Aufkleber ebenso wie akustische Auffälligkeiten, Kleidungsmerkmale oder bestimmte Handlungen von Personen vor Ort, darunter Grüppchenbildung und Laufwege. Die so von Fassler geschaffenen Porträts einzelner Stadtszenerien ermöglichen es den Betrachter*innen, einzutauchen in eine Vielfalt urbaner Eindrücke, die von chaotischen Momenten wie reglementierenden stadtplanerischen Maßnahmen gleichermaßen geprägt sind. Die vor Detailinformationen überbordenden Zeichnungen protokollieren nicht nur die Beziehung zwischen Mensch und Raum, sondern sie weisen auch auf strukturelle Faktoren und politische Maßnahmen vor Ort hin, die das dortige Treiben kurz- oder langfristig beeinflussen. Immer wieder nimmt Fassler explizit kontroverse Entwicklungen und Zustände in den Blick, wie etwa die zunehmende Gentrifizierung in Berlin, die umfangreichen polizeilichen Kontrollen, Racial Profiling und staatliche Datenerfassungssysteme am Pariser Gare du Nord oder die massive Präsenz von nationalstaatlichen Symbolen und Polizeieinheiten auf dem Taksim-Platz in Istanbul rund um die türkischen Parlamentswahlen 2015 und den zweiten Jahrestag der Gezi-Park-Proteste. Fasslers Kartierungen thematisieren nicht zuletzt die Grenzen persönlicher Freiheit, indem sie danach fragen, welche Räume für wen zugänglich sind und auf Missstände wie ausufernde Überwachungsapparate verweisen. Zugleich verzeichnen sie jene widerständigen Momente, in denen Menschen die Regeln der Stadt und deren unterschwellige Verhaltensvorgaben umgehen, sich weniger als berechenbare Konsument*innen denn als Individuen zeigen, Räume anders nutzen als vorgesehen und so ihre eigenen Bedürfnisse in sie hineintragen. MR

Larissa Fassler (*1975 in Vancouver) studierte bildende Kunst an der Concordia University, Montreal (1999) und am Goldsmiths' College der University of London (2003). 2019 war sie für den Berlin Art Prize nominiert sowie 2018 für den MAC International Contemporary Art Prize, Belfast. Fassler erhielt u. a. Förderungen des Currier Museum of Art, Manchester / USA (2019), des Canada Council for the Arts, Ottawa (2019, 2017, 2015, 2011, 2010, 2006, 2005), der Pollock-Krasner Foundation, New York (2014) sowie der Stiftung Kunstfonds, Bonn (2012). Ausstellungen u. a.: Currier Museum of Art, Manchester / USA (Solo, 2020); National Gallery of Canada, Ottawa (2019); Galerie im Saalbau, Berlin (2019); MAC Belfast (2018); KW Institute for Contemporary Art, Berlin (2018); Architektur-Biennale São Paulo (2017); Hessisches Landesmuseum Darmstadt (Solo, 2016); Esker Foundation, Calgary (Solo, 2016); Nassauischer Kunstverein Wiesbaden (2014).

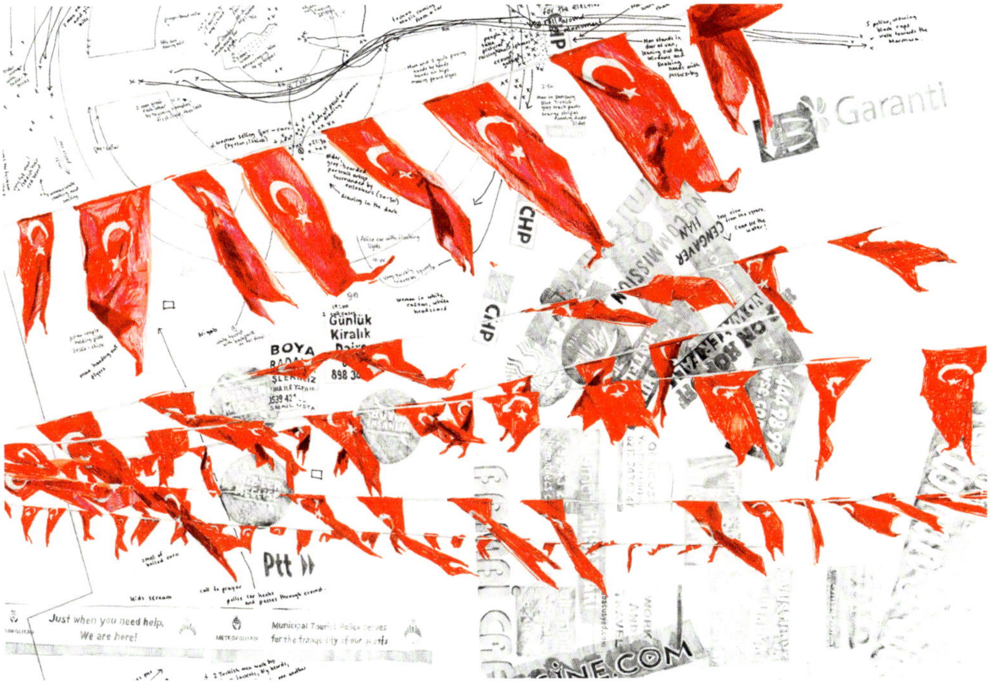

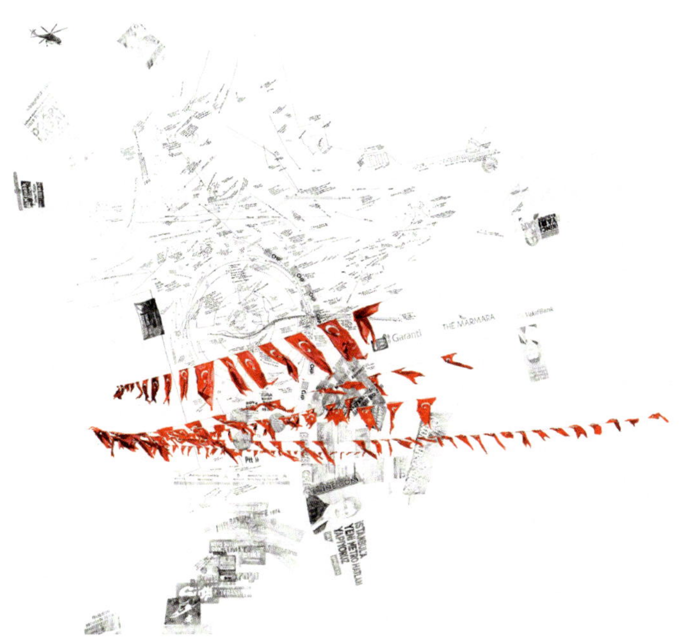

Larissa Fassler, *Taksim Square, May 31 – June 9, II*, 2015, Zeichnung, Filzstift und Bleistift auf Papier /
drawing, pen and pencil on paper, 120 × 140 cm

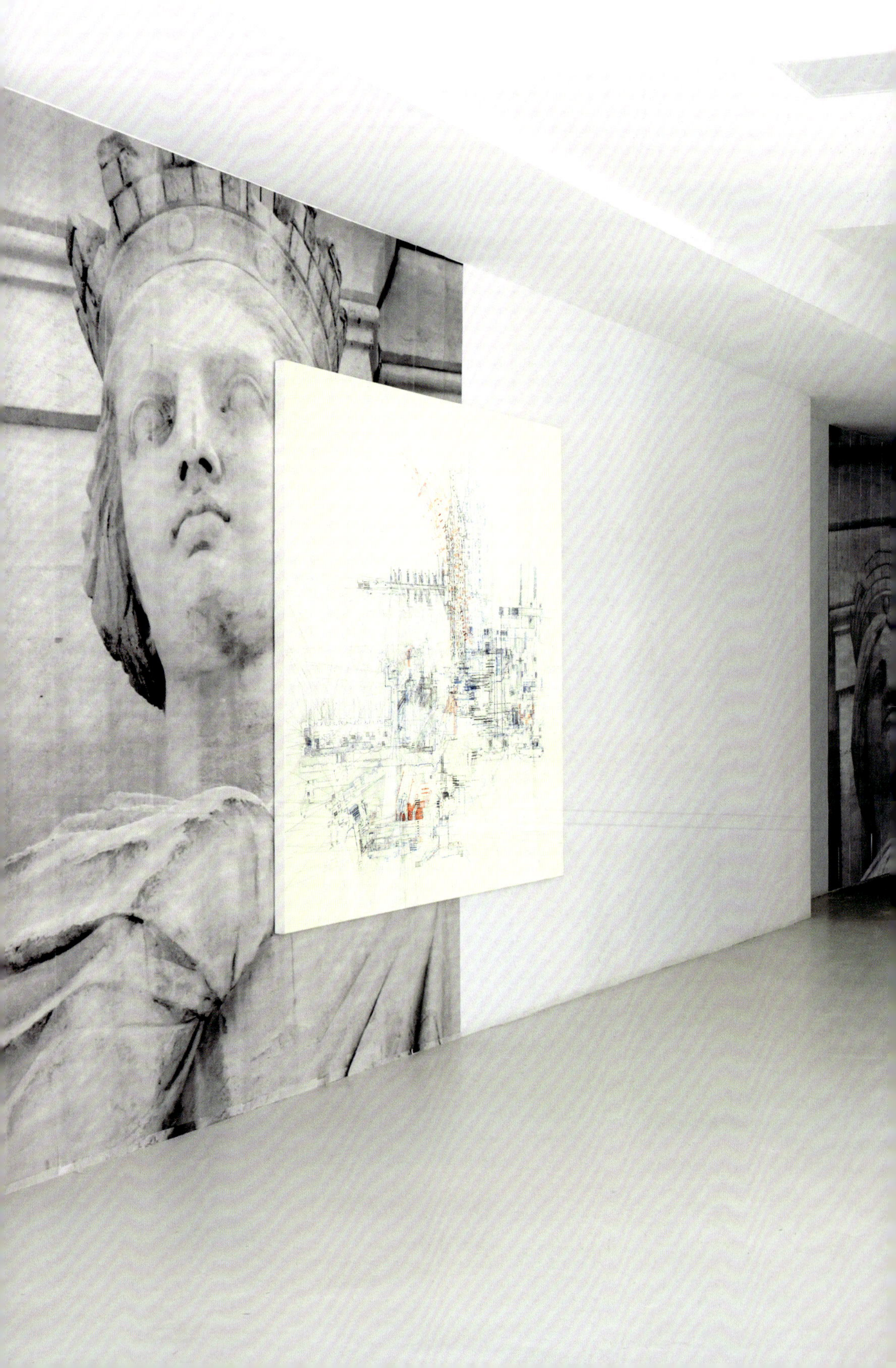

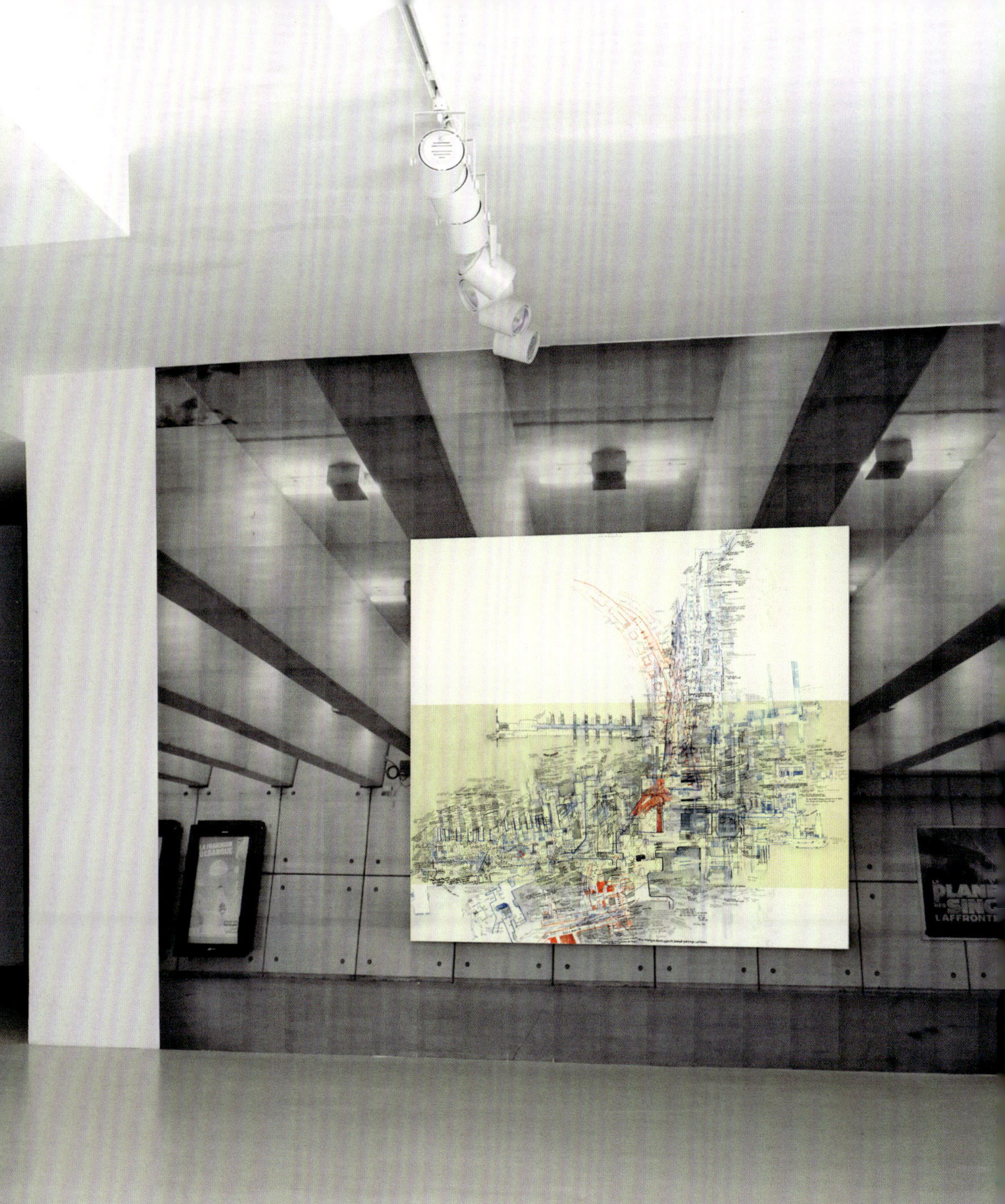

Larissa Fassler, *Gare du Nord I*, 2014–2015, Zeichnung, Filzstift, Bleistift und Acrylfarbe auf Leinwand / drawing, pen, pencil and acrylic paint on canvas, 170 × 180 cm; *Gare du Nord III*, 2014–2015, Zeichnung, Filzstift, Bleistift und Acrylfarbe auf Leinwand / drawing, pen, pencil and acrylic paint on canvas, 170 × 190 cm, Ausstellungsansicht / exhibition view Galerie Jérôme Poggi, Paris, 2016

Larissa Fassler's drawings, paintings, and installations scrutinize the cityscape, analyzing it both from a subjective standpoint and with a view to the significance of urban geographies for the collective social life that plays out in them. In time-consuming field research that often takes months to complete, she observes and documents busy squares and transit spaces. Her notations are inspired by the tradition of psychogeography, a practice spearheaded by the Situationist International that studies the built environment's influence on human behavior and emotions and harnesses the means of art to investigate and record fundamental experiences such as rapid transportation, fragmentary familiarity with neighborhoods, disorientation, isolation, or the feeling of being part of a crowd. Fassler takes a particular interest in places that figure prominently in history or political life, including numerous locales in her adopted hometown of Berlin. Since 2008, she has dedicated several projects to an examination of Kottbusser Tor in the Kreuzberg district, a traffic hub and the center of an area that is often characterized as deprived. Long seen as the symbol of a failed urban renewal program, the twelve-story Neues Kreuzberger Zentrum – with its many subsidized housing units, it is the centerpiece of the redevelopment project around the square – has become home to an organic community that has reconciled itself to the peculiarities of its architecture or modified them for its purposes, as Fassler's notations show. In these and other works, the central means of articulation are graphical representations that recall architects' layout plans, recording the basic architectonic structure of the squares. They are complemented by individual observations grouped in categories of the artist's devising: store and traffic signs, advertising billboards, and stickers as well as unusual acoustic impressions, distinctive features of people's attire, or specific actions, including the formation of assemblages of people and the trajectories of pedestrians. Fassler creates portraits of selected urban sceneries that let the beholders immerse themselves in a multiplicity of urban sensations shaped both by chaotic energies and by the regulative interventions of urban planners. Brimming with informative detail, the drawings not only capture the ways in which humans relate to the space around them, they also indicate structural factors and local political measures that have a short-lived or sustained impact on the action on the scene. Many of Fassler's works explicitly highlight controversial developments and states of affairs, like the increasing gentrification of Berlin; the extensive police controls, racial profiling, and government-installed data acquisition systems around Paris's Gare du Nord; or the massive presence of national symbols and police units on Taksim Square in Istanbul around the 2015 Turkish parliamentary elections and the second anniversary of the Gezi Park protests. The limits of personal freedom are a salient concern in Fassler's cartography, which inquires into which spaces are accessible to whom and points out abuses such as the proliferation of surveillance technology. At the same time, it registers the kernels of resistance where people sidestep the rules of the city and its subliminal codes of conduct. Revealing themselves to be individuals rather than predictable consumers, they put spaces to other uses than the ones for which they were designed and so enliven them with their own needs. MR

Larissa Fassler (b. Vancouver, 1975) studied visual arts at Concordia University, Montreal (1999), and at Goldsmiths' College, University of London (2003). She was a nominee for the Berlin Art Prize in 2019 and for the MAC International Contemporary Art Prize, Belfast, in 2018. Fassler has received a number of fellowships, including from the Currier Museum of Art, Manchester, N.H. (2019), the Canada Council for the Arts, Ottawa (2019, 2017, 2015, 2011, 2010, 2006, 2005), the Pollock-Krasner Foundation, New York (2014), and Stiftung Kunstfonds, Bonn (2012). Selected exhibitions: Currier Museum of Art, Manchester/ USA (solo, 2020); National Gallery of Canada, Ottawa (2019); Galerie im Saalbau, Berlin (2019); MAC Belfast (2018); KW Institute for Contemporary Art, Berlin (2018); São Paulo Architecture Biennale (2017); Hessisches Landesmuseum Darmstadt (solo, 2016); Esker Foundation, Calgary (solo, 2016); Nassauischer Kunstverein Wiesbaden (2014).

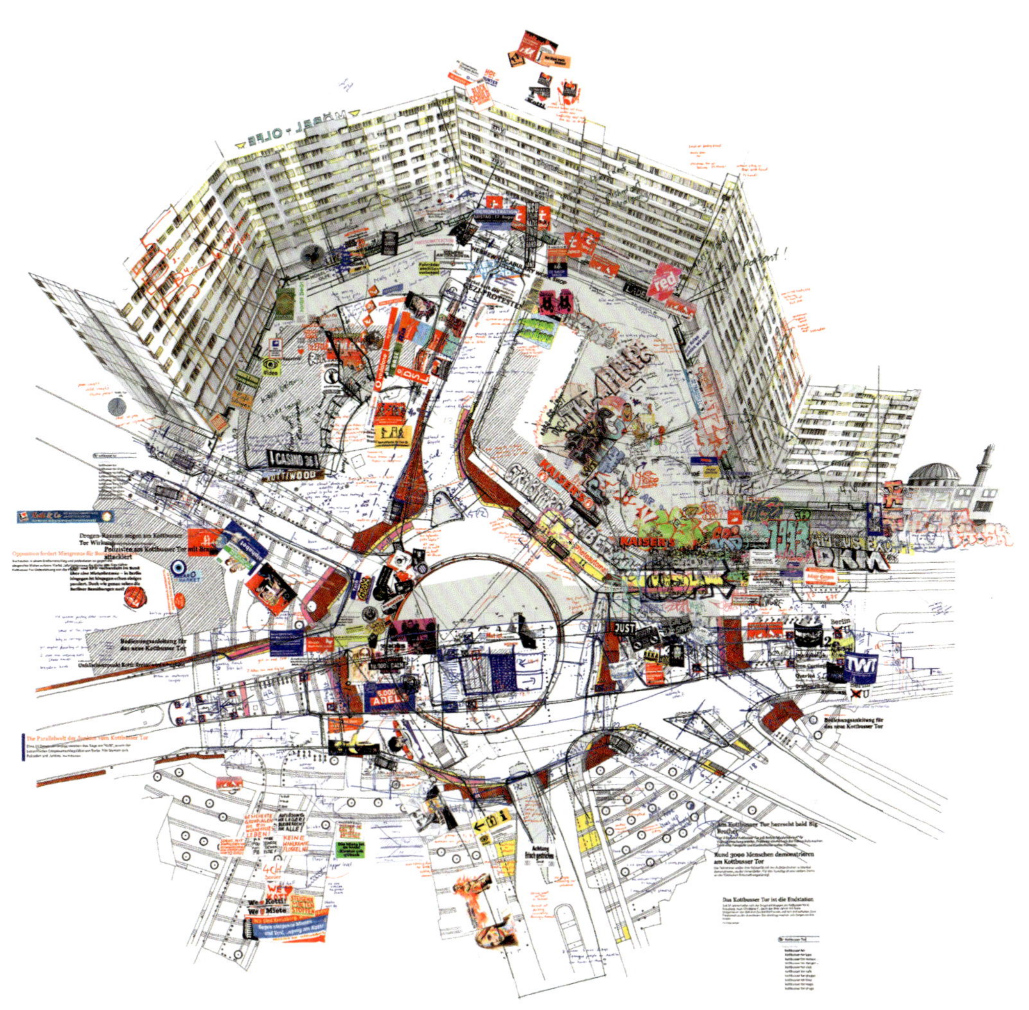

Larissa Fassler, *Kotti (revisited)*, 2014, Fine-Art-Print, 157 × 160 cm

Raphaël Grisey

Raphaël Grisey beschäftigt sich mit den Verflechtungen von Politik, Migration und Urbanität sowie mit Initiativen, die sich den Folgen globaler Abhängigkeitsverhältnisse bewusst widersetzen. Seine Videoinstallationen, Essayfilme, Künstlerbücher und Fotoserien verbindet ein dokumentarisches wie aktivistisches Interesse, politische und ökologische Debatten als generative Prozesse offenzulegen. Oft dienen Texte, konkrete Orte oder Archive als Ausgangspunkt seiner Untersuchungen, etwa der essayistische Stadtführer *Ombres Berlinoises* (1994) des marxistischen Anthropologen und Sans-Papiers-Aktivisten Emmanuel Terray. In dem Künstlerbuch *Wo versteckt sich Rosa L.* (2001–2004) kombiniert Grisey Textauszüge mit Stadtfotografien und erinnert an Figuren sozialistischer und linker Berliner Milieus des 19. und 20. Jahrhunderts – allen voran Rosa Luxemburg und Ulrike Meinhof –, die zwischen Neubau- und Unternehmensquartieren, Gentrifizierung und Massentourismus allmählich in Vergessenheit geraten. Eine ähnliche Herangehensweise kennzeichnet die Videoarbeit *National Motives* (2011), die im Klima wachsender nationalistischer Ressentiments kurz nach Viktor Orbáns Machtübernahme in Ungarn entstand. Das Kameraauge streift nationale Monumente sowie eine Demonstration der radikalkonservativen Partei Jobbik und führt dann in die ehemalige Wohnung des Philosophen Georg Lukács, dessen Schriftenband *Geschichte und Klassenbewußtsein* (1923) das neomarxistische Denken prägte. Indem Grisey gegenwärtige politische Konflikte in essayistischen Narrativen mit den Spuren sozialistischen Ideenguts verbindet, werden die Geister der Geschichte heraufbeschworen und verbildlicht. Seit den 2010er Jahren widmet Grisey sich zunehmend Widerstandsformen in Gestalt landwirtschaftlicher Protestbewegungen und Kollektive. In diesen Werken zeichnet sich eine Kartografie des emanzipatorischen Potenzials von Selbstversorgung ab: von der Studierendenbewegung in Frankreich (*The Indians*, 2011) über die Lebensbedingungen der Míngong-Bauern in China (*The Exchange of Perspectives*, 2011) und Quilombo-Aufstände in Brasilien (*Remanescentes*, 2015) bis hin zum landwirtschaftlichen Kollektiv Somankidi Coura in Mali. Letzteres steht im Mittelpunkt von Griseys seit 2008 in Zusammenarbeit mit dem Aktivisten und Fotografen Bouba Touré konzipierten „generativem Archiv". Bild-, Video- und Tonaufnahmen aus verschiedenen Quellen – Medienberichte, Filme, Plakate, Bücher und eigene Aufnahmen – dokumentieren die Aktivitäten des Kollektivs von seiner Gründung 1977 bis heute. Ausgehend von den Wechselbeziehungen zwischen französischen Kolonien, Pariser Arbeitermilieus, politischen Protesten und Ökozid weben sie eine panafrikanische Geschichte über Migration und Heimkehr, Ausbeutung und Unabhängigkeit. Während Touré als Kollektiv-Mitbegründer und Erzähler in verschiedenen Rollen auftritt, experimentiert Grisey mit kinematografischen Strategien, Methoden des ‚Theaters der Unterdrückten' (in Kollaboration mit Kàddu Yaraax) und der Kontextualisierung von Archivmaterialien. Der Essayfilm *Xarassi Xanne – Crossing Voices* (2021) bildet die bisher umfassendste Präsentation des „generativen Archivs". Mittels einer polyphonen Erzählstruktur, die sich räumlich und zeitlich den gängigen Formen der Geschichtsschreibung widersetzt, etabliert der Film ein Narrativ jenseits von immanent kolonialen Repräsentationen Afrikas. Die Stimmen der Erzähler überlagern sich mit denen militanter Filmemacher*innen – wie Sidney Sokhona, Med Hondo und der Gruppe Cinélutte –, die in den 1970er Jahren das Leben von Arbeitsmigrant*innen in Paris dokumentierten. *Xarassi Xanne* fügt sich zu einer kinematografischen Geografie zusammen, die neben den neo-kolonialen Abhängigkeitsverhältnissen auch die Möglichkeit von neuen Ökosystemen des Zusammenlebens skizziert. KH

Raphaël Grisey (*1979 in Paris) studierte an der Universität der Künste Berlin sowie der École Nationale Supérieure des Beaux-Arts de Lyon (1998–2003), an letzterer absolvierte er 2006–2007 das Postgraduiertenprogramm. 2015–2018 war er Stipendiat der Kunstakademie Trondheim, 2012 wurde er mit dem Arbeitsstipendium der Stiftung Kunstfonds Bonn ausgezeichnet. Grisey stellte seine Arbeit im Rahmen von Screenings und Vorträgen in zahlreichen Institutionen sowie auf Filmfestivals vor, u. a: Haus der Kulturen der Welt, Berlin (2020); Jeu de Paume, Paris (2019); Centre Pompidou, Paris (2019); Berlinale Forum Expanded (2016); Forumdoc, Belo Horizonte / Brasilien (2015); FID Marseille (2009). Ausstellungen zuletzt u. a.: Parco Arte Vivente, Turin (2021); Contour Biennale, Mechelen / Belgien (2019); Kunsthall Trondheim, Norwegen (2019); Savvy Contemporary, Berlin (2018); Neuer Aachener Kunstverein (2017).

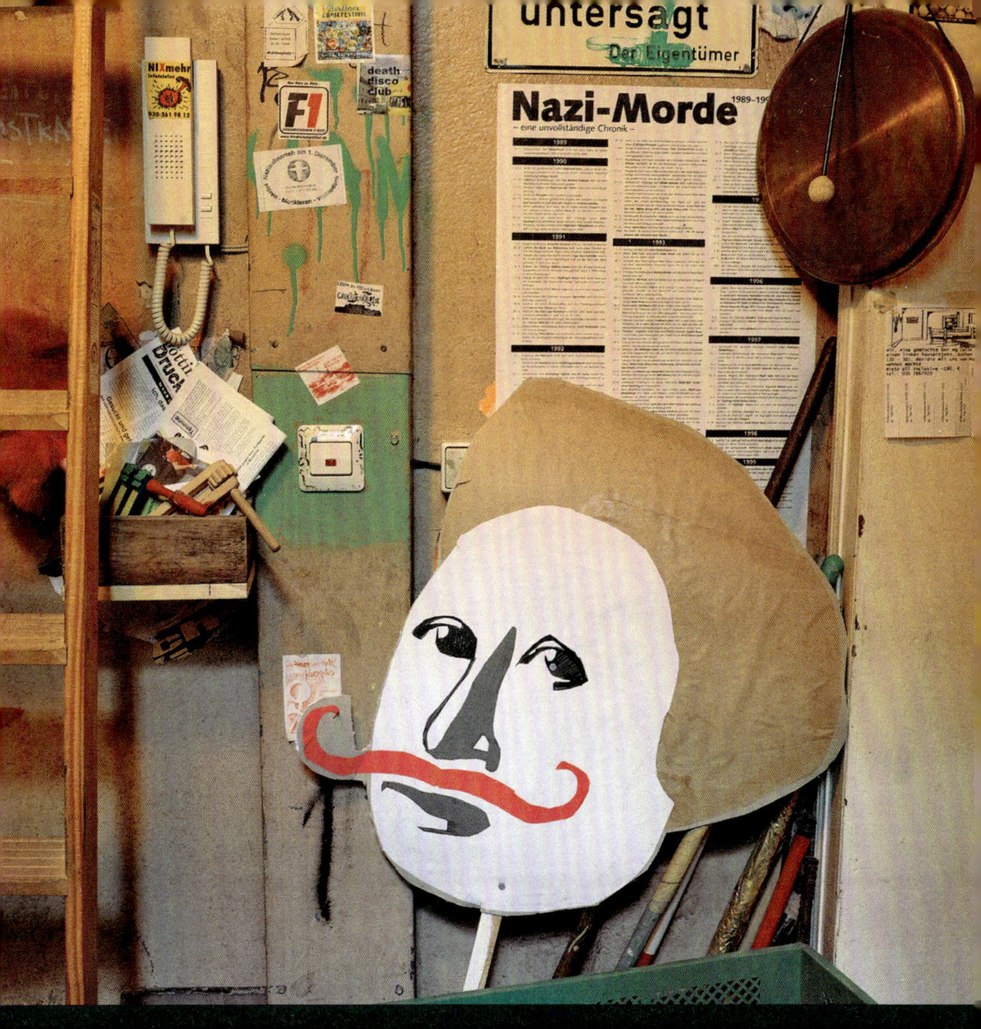

Raphaël Grisey, *Wo versteckt sich Rosa L. / Où se cache Rosa L. / Where is Rosa L. hidden*, 2002,
Konterfei von Rosa Luxemburg und Karl Liebknecht / portrait of Rosa Luxemburg and Karl Liebknecht,
Ausstellungsansicht / exhibition view Schöne Christine, Hausprojekt / squatted house, Berlin, 2002

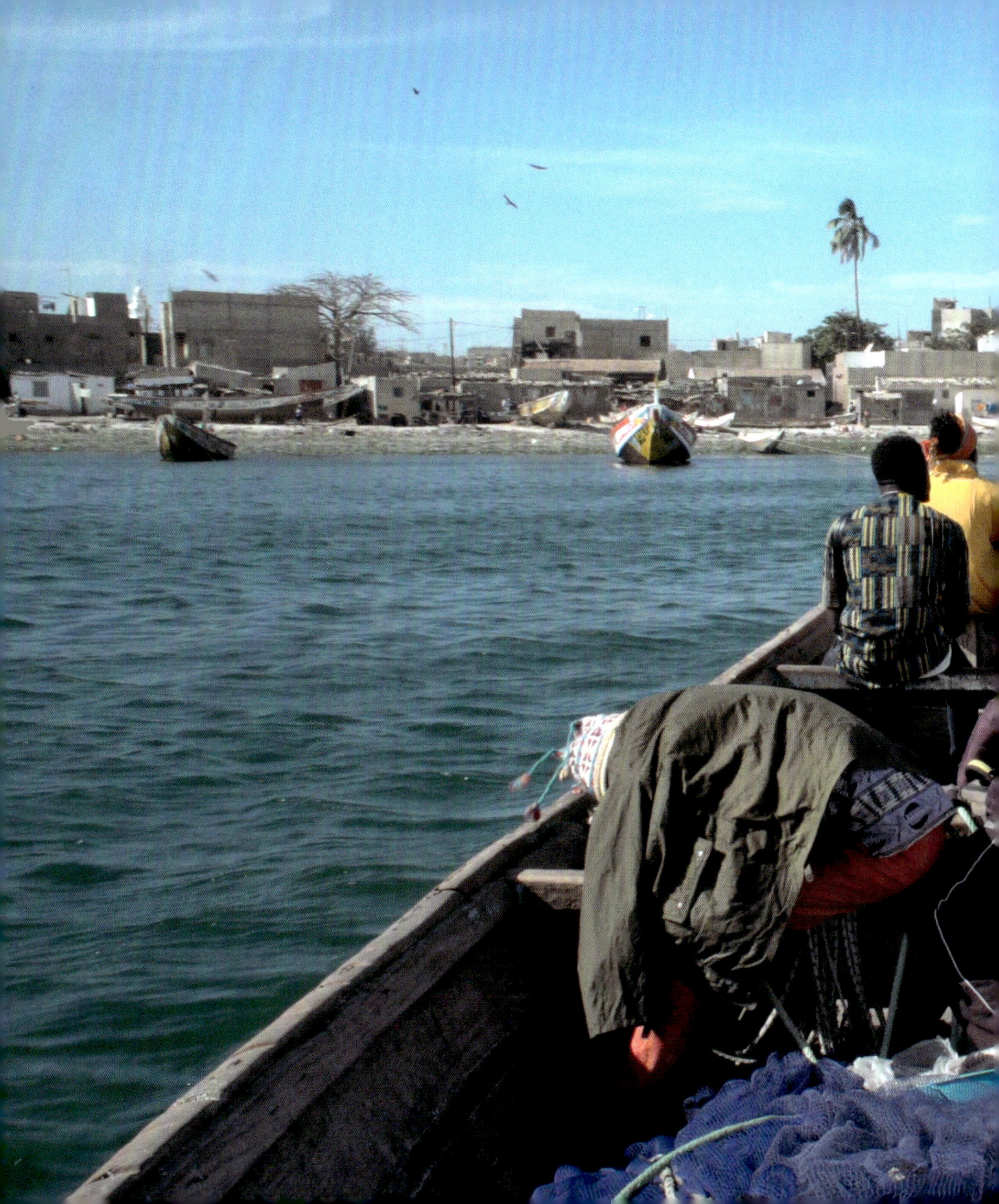

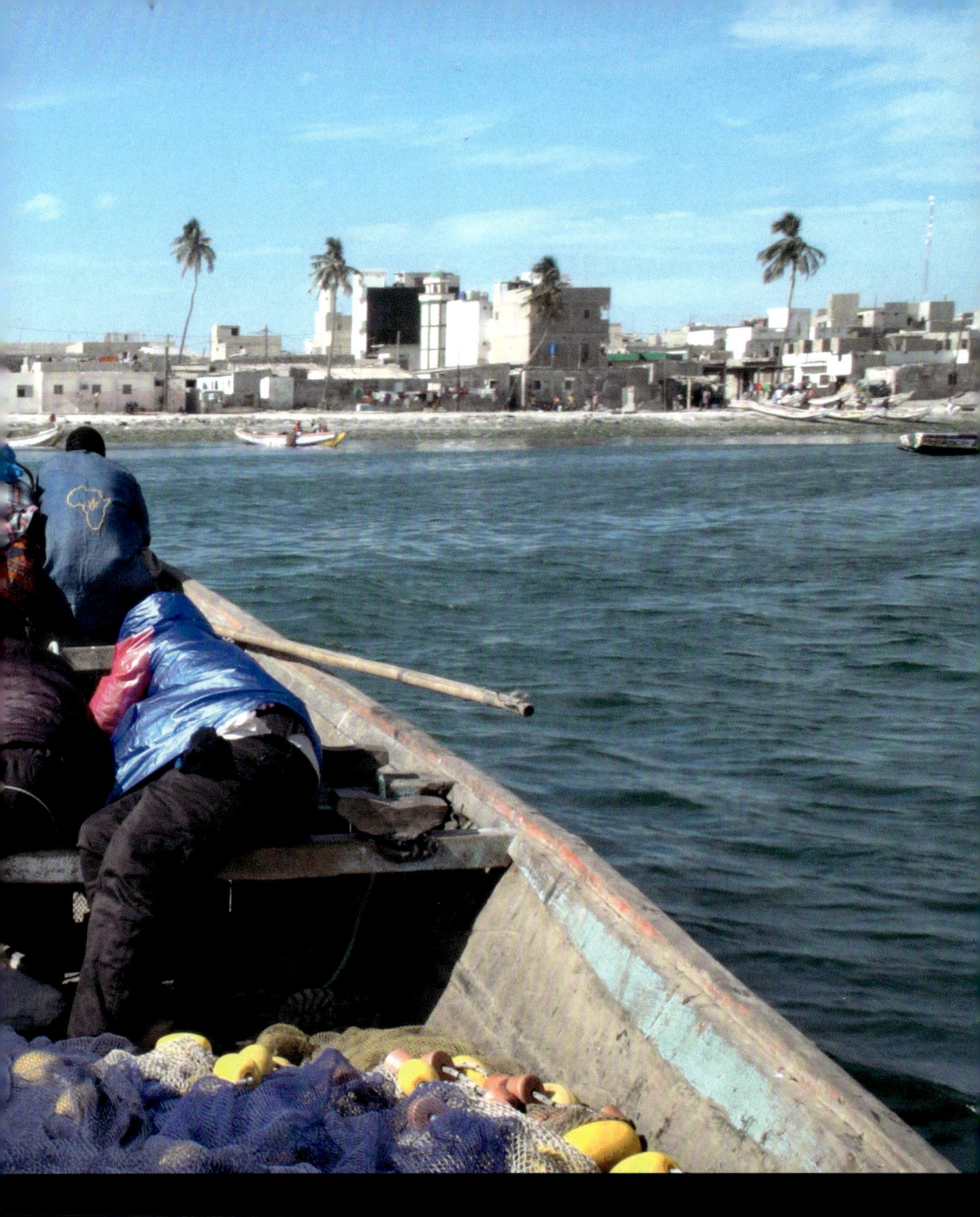

Raphaël Grisey, Bouba Touré und / and Kàddu Yaraax, *Traana – Temporary Migrant*, 2017, HD-Video, Farbe, Ton / HD video, color, sound, 27 min, Videostill / video still

Raphaël Grisey studies the entanglements between politics, migration, and urbanity as well as initiatives that seek to counteract the effects of global dependencies. His video installations, essay films, artist's books, and photographic series are united by a documentary and activist interest in exposing political and environmental debates as generative processes. His investigations are often sparked by readings, specific places, or archives; a characteristic example is the Marxist anthropologist and sans-papiers activist Emmanuel Terray's essayistic city guidebook *Ombres Berlinoises* (1994). In the artist's book *Wo versteckt sich Rosa L.* (*Where Is Rosa L. Hidden*, 2001–2004), Grisey combines text excerpts with photographs of urban scenes to recall characters – most prominently, Rosa Luxemburg and Ulrike Meinhof – from socialist and left-wing milieus in the Berlin of the nineteenth and twentieth centuries that are gradually passing into oblivion between new residential neighborhoods and corporate headquarters, gentrification and mass tourism. A similar approach speaks from the video *National Motives* (2011), which was made amid the climate of growing nationalist resentment shortly after Viktor Orbán's rise to power in Hungary. The camera's eye grazes national monuments and a march of the radical-conservative party Jobbik before taking us into the erstwhile home of the philosopher György Lukács, whose volume *History and Class Consciousness* (1923) has been a seminal source of neo-Marxist thought. Unspooling essayistic narratives that link contemporary political conflicts to the lingering traces of socialist ideas, Grisey conjures and visualizes the specters of history. Since 2010, the artist has increasingly dedicated himself to forms of resistance that manifest themselves in agricultural protest movements and collectives. The resulting works outline a cartography of the emancipatory potential of self-sufficiency: from the French student movement (*The Indians*, 2011) to the circumstances in which the Míngong live and farm in China (*The Exchange of Perspectives*, 2011), from the uprisings of the Quilombo in Brazil (*Remanescentes*, 2015) to the agricultural collective Somankidi Coura in Mali. The latter stands at the center of the "generative archive" that Grisey has conceived in collaboration with the activist and photographer Bouba Touré since 2008. Photographs and video and sound recordings from a range of sources – media reports, films, posters, books, and the artists's own material – document the collective's activities from its founding in 1977 to the present. Informed by an understanding of the interrelations between French colonies, working-class environments in Paris, political protests, and ecocide, they weave a pan-African story of migration and return, exploitation and independence. Touré, a cofounder of the collective, features in several different narratorial roles as Grisey experiments with cinematographic strategies, methods from the 'Theater of the Oppressed' (in collaboration with Kàddu Yaraax), and the contextualization of archival materials. The essay film *Xarassi Xanne – Crossing Voices* (2021) constitutes the most comprehensive presentation of the "generative archive" to date, employing a polyphonic mode of storytelling whose articulation of space and time defies conventional forms of historiography to devise a narrative transcending immanent colonial representations of Africa. The narrators' voices mingle with those of militant filmmakers like Sidney Sokhona, Med Hondo, and the group Cinélutte, who documented the lives of labor migrants in 1970s Paris. *Xarassi Xanne* charts a cinematographic geography that traces neo-colonial relations of dependency, but also sketches new possible ecosystems of communal life. KH

Raphaël Grisey (b. Paris, 1979) studied at the Berlin University of the Arts and the École Nationale Supérieure des Beaux-Arts de Lyon (1998–2003), where he completed a postgraduate program in 2006–2007. He was a fellow of the Trondheim Academy of Fine Art in 2015–2018 and the recipient of a working fellowship from Stiftung Kunstfonds, Bonn, in 2012. Grisey has presented his work in screenings and lectures at numerous institutions as well as film festivals, including at Haus der Kulturen der Welt, Berlin (2020); Jeu de Paume, Paris (2019); Centre Pompidou, Paris (2019); Berlinale Forum Expanded (2016); Forumdoc, Belo Horizonte / Brazil (2015); FID Marseille (2009). Selected recent exhibitions: Parco Arte Vivente, Turin (2021); Contour Biennale, Mechelen / Belgium (2019); Kunsthall Trondheim, Norway (2019); Savvy Contemporary, Berlin (2018); Neuer Aachener Kunstverein (2017).

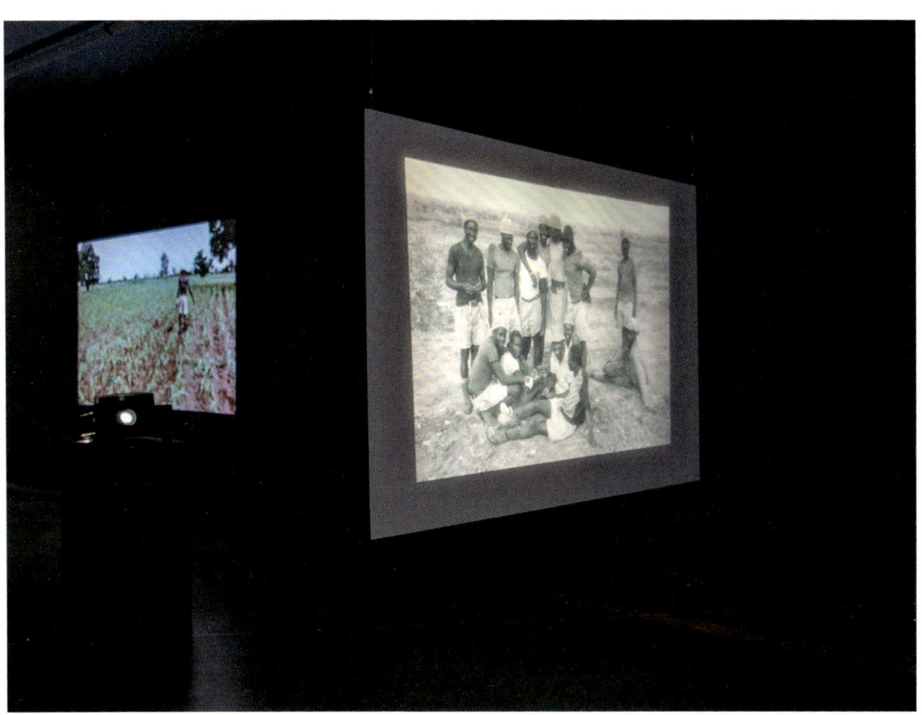

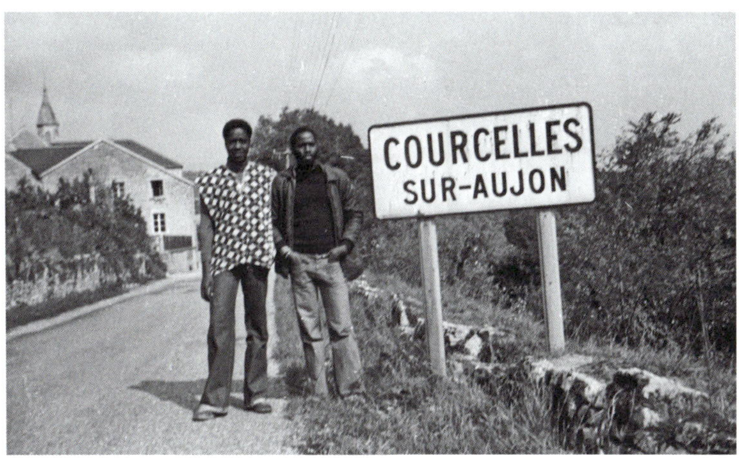

Raphaël Grisey und / and Bouba Touré, *Sowing Somankidi Coura, a Generative Archive*, seit 2015 / 2015–, Ausstellungsansicht / exhibition view Kunsthall Trondheim, 2019

Bouba Touré, *Agricultural Internship in the Marne*, 1976, Fotografie / photograph, Maße variabel / photo, size variable

Bettina Hutschek

Bettina Hutschek fokussiert in ihrer künstlerischen Praxis auf das Geschichtenerzählen und die Frage danach, wie bestehende Narrative sich destabilisieren, als hinterfragbar kennzeichnen und um abweichende Perspektiven erweitern lassen. In ihrer Beschäftigung mit einzelnen Biografien, Stadtgeschichten und mythologischen Überlieferungen spielt sie gezielt mit Klischees und kategorisierenden Bestrebungen allgemein. Indem sie existierende Darstellungen fragmentiert und durch fiktive Elemente erweitert, entwickelt Hutschek humorvolle und ironische Neuerzählungen sowie ungekannte Bilder. Dabei arbeitet sie mit einer Vielzahl von künstlerischen Formaten, die die Bandbreite jener Mittel spiegeln, die zur Verfestigung kultureller Narrative beitragen – museale Displays und Vermittlungsformate, Bücher, Texte, Dokumentationen und Essay-Filme. Hutschek schlüpft dabei immer wieder in die Rolle verschiedener Wissensvermittlerinnen mit eigener Agenda. Seit 2007 eignet sie sich in der Reihe *Visite Surprise* kontextspezifische Rede- und Darstellungsweisen an und gibt Führungen, in denen unerwartete und fantasievolle Ausführungen Zweifel an den Vorstellungen der Sprechenden provozieren. So trat sie 2012 im Völkerkundemuseum Hamburg als Mitarbeiterin von „DIENST" auf, einem vermeintlichen Auftraggeber für die Ausstellung *Brisante Begegnungen – Nomaden in einer sesshaften Welt*. Hutscheks Performance ging eine Recherche zum Bundesnachrichtendienst voraus, dessen Sprachpolitik sie in ihrer Präsentation nutzte; die zugespitzte Schilderung der Angst vor unkontrollierten Grenzübertritten und Infiltration führte schließlich dazu, dass Besucher*innen kritische Fragen zu der dargelegten einseitigen und nationalistischen Sichtweise auf die Exponate formulierten. Wiederholt beschäftigt sich Hutschek mit Geschichten, die sich um die Republik Malta ranken. In ihrer Videoarbeit *VALETTA* (2015) bringt sie zahlreiche historische Fakten zum seit über 5.000 Jahren von wechselnden Eroberern besiedelten Inselstaat mit fiktionalen Mythen zusammen, allen voran Ausführungen zum Gürteltier und seiner vermeintlich schicksalhaften Bedeutung für die Malteser*innen – ein Ansatz, der u. a. an die Mechanismen von Stadtmarketing und hierüber populär gemachte Maskottchen und Brauchtümer erinnert. Die Reinterpretation historischer Ereignisse und die Problematik der Produktion einer eindeutigen Geschichtsschreibung wird auch in der Videoarbeit *Knights of the Order* (2020) verhandelt. Ausgangspunkt ist eine britische Dokumentation über den Johanniterorden, der ab 1530 auf Malta regierte. Diese ist auf YouTube mit automatisch erstellten Untertiteln verfügbar, die dem Film eine unfreiwillige Komik verleihen, etwa wenn von „Saint John the Baptist tumor" die Rede ist. Hutschek hat hunderte Screenshots der von der Sprachsoftware verdrehten Erzählung zusammengestellt und deutet so darauf, wie jede Form der Neuerzählung Geschichte(n) verändert, sie manipuliert und steuert. In Hutscheks Werk spielen immer wieder auch Frauendarstellungen eine zentrale Rolle, beispielsweise in der Zeichnungen, Archivfotos, Drucke, Skulpturen und gefundene Objekte umfassenden Rauminstallation *Margaret's Story* (2018). Die Hommage an die britische Archäologin und Sagenforscherin Margaret Murray nimmt Bezug darauf, dass Frauen in einem patriarchal geprägten Wissenschaftsbetrieb oft keine gebührende Anerkennung erfahren – insbesondere wenn sie, wie Murray, multidisziplinär interessiert waren. Hutscheks Huldigung kulminiert in einem erfundenen Mythos, den sie Murray zuschreibt und der eine egalitäre Gesellschaft imaginiert. Indem sie realpolitische Aspekte mit spekulativen Ansätzen vereinen, weisen Hutscheks Arbeiten darauf hin, dass jede Geschichte immer auch von der Auslegung jener Personen abhängig ist, die sie überliefern.   MR

Bettina Hutschek (*1977 in Kempten) lebt und arbeitet in Berlin und Malta. Sie studierte Kunstgeschichte, Philosophie und Komparatistik an der Universität Augsburg und der Humboldt-Universität zu Berlin (1998–2002), absolvierte ein Studium der Freien Kunst an der Universität der Künste Berlin (2000–2004) und legte dann die Meisterschülerinnenprüfung an der Hochschule für Grafik und Buchkunst, Leipzig (2005–2007) ab. Ihr Werk wurde u. a. durch die Stiftung Kunstfonds, Bonn (2016), den Malta Arts Fund (2015, 2014) und die Kulturverwaltung des Berliner Senats (2020, 2013) gefördert. 2013 initiierte Hutschek die künstlerische Plattform FRAGMENTA Malta. 2017 war sie gemeinsam mit Raphael Vella Ko-Kuratorin des Maltesischen Pavillons auf der Biennale Venedig. Ausstellungen und Performances zuletzt u. a.: uqbar, Berlin (Solo, 2018); Nieuwe Vide, Haarlem / Niederlande (2018); FRAC Bretagne, Rennes (2017); HilbertRaum, Berlin (2015); Blitz, Valletta (Solo, 2014); Museum der bildenden Künste Leipzig (2014).

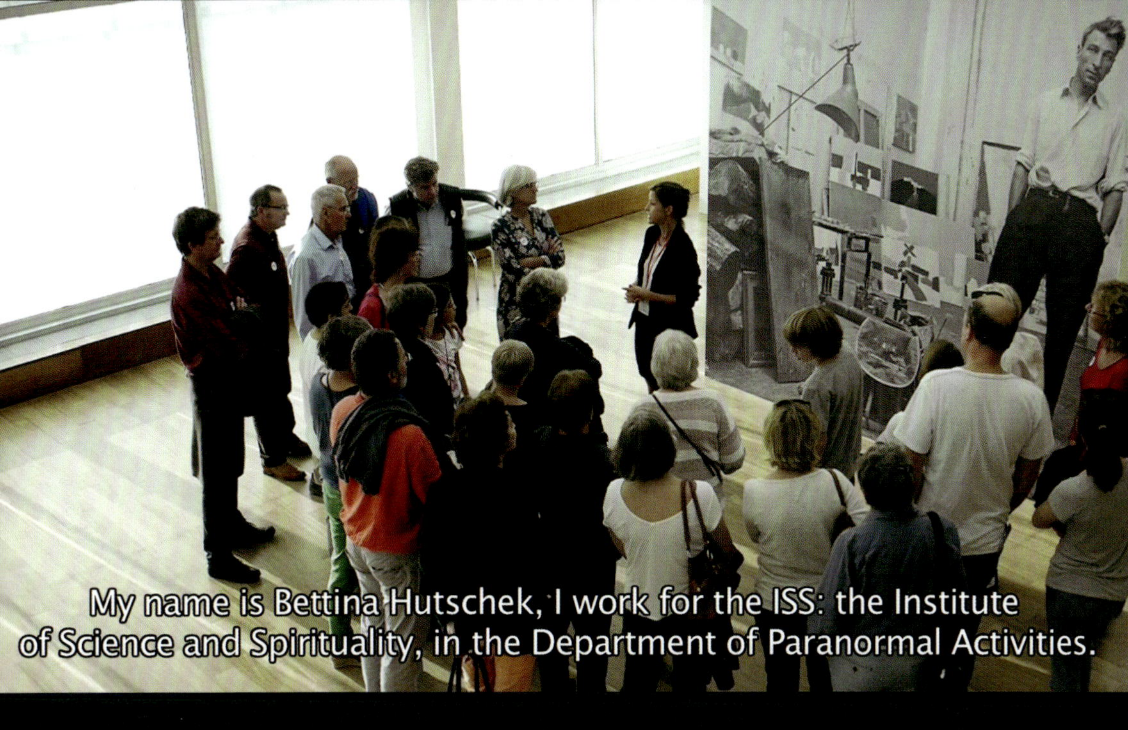

Bettina Hutschek, *Visite Surprise: Kunst kann Heilen*, 2014, Performanceführung durch die Ausstellung / performative tour through the exhibition *Lumières du Nord, Lumières du Sud*, Musée Malraux, Le Havre, 2014

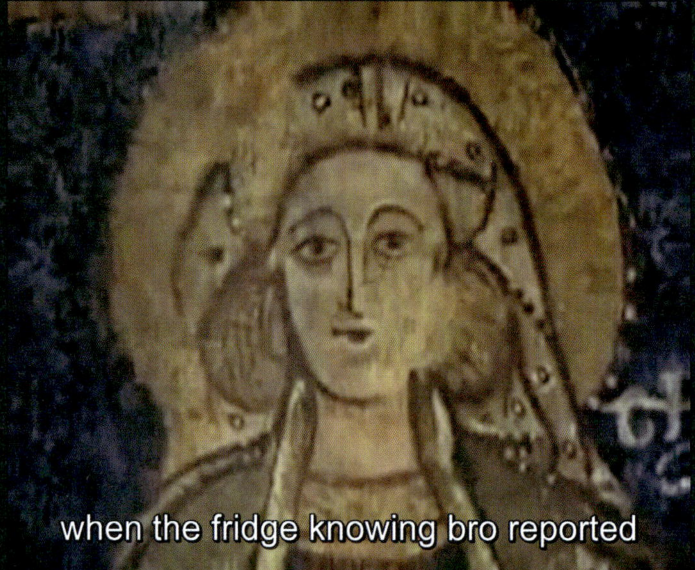
when the fridge knowing bro reported

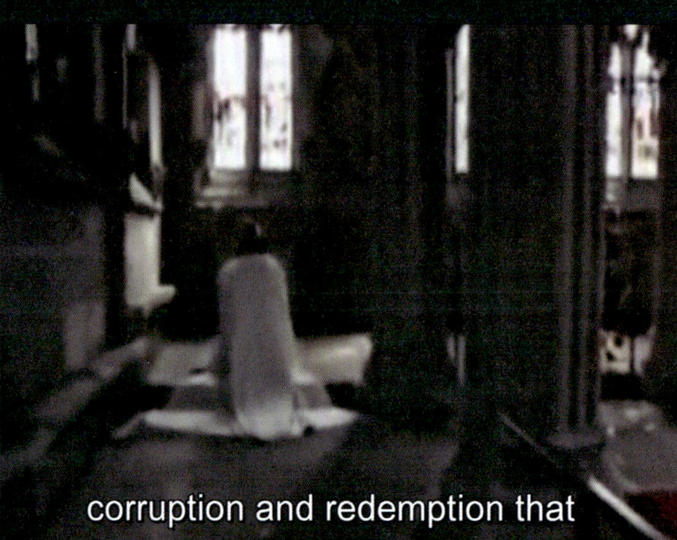
corruption and redemption that
crisscrosses the centuries

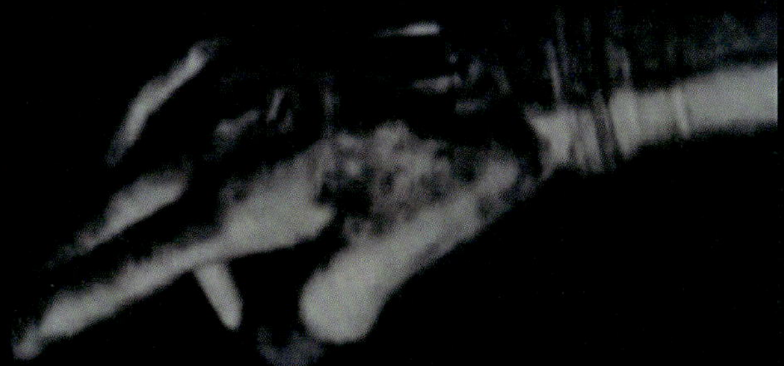

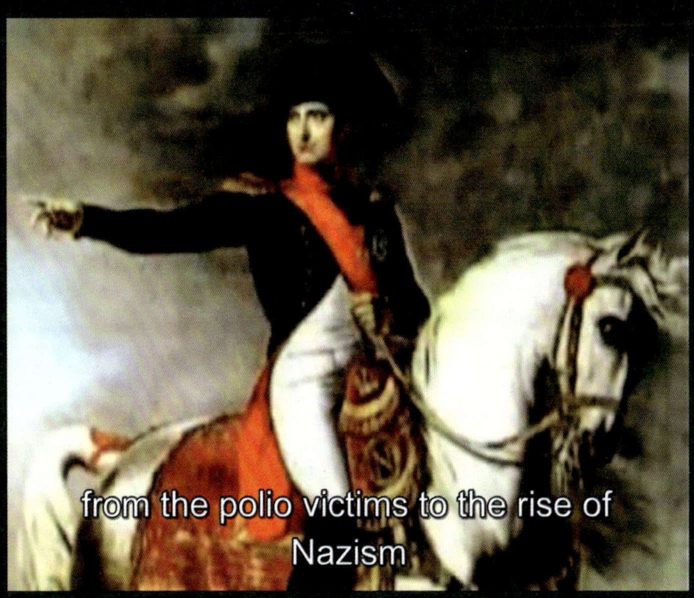

Bettina Hutschek, *Knights of the Order*, 2020, gefundenes Videomaterial, sw und Farbe, Ton /
found video footage, b&w and color, sound, 10:30 min

Bettina Hutschek's artistic practice is focused on storytelling and the question of how prevailing narratives can be destabilized, marked as open to questioning, and complemented by divergent perspectives. Studying selected biographies, urban histories, and mythological traditions, she deftly plays with stereotypes and categorizing descriptions more generally. By fragmenting existing representations and enriching them with fictional elements, Hutschek develops humorous and ironic retellings and unanticipated images. She works with a wide variety of creative formats that reflect the range of means and devices contributing to the consolidation of cultural narratives – museum displays and educational formats, books, writings, documentaries, and essay films. On many occasions, Hutschek has cast herself as an educator of some kind who pursues her own agenda. In the ongoing series *Visite Surprise* (2007–), she appropriates context-specific manners of speaking and ways of representing ideas, giving tours in which unexpected and fanciful claims provoke doubts concerning the speaker's understanding of things. In a performance she staged at the Hamburg Museum of Ethnology in 2012, for example, she appeared as an employee of "DIENST," supposedly one of the sponsors of the exhibition *Charged Encounters – Nomads in a Sedentary World*. The performance grew out of Hutschek's research into the German Federal Intelligence Service, whose linguistic policies she adopted for her presentation; the overdrawn articulation of a fear of uncontrollable borders and infiltration prompted visitors to raise critical questions concerning the one-sided and nationalistic perspective on the exhibits she expounded. Stories surrounding the Republic of Malta have been another recurring interest in Hutschek's work. The video *VALETTA* (2015) amalgamates assorted historical facts about the island, which has been settled for over 5,000 years and repeatedly taken by various conquerors, with fictitious myths including, prominently, a discussion of the armadillo and its alleged portentous significance for the Maltese – an approach that recalls the mechanisms, say, of city marketing and the mascots and quaint customs they serve to popularize. The reinterpretation of historic events and the problems that beset efforts to write a conclusive and unequivocal history are also at issue in the video *Knights of the Order* (2020). It was inspired by a British documentary about the Order of St. John, which ruled Malta starting in 1530. The film is available on YouTube with automatically generated subtitles that lend it an unintended comedic quality, as when the order's patron is called "Saint John the Baptist tumor." Hutschek compiled hundreds of screenshots of the historical account as distorted by the speech recognition software in order to point up how any kind of retelling alters, manipulates, and controls (hi)stories. A third element that plays a central role in Hutschek's oeuvre on a regular basis are representations of women, as in *Margaret's Story* (2018), a sprawling installation encompassing drawings, archival photographs, prints, sculptures, and found objects. Dedicated to the British archaeologist and folklorist Margaret Murray, the work reflects on the fact that women often fail to win the recognition they deserve in an academia dominated by patriarchal structures – especially when, like Murray, their interests cut across disciplinary boundaries. Hutschek's tribute to the scholar culminates in a fabricated myth she attributes to Murray that imagines an egalitarian society. Intertwining aspects of real-world politics with speculative sallies, Hutschek's works alert us to the ways in which any story is shaped by the interpretations of the individuals who pass it on. MR

Bettina Hutschek (b. Kempten, 1977) lives and works in Berlin and Malta. She studied art history, philosophy, and comparative literature at the University of Augsburg and Humboldt-Universität zu Berlin (1998–2002), obtained a fine arts degree from Berlin University of the Arts (2000–2004), and then completed the master class at the Academy of Fine Arts Leipzig (2005–2007). Her work has been supported by Stiftung Kunstfonds, Bonn (2016), the Malta Arts Fund (2015, 2014), and the Department of Culture of the Senate of Berlin (2020, 2013). In 2013, Hutschek initiated the arts platform FRAGMENTA Malta. With Raphael Vella, she co-curated the Maltese pavilion at the 2017 Venice Biennale. Recent exhibitions and performances (selection): uqbar, Berlin (solo, 2018); Nieuwe Vide, Haarlem / Netherlands (2018); FRAC Bretagne, Rennes (2017); HilbertRaum, Berlin (2015); Blitz, Valletta (solo, 2014); Museum der bildenden Künste Leipzig (2014).

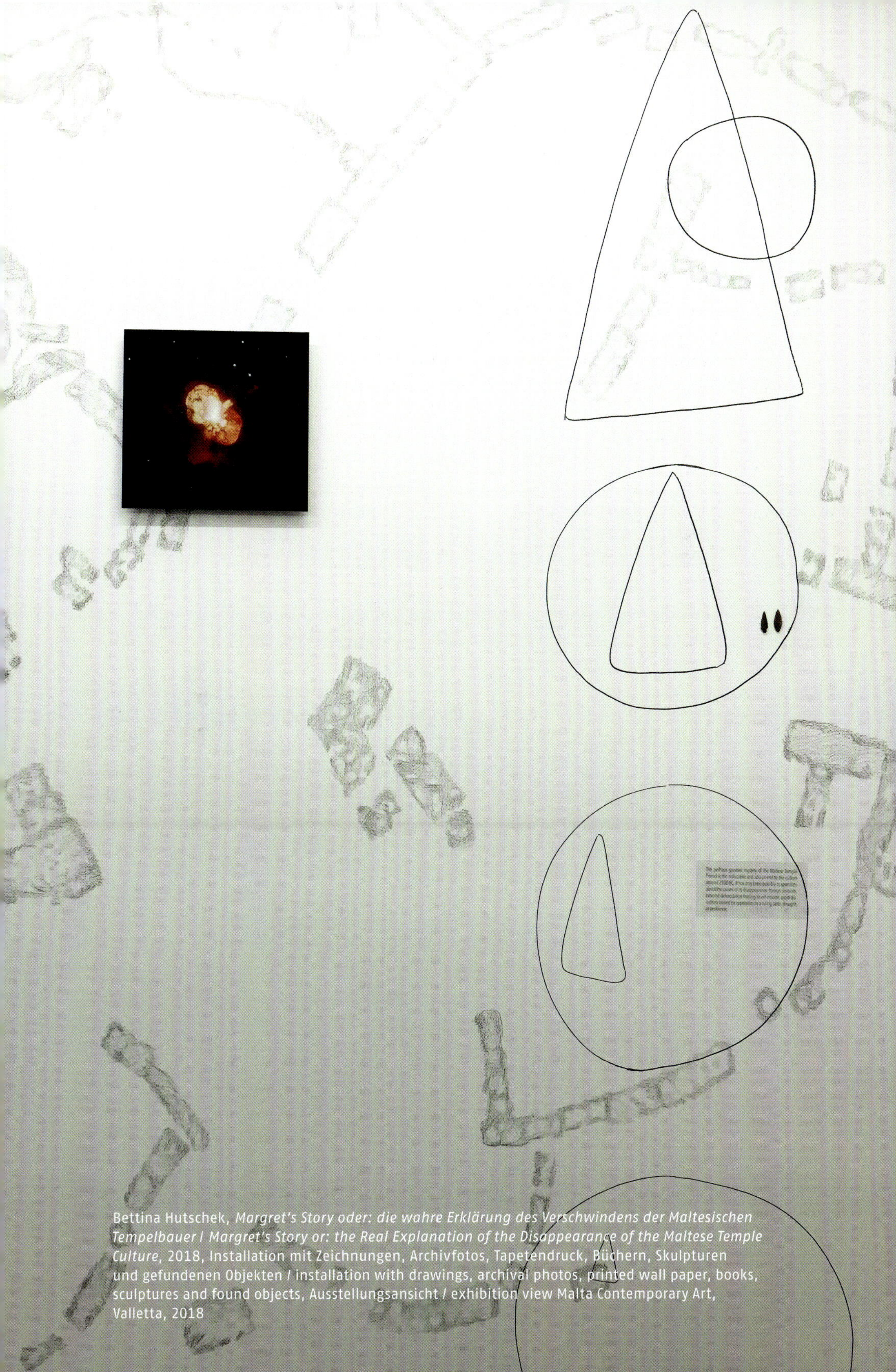

Bettina Hutschek, *Margret's Story oder: die wahre Erklärung des Verschwindens der Maltesischen Tempelbauer / Margret's Story or: the Real Explanation of the Disappearance of the Maltese Temple Culture*, 2018, Installation mit Zeichnungen, Archivfotos, Tapetendruck, Büchern, Skulpturen und gefundenen Objekten / installation with drawings, archival photos, printed wall paper, books, sculptures and found objects, Ausstellungsansicht / exhibition view Malta Contemporary Art, Valletta, 2018

Rajkamal Kahlon

Rajkamal Kahlon arbeitet an der formalen Erweiterung der Medien Zeichnung und Malerei, wobei sie die beiden klassischen Gattungen als Werkzeuge politischen Widerstands einsetzt. Als Tochter indischer Immigrant*innen in den USA geboren, verbindet sie in ihren Arbeiten persönliche Eindrücke mit der universellen Erfahrung von Unterdrückung und einer diasporischen Suche nach Zugehörigkeit. Die künstlerische Erkundung der Spuren des kolonialen Erbes sowie der andauernden Präsenz patriarchaler Dominanz führt Kahlon in Archive, die jenen hegemonialen Blick konservieren. Welche Bilder werden durch rassistisch und sexistisch geprägte Konventionen strukturiert und wie zeigt man ihre Fehlstellen auf? Wie wird die Repräsentation des Anderen und des Selbst durch Bilder konstruiert und wie können deren Mechanismen unterbrochen werden? Die in Frakturschrift gesetzte Anthologie *Die Völker der Erde. Eine Schilderung der Lebensweise, der Sitten, Gebräuche, Feste und Zeremonien aller lebenden Völker* (1902) des deutschen Biologen und Zoologen Kurt Lampert galt lange Zeit als eine der umfangreichsten ethnologischen Beschreibungen der Welt. Kahlon erwarb das Buch in einem Antiquariat in Wien und begann, sich mit der eurozentrischen Weltanschauung, die sich darin in Wort und Bild manifestiert, auseinanderzusetzen, indem sie das Opus Seite für Seite zerschnitt. Der Cut-up-Prozess mündete in einer 300-teiligen Serie (*Die Völker der Erde*, 2017–2019), in der sie Blatt für Blatt in das Material intervenierte, um der Argumentation des Buches zu widersprechen. Ihre Eingriffe reichen von poetischen Transformationen und grotesk-humorvollen Gesten bis hin zur Einschreibung gewaltsamer Szenen. Durch die Zerstückelung und anschließende Wiederverwertung holt Kahlon die brutalen Inhalte nicht nur an die Oberfläche, sondern verleiht ihnen auch ein empathisches und heilsames Potenzial. Der Körper, der physischer, politischer und psychischer Gewalt ausgesetzt wurde, ist zentraler Topos in Kahlons Archivrecherchen. Auf den zusammengefügten Seiten der Erstausgabe des Reiseromans *Arabian Sands* (1959) des britischen Forschungsreisenden Wilfred Thesiger porträtiert sie überlebensgroße Gesichter von Reisenden aus Afrika, Asien und dem Nahen Osten und versucht diese durch Einfühlungsvermögen von einem kolonialen Blick zu befreien (*We've Come a Long Way to Be Together*, 2019). Gleichermaßen greift sie mit der Gemäldeserie *This Bridge Called My Back* (2019) in den 1901 erschienen Band *Die Rassenschönheit des Weibes* des deutschen Gynäkologen C. H. Stratz ein. Stratz' Studie über außereuropäische Frauen ist für Kahlon Beispiel einer „pornografischen Rassentaxonomie", der sie eine Autopsie des visuellen Erbes von Imperialismen entgegensetzt. Kahlons Zugang unterscheidet sich maßgeblich von dem Ansatz der Anthropologen, Entdecker und Wissenschaftler, deren Worte und Bilder sie seziert. Ihre Auseinandersetzung bricht mit den Konventionen der Repräsentation und folgt Strategien der subtilen Irritation und Ermächtigung. Der rituelle Prozess der Zerlegung, Zusammenführung und Übermalung gleicht einem performativen Akt des Körperlich-Machens, der jede eindimensionale Darstellungsweise herausfordert. KH

Rajkamal Kahlon (*1974 in Auburn, Kalifornien) absolvierte 1996 ein Studium an der University of California, Davis sowie 1998 an der Skowhegan School of Painting and Sculpture in Madison/Maine. 1999 schloss sie ihren Master am California College of Arts ab. 2001 nahm sie am Independent Study Program des Whitney Museum of Art in New York teil. Sie ist Trägerin des Villa-Romana-Preises, Florenz (2019), sowie des Joan Mitchell Painting and Sculpture Award, New York (2006). Kahlon erhielt Stipendien der Hans und Charlotte Krull Stiftung (2018), des Weltmuseums Wien (2017–2019), der Pollock-Krasner Foundation, New York (2012) und des Goethe-Instituts (2012). Ausstellungen zuletzt u. a.: Galerie Wedding, Berlin (Solo, 2019); Villa Romana, Florenz (2019); Weltmuseum Wien (Solo, 2017–2019); Neue Gesellschaft für bildende Kunst, Berlin (2017); Museum of Contemporary Art, Rijeka / Kroatien (2016); Museum of Modern Art, Warschau (2015); Beirut Art Center (2014); Haus der Kulturen der Welt, Berlin (2012); Taipeh Biennale (2012).

Rajkamal Kahlon, *Untitled*, aus der Serie / from the series *Did you Kiss the Dead Body?*, 2009, Zeichnung, Tinte auf marmoriertem Autopsiebericht / drawing, ink on marbled autopsy report, 157 × 109 cm

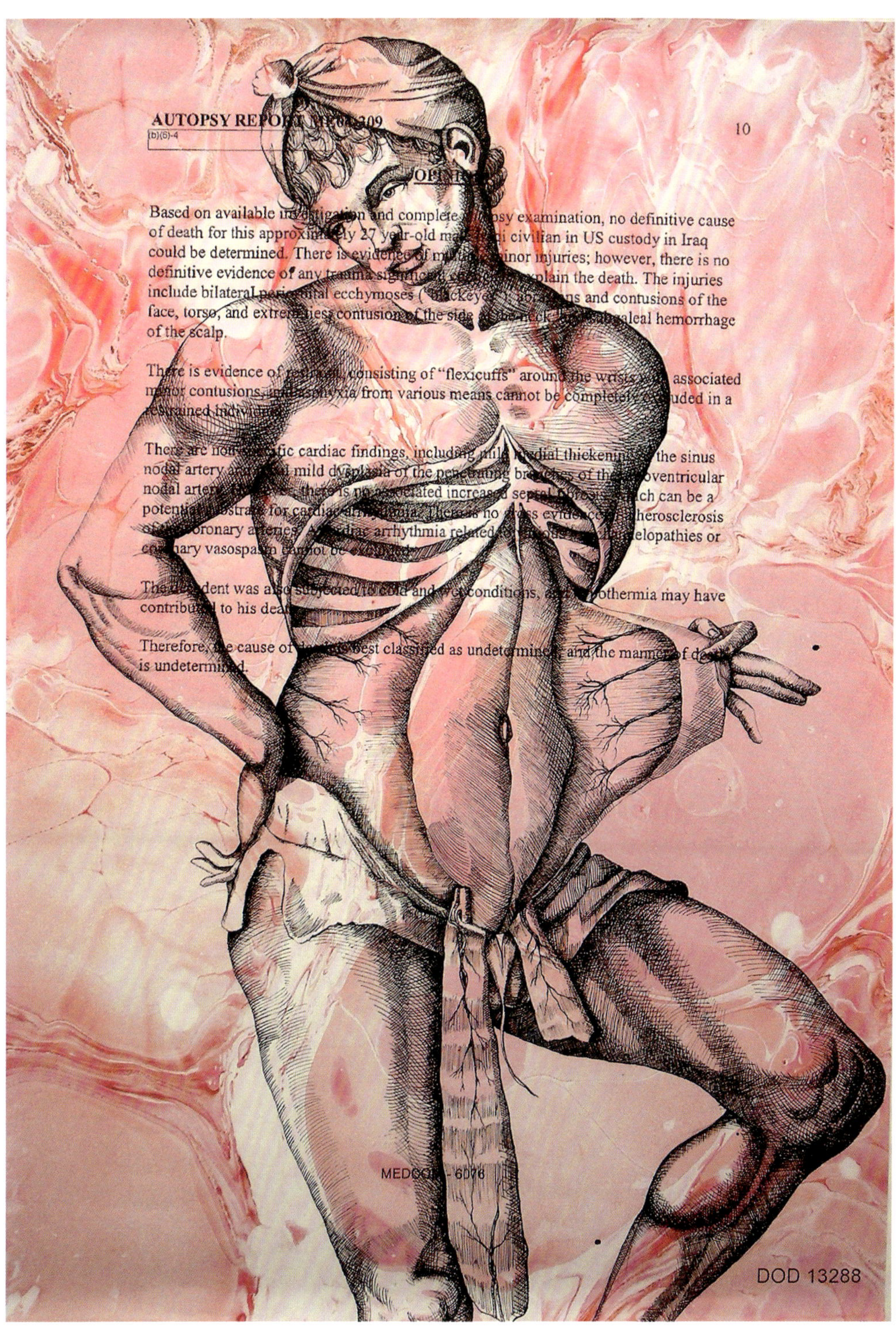

AUTOPSY REPORT ME04-309
(b)(6)-4
10
OPINION

Based on available investigation and complete autopsy examination, no definitive cause of death for this approximately 27 year-old male Iraqi civilian in US custody in Iraq could be determined. There is evidence of multiple minor injuries; however, there is no definitive evidence of any trauma significant enough to explain the death. The injuries include bilateral periorbital ecchymoses ("blackeyes"), abrasions and contusions of the face, torso, and extremities; contusion of the side of the neck; and subgaleal hemorrhage of the scalp.

There is evidence of restraint, consisting of "flexicuffs" around the wrists with associated minor contusions, and asphyxia from various means cannot be completely excluded in a restrained individual.

There are nonspecific cardiac findings, including mild medial thickening of the sinus nodal artery and focal mild dysplasia of the penetrating branches of the atrioventricular nodal artery, although there is no associated increased septal fibrosis, which can be a potential substrate for cardiac arrhythmia. There is no gross evidence of atherosclerosis of the coronary arteries. A cardiac arrhythmia related to various cardiac myelopathies or coronary vasospasm cannot be excluded.

The decedent was also subjected to cold and wet conditions, and hypothermia may have contributed to his death.

Therefore, the cause of death is best classified as undetermined, and the manner of death is undetermined.

MEDCOM - 6078
DOD 13288

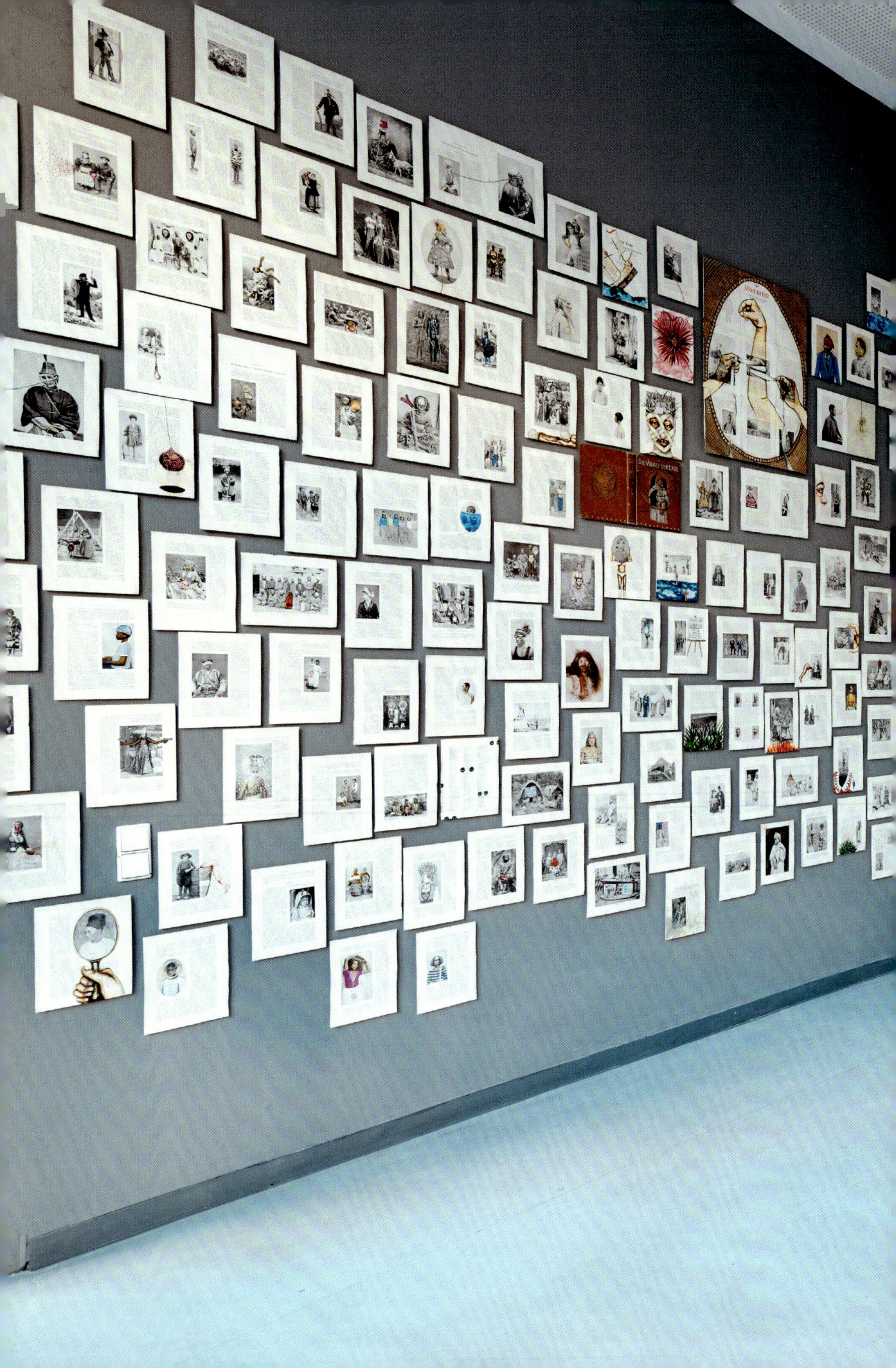

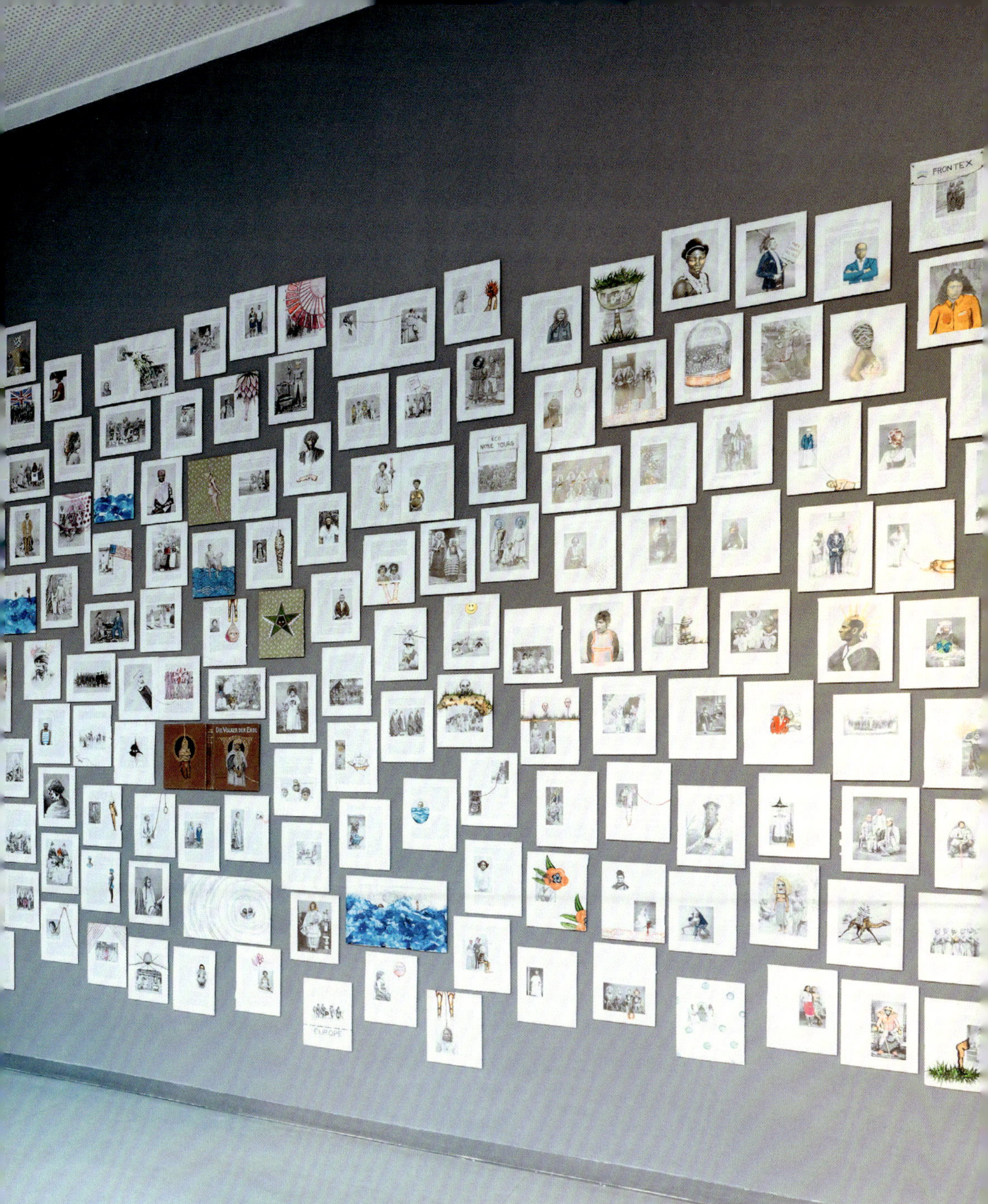

Rajkamal Kahlon, *Die Völker der Erde / People of the Earth*, 2017–2019, über 300 Aquarelle auf Buchseiten / over 300 watercolor drawings on book pages, Ausstellungsansicht / exhibition view Galerie Wedding, Berlin, 2019

Rajkamal Kahlon works on expanding the formal bounds of the media of drawing and painting, harnessing the two classic genres as instruments of political resistance. The American-born daughter of Indian immigrants makes works that intertwine personal impressions with the universal experience of oppression and a diasporic quest for a sense of belonging. Kahlon's artistic exploration of the traces of the colonial heritage and the enduring presence of patriarchal dominance leads her into archives where that hegemonic gaze is preserved. Which images are structured by conventions steeped in racism and sexism, and how can one point up their defects? How do pictures construct the representation of other and self, and how can their mechanisms be disrupted? Typeset in Fraktur, the German biologist and zoologist Kurt Lampert's anthology *Die Völker der Erde. Eine Schilderung der Lebensweise, der Sitten, Gebräuche, Feste und Zeremonien aller lebenden Völker* (*The Peoples of the Earth. A Description of the Mode of Life, the Mores, Customs, Festivals, and Ceremonies of All Living Peoples*, 1902) was long regarded as one of the most extensive ethnological surveys of the globe. Kahlon bought a copy from an antiquarian bookseller in Vienna and started grappling with the Eurocentric worldview that manifests itself in its text and illustrations by dismantling the opus page by page. The process of cutting it up resulted in a 300-part series (*Die Völker der Erde*, 2017–2019) for which she altered the material sheet after sheet in order to articulate her objections to the book's line of reasoning. Her interventions range from poetic transformations and gestures of grotesque humor to the depiction of scenes of violence. By dismembering the book and putting the fragments to her own uses, Kahlon not only brings its brutal content to the surface, she also infuses it with a potential for empathy and healing. The body on which physical, political, and psychological violence has been visited is the central subject in Kahlon's archival research. The assembled pages of the first edition of the British explorer Wilfred Thesiger's travel novel *Arabian Sands* (1959) serve her as media for larger-than-life faces of voyagers from Africa, Asia, and the Middle East; rendered with moving sensitivity, the portraits seek to extricate her subjects from the power of the colonial gaze (*We've Come a Long Way to Be Together*, 2019). Similarly, the series of paintings *This Bridge Called My Back* (2019) intervenes into the German gynecologist C. H. Stratz's book *Die Rassenschönheit des Weibes* (The Racial Beauty of Women, 1901). Stratz's study of non-European women, Kahlon argues, exemplifies a "pornographic racial taxonomy" that she seeks to subvert with an autopsy of the visual legacy of imperialisms. Kahlon's approach differs in crucial ways from those of the anthropologists, explorers, and scientists whose words and images she dissects. Her critical engagement breaks with representational convention and employs strategies of subtle irritation and empowerment. The ritual process of deconstruction, assemblage, and overpainting resembles a performative act of literal embodying that poses a challenge to any one-dimensional mode of representation. KH

Rajkamal Kahlon (b. Auburn, California, 1974) graduated from the University of California, Davis in 1996 and is an alumna of the Skowhegan School of Painting and Sculpture in Madison/Maine, in 1998. In 1999, she completed a master's program at the California College of Arts, followed, in 2001, by the Independent Study Program of the Whitney Museum of Art in New York. She has won the Villa Romana Prize, Florence (2019), and the Joan Mitchell Painting and Sculpture Award, New York (2006). Kahlon has received fellowships from the Hans und Charlotte Krull Stiftung (2018), the Weltmuseum, Vienna (2017–2019), the Pollock-Krasner Foundation, New York (2012), and the Goethe Institute (2012). Selected recent exhibitions: Galerie Wedding, Berlin (solo, 2019); Villa Romana, Florence (2019); Weltmuseum, Vienna (solo, 2017–2019); Neue Gesellschaft für bildende Kunst, Berlin (2017); Museum of Modern and Contemporary Art, Rijeka / Croatia (2016); Museum of Modern Art, Warsaw (2015); Beirut Art Center (2014); Haus der Kulturen der Welt, Berlin (2012); Taipei Biennial (2012).

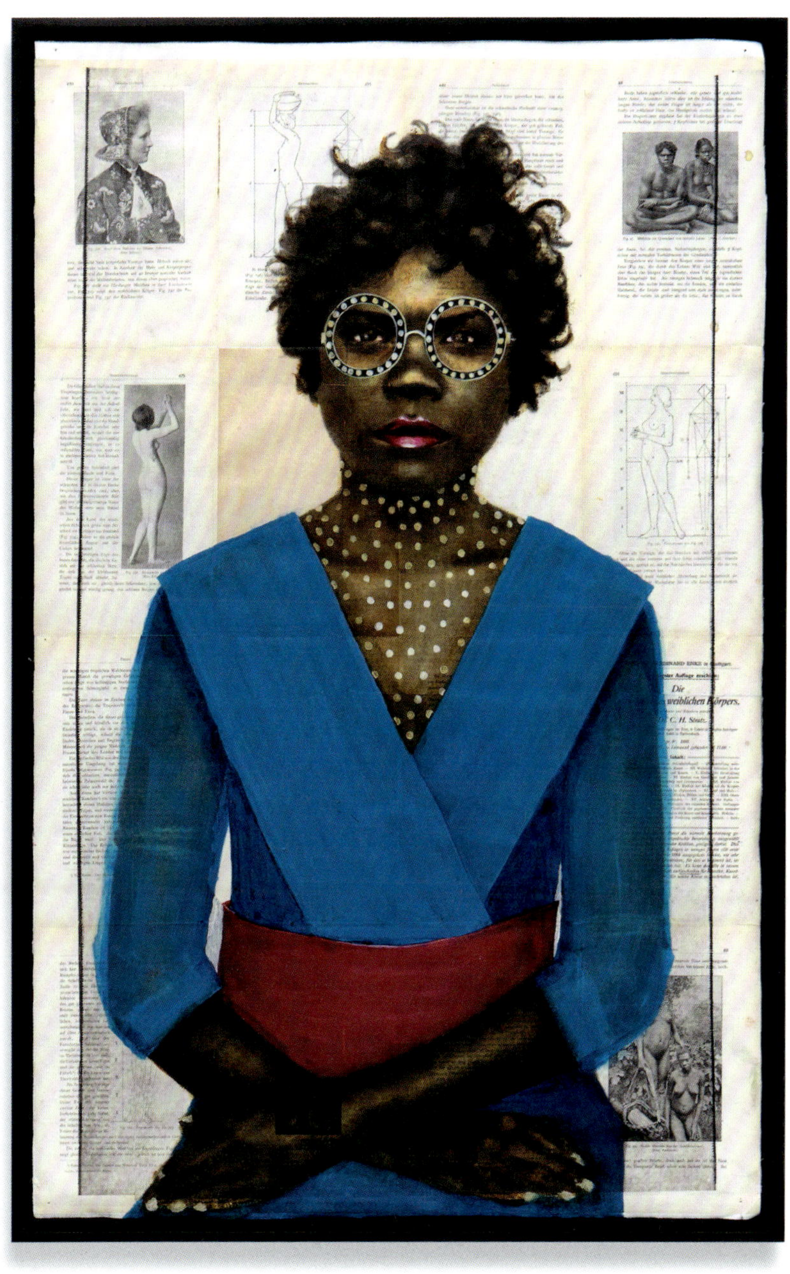

Rajkamal Kahlon, *Untitled (Elton John)*, 2019, Multimedia-Malerei auf Leinwand, auf Karton aufgezogen, gerahmt (ohne Glas) / multi media painting on canvas, mounted on cardboad, framed (unglazed), 100 × 65 cm

Musquiqui Chihying

Musquiqui Chihying untersucht in seinen Arbeiten die globale Zirkulation von Bildern und Objekten sowie jene Technologien, welche diese ermöglichen und prägen. Sein Werk steht für eine Erkundung der Methoden, mit denen Dinge und Menschen kategorisiert werden – von (neo-)kolonialen Sammlungspolitiken bis hin zu den Auswirkungen algorithmischer Stereotypisierung. Musquiqui zeichnet seine Werke mit seinem Künstlernamen, der es ihm erlaubt, seine Herkunft zu kaschieren und eine klare Trennung zwischen seiner Privatsphäre und seiner öffentlichen Persona zu etablieren. In seinen Essayfilmen, Lecture-Performances und Installationen stehen das Sammeln und Kontextualisieren von Wissen im Fokus. So sind es oft Bildkonstellationen und die Zusammenführung unterschiedlicher Quellen, die der Künstler mit einem tiefverwurzelten Interesse für diverse mediale Formate – von analogen Bild- und Tonträgern bis hin zu 3D-Animationen – zueinander in Bezug setzt. Ein wiederkehrendes Thema bildet die kulturelle Expansion Chinas auf dem afrikanischen Kontinent, ein Phänomen, das angesichts der wirtschaftlichen Ausbreitung der Volksrepublik oft unbeachtet bleibt. Der Essayfilm *The Sculpture* (2018–2020) erzählt die Gründungsgeschichte des Musée International d'Art d'Afrique in Lomé, Togo. Es ist eines von mehreren Kulturhäusern, die seit den 1990er Jahren von chinesischen Investoren oder dem chinesischen Staat selbst in Afrika gestiftet wurden. 5.000 der Exponate wurden durch dessen Gründer an das Chinesische Nationalmuseum in Peking überführt. In Schwarz-Weiß-Bildern hinterfragt der Film das Bestreben, Objekte als zeit- und autorlose Belege des ethnisch „Anderen" zu präsentieren. Musquiqui schlüpft dafür in die Rolle des französischen Schriftstellers André Malraux, der in seinem Werk *Le musée imaginaire de la sculpture mondiale* (1952–1954) die Idee eines Museums vertrat, in dem das Individuum die Welt mithilfe fotografischer Bilder nach seinen Vorlieben und Ideen sortiert. Zunehmend nimmt der Künstler auch den Einfluss algorithmischer Wertzuschreibung in den Fokus. So arbeitete er mit dem Musiker Elom 20ce und dem Künstler Gregor Kasper für die Schallplattenedition *The Currency* (2020, Sternberg Press) über die Überwachungstechniken von Tech-Giganten wie WeChat und AliPay zusammen. Es entstand eine poetische Soundarbeit darüber, wie Firmen sich in die alltäglichen Lebensrealitäten einschleichen und aus Informationen Kapital generieren, aber auch über die Möglichkeiten, dieselben Technologien für Unabhängigkeitsbestrebungen zu kapern. In der 3-Kanal-Installation *The Lighting* (2021) nimmt Musquiqui den zentralen Status von Licht, dem auch in digitalen Technologien immer noch eine unersetzliche Funktion bei der Erzeugung von Bildaufnahmen zukommt, unter die Lupe. Bereits der französische Filmemacher Jean-Luc Godard verwies auf die technisch bedingten blinden Flecken der Kodak-Farbfilmdias, die sich nicht für Porträts von dunkelhäutigen Personen eigneten. Diese implizite Ungerechtigkeit durchdringt auch die neuesten Bilderkennungsprogramme. Am Beispiel von Emojis, bei denen asiatischen Gesichtern zugekniffene Augen zugeordnet werden oder Menschen mit dunkleren Hautfarben nicht repräsentiert werden können, verdeutlicht Musquiqui, wie europäisch geprägte Physiognomien weiterhin den Maßstab setzen. Der auf drei kreisförmige Leinwände projizierte Film kulminiert in einer Filmsequenz des Blaxploitation-Genres, inspiriert von Jim Kelly, einem afro-amerikanischen Schauspieler, der infolge seines Auftritts mit Bruce Lee in *Enter the Dragon* (1973) bekannt wurde. In Musquiquis Kung-Fu-Filmadaptation richten sich die Kampfbewegungen gegen einen lichtstarken Industriestrahler, als Symbol dessen, wie menschliche Vorurteile nahezu unmerklich technologisch reproduziert werden.   KH

Musquiqui Chihying (*1985 in Taipeh / Taiwan) studierte bildende Kunst an der National Taiwan University of Arts (2004–2008) sowie an der Universität der Künste Berlin (UdK, 2011–2015) und absolvierte den Masterstudiengang Kunst im Kontext an der UdK (2015–2019). 2019 erhielt er den Loop Barcelona Video Art Production Award und war im selben Jahr für den Berlin Art Prize nominiert; 2016 war er Stipendiat des Korea National Museum of Modern and Contemporary Art, Seoul. Präsentationen seiner Arbeiten zuletzt u. a.: Museum of Contemporary Art Taipei (Solo, 2021); Centre Pompidou, Paris (2020); Kuandu Museum of Fine Arts, Taipeh (Solo, 2019); Times Museum, Guangzhou (2019); Ullens Center for Contemporary Art, Peking (Solo, 2018); Berlinale Forum Expanded (2018); Arko Art Center, Seoul (2016); Folkwang Museum, Essen (2014).

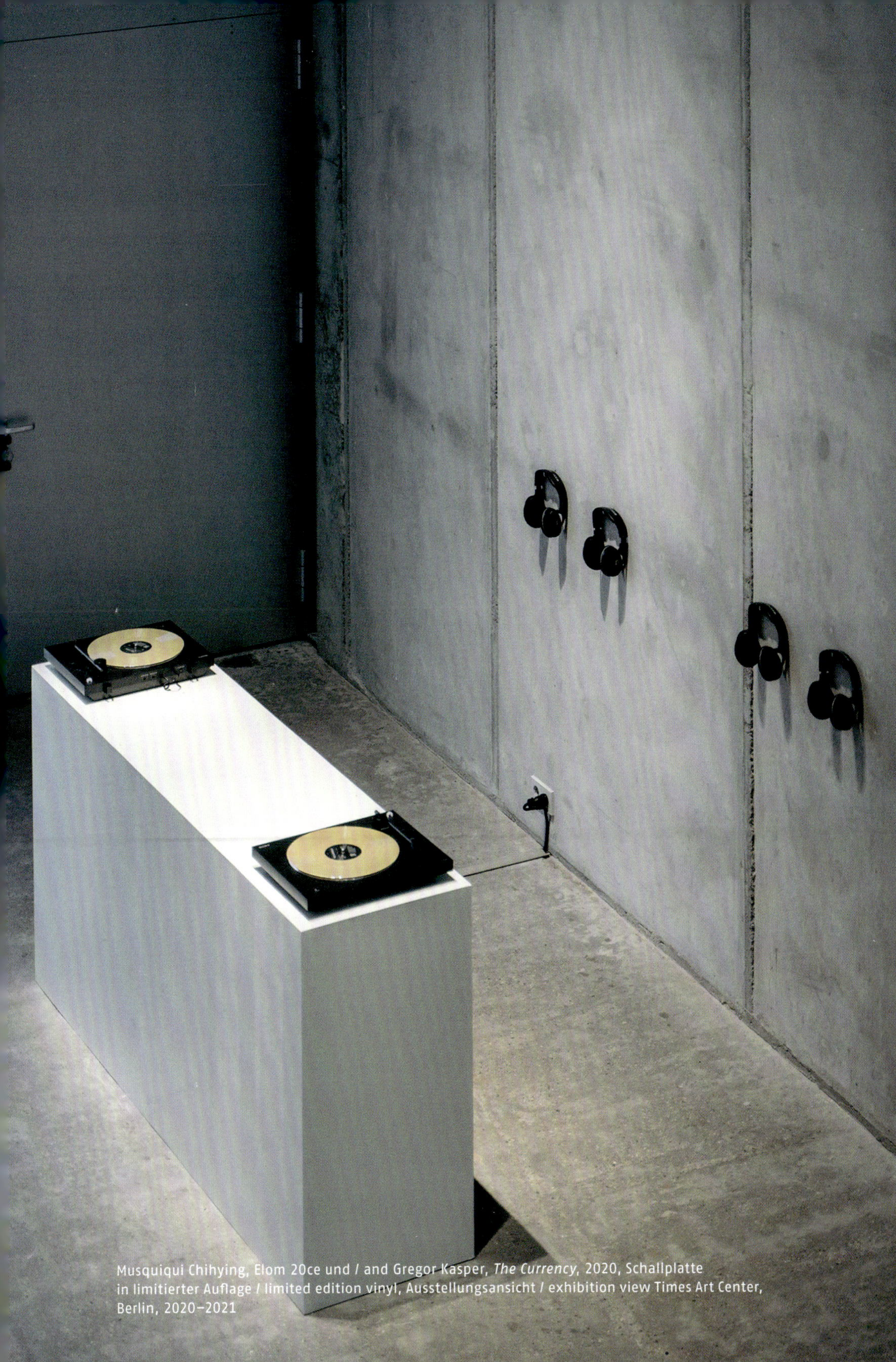

Musquiqui Chihying, Elom 20ce und / and Gregor Kasper, *The Currency*, 2020, Schallplatte in limitierter Auflage / limited edition vinyl, Ausstellungsansicht / exhibition view Times Art Center, Berlin, 2020–2021

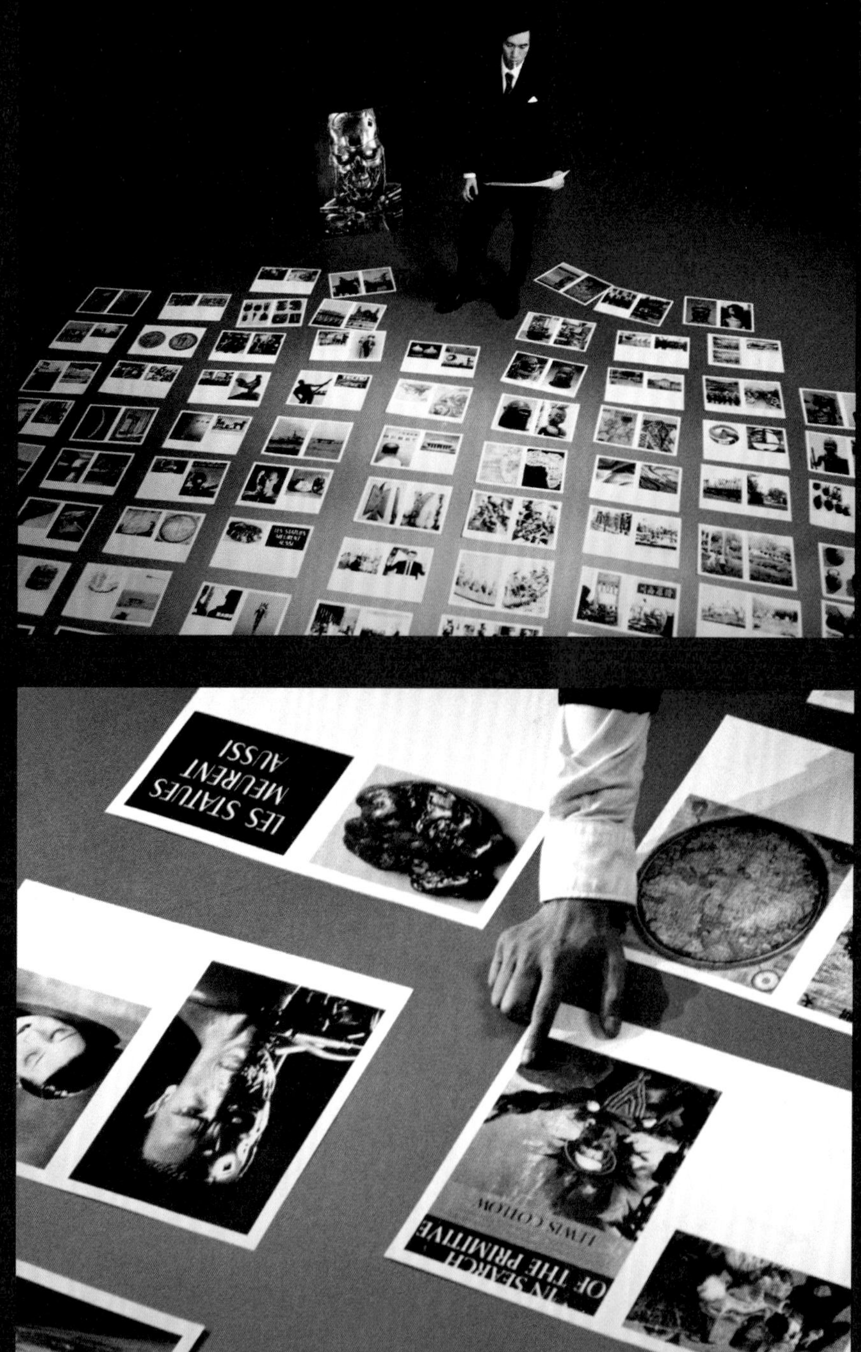

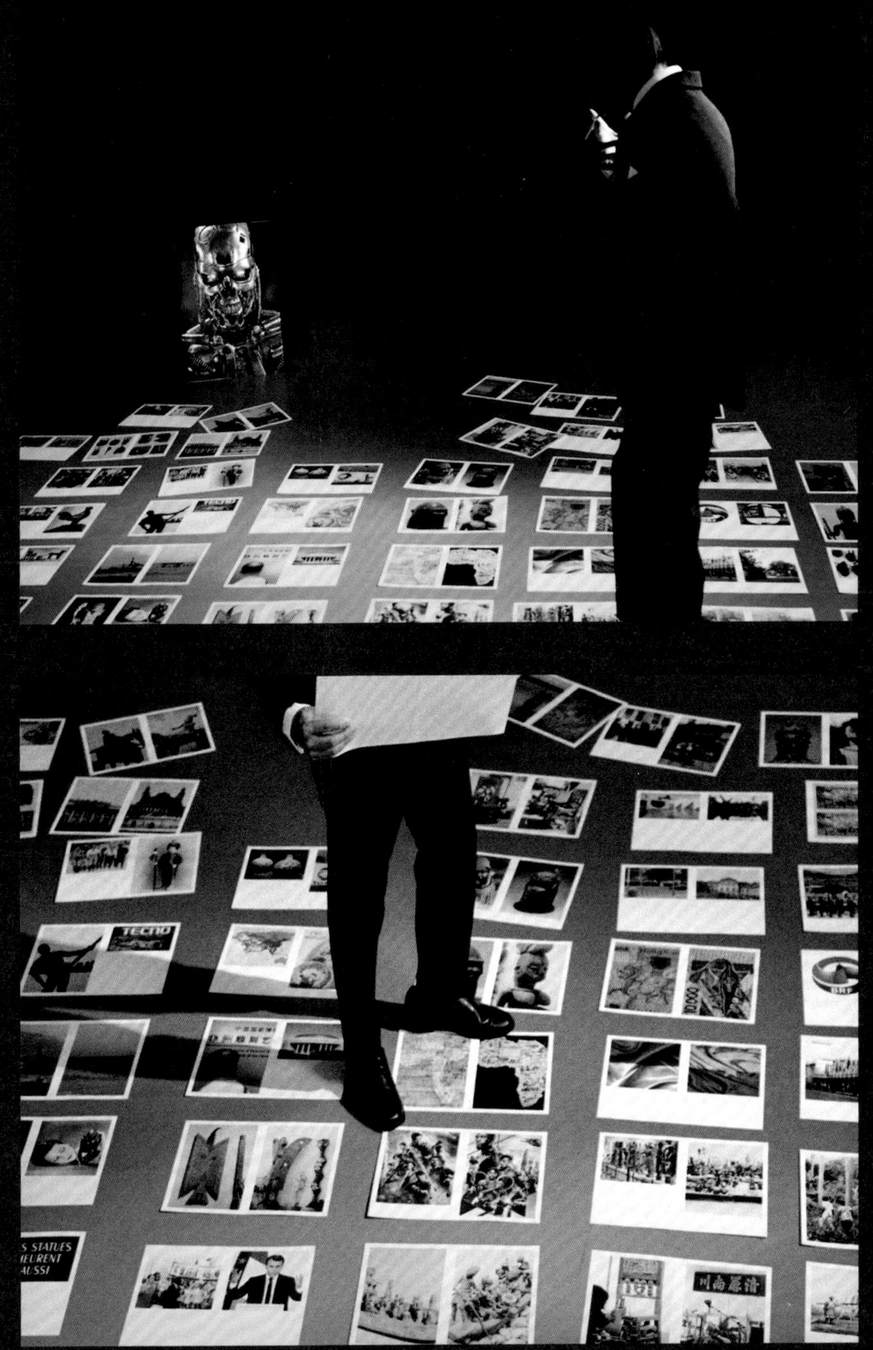

Musquiqui Chihying, *The Sculpture*, 2018–2020, 2-Kanal-HD-Video, Farbe, 5.1 Surround-Sound /
2-channel HD video, color, 5.1. surround sound, 28 min, Videostills / video stills

Musquiqui Chihying's works investigate the global circulation of images and objects and the technologies that facilitate and shape it. His art stands for an exploration of the methods used to categorize things and people – from (neo-)colonial collection-building policies to the repercussions of algorithmic stereotyping. Musquiqui is an alias with which the artist signs his work; it allows him to camouflage his geographic and ethnic origins and establish a wall of separation between his private life and his public persona. His essay films, lecture performances, and installations put the focus on the aggregation and contextualization of knowledge. In many instances, the artist, driven by a deeply held interest in various media formats – from analog image and sound recording media to 3D animations – correlates visual constellations and the consolidation of diverse sources. One recurring subject is China's cultural expansion on the African continent, a phenomenon that is often eclipsed in reporting by the People's Republic's pursuit of economic power. The essay film *The Sculpture* (2018–2020) narrates the history of the founding of the Musée International d'Art d'Afrique in Lomé, Togo, one of several cultural centers in Africa endowed by Chinese investors or the Chinese government itself since the 1990s. Its founder transferred five thousand of its exhibits to the National Museum of China in Beijing. The film's black-and-white images question the endeavor to present objects as timeless and anonymous products of an ethnically "alien" culture. Musquiqui himself appears in the role of the French writer André Malraux, who, in his three-volume *Le musée imaginaire de la sculpture mondiale* (1952–1954), proposed the idea of a museum stocked with photographic images, letting the individual sort the world according to his or her preferences and ideas. More recently, the artist has also turned his attention to the influence of algorithmic attributions of value. For the vinyl EP edition *The Currency* (2020, Sternberg Press), he worked with the musician Elom 20ce and the artist Gregor Kasper about the surveillance technologies employed by tech giants like WeChat and AliPay. The fruit of their collaboration is a poetic sound piece about how corporations worm their way into the realities of everyday life and capitalize on information, but also about possible ways to hijack the same technologies for efforts to reclaim one's independence. In the three-channel installation *The Lighting* (2021), Musquiqui zooms in on the centrality of light, which remains indispensable to photography and videography in the age of digital technologies. The French filmmaker Jean-Luc Godard already noted the technical limitations of Kodak's color slide films, which made them unsuitable for portraits of dark-skinned individuals. An implicit inequality akin to this blind spot is pervasive in today's cutting-edge image recognition programs. Marshaling examples including emoji in which eyes squeezed shut are associated with Asian faces or people with darker skin tones cannot be represented, Musquiqui illustrates how European physiognomies still serve as the benchmark. The film, which is projected onto three circular screens, culminates in a Blaxploitation sequence inspired by Jim Kelly, the African-American actor who rose to fame after starring opposite Bruce Lee in *Enter the Dragon* (1973). In Musquiqui's kung fu adaptation, the martial artist's adversary is an industrial-grade spotlight as a symbol of how technology almost imperceptibly reproduces human prejudices. KH

Musquiqui Chihying (b. Taipei / Taiwan, 1985) studied fine art at the National Taiwan University of Arts (2004–2008) and the Berlin University of the Arts (UdK, 2011–2015) and completed UdK's Art in Context master's program (2015–2019). He was the recipient of the 2019 Loop Barcelona Video Art Production Award and a nominee for the 2019 Berlin Art Prize; in 2016, he won a fellowship from the Korea National Museum of Modern and Contemporary Art, Seoul. Selected recent presentations of his work: Museum of Contemporary Art Taipei (solo, 2021); Centre Pompidou, Paris (2020); Kuandu Museum of Fine Arts, Taipei (solo, 2019); Times Museum, Guangzhou (2019); Ullens Center for Contemporary Art, Beijing (solo, 2018); Berlinale Forum Expanded (2018); Arko Art Center, Seoul (2016); Folkwang Museum, Essen (2014).

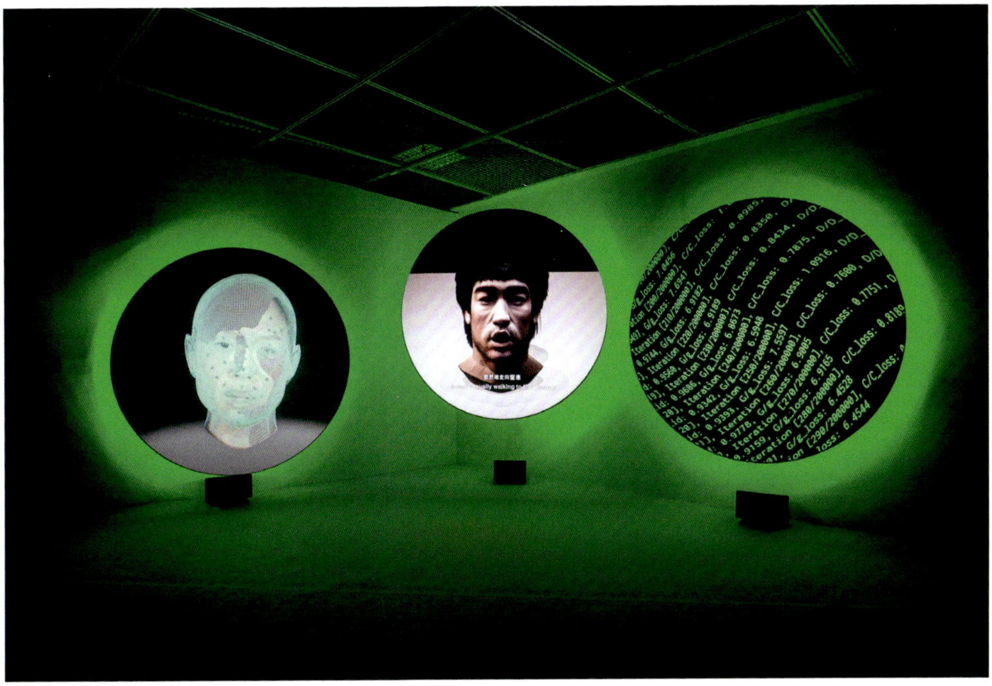

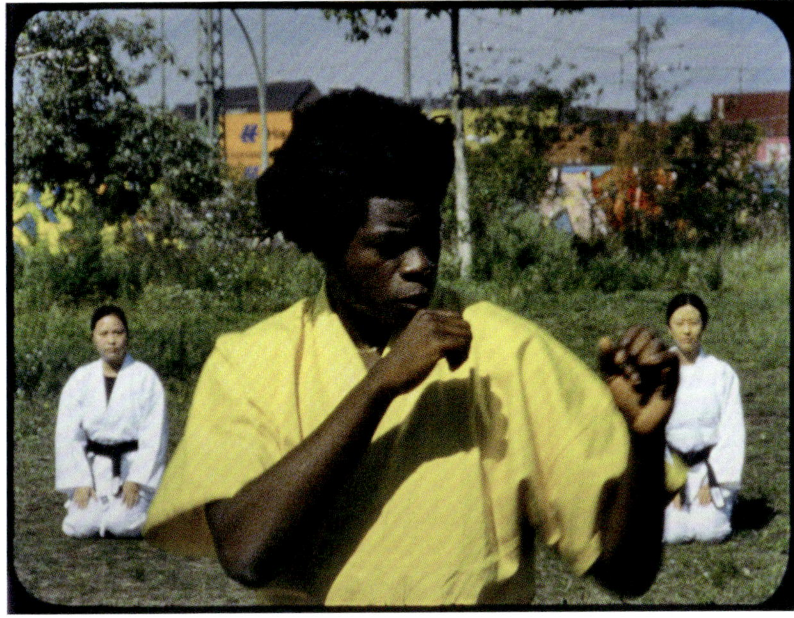

Musquiqui Chihying, *The Lighting*, 2021, 3-Kanal-HD-Video-Installation, Farbe, 5.1 Surround-Sound /
3-channel HD video installation, color, 5.1. surround sound, 21 min (Loop / loop), Ausstellungsansicht /
exhibition view Museum of Contemporary Art Taipei, 2021, Videostill / video still

Mandla Reuter

Im Zentrum von Mandla Reuters künstlerischem Schaffen stehen komplexe mehrteilige Installationen, die sich mit lokalen Infrastrukturen beschäftigen sowie disparate und räumlich weit voneinander entfernte Orte unerwartet zueinander in Beziehung setzen. Dabei arbeitet er mit vorgefundenen architektonischen Situationen, die durch alternative Setzungen infrage gestellt werden, ebenso wie mit aus diversen Kontexten transferierten Materialien, die ebenfalls eine eigene Dramaturgie in den Ausstellungsraum einbringen. Für seine erste Einzelausstellung in der Kunsthalle Lingen (2009) mauerte Reuter deren Haupteingang zu, die große Halle war so nicht mehr körperlich in ihren eigentlichen Dimensionen erfahrbar, sondern nur noch durch einen Türschlitz im ersten Stock einsehbar. Mit Eintreffen der Besucher*innen betrat ein Mitarbeiter der Kunsthalle den Hauptraum durch das Lager und legte eine von zahlreichen Vinylschallplatten auf. Diese stammten aus einer Sammlung Reuters, die ausschließlich aus Originalsoundtracks verschiedener Hollywoodfilme bestand. Hier wie in weiteren Projekten befragt Reuter die Kraft der Inszenierung – auch andernorts modifizierte er räumliche Gegebenheiten dahingehend, dass gewohnte Wege verändert und neue Präsentationsbereiche geschaffen wurden. Beispielsweise verschloss er den Haupteingang zum Kunstverein Braunschweig (2015) ebenfalls durch eine Mauer und führte Besucher*innen hier über die Terrassentür auf der Gartenseite in das Haus. Besonders deutlich beeinflusst er Ausstellungssituationen zudem dadurch, dass er Stromkreise manipuliert – in der Kunsthalle Basel (2013) wurde u. a. die Beleuchtung in allen Räumen unregelmäßig an- und ausgeschaltet. Indem er einzelne Exponate und die umgebende Architektur derart unversehens hervorhebt oder in Dunkelheit taucht, hinterfragt Reuter die vermeintliche Selbstverständlichkeit ihrer Verfügbarkeit, Zugänglichkeit und Funktionalität. Seine Interventionen zielen so auch darauf ab, verschiedene Möglichkeitsräume und Realitäten nebeneinanderzustellen. Besonders explizit wird dies etwa dann, wenn wie in Braunschweig die Präsentation seiner Werke von einer anderen Zeitzone bestimmt wird – die Öffnungszeiten des Kunstvereins wurden um sechs Stunden versetzt. Zahlreiche Werke Reuters nehmen ihren Ausgangspunkt in einem Stück Land in Los Angeles, das er 2010 im Zuge einer Ausstellung erwarb. Seither dient es als ein Atelierraum zwischen Fiktion und Wirklichkeit: Seine Lage an einer zwar stadtplanerisch vorgesehenen, aber noch nicht gebauten Straße sorgte beispielsweise dafür, dass ein von Reuter an sich selbst adressierter Brief mit dem Hinweis „no such street" an ihn zurückging. Auch weitere Objekte spielen mit der Vorstellung eines zugleich anwesenden und abwesenden Ortes, etwa ein weißer Teppich, der mit Staub und Straßendreck aus Los Angeles beschmutzt ist, oder ein kalifornischer Felsbrocken mit dem Titel *Gate* (2012), unter dem eine Plastiktüte samt geheimem Inhalt versteckt liegt. Die institutionskritische wie erzählerische Qualität, die diesen Arbeiten zukommt, prägt auch Reuters jüngste Installationen. Hierfür nutzt er verstärkt sowohl regionale als auch längst weltweit verfügbare Erzeugnisse und Materialien, die auf geografische und ökonomische Besonderheiten einzelner Orte verweisen: In Bronze gegossene Kakaofrüchte, für die Herstellung von Schiffspropellern verwendete Metallbarren, Marmor aus China, Glasfaserkabel, FedEx-Versandverpackungen und Schiffscontainer sind nur einige der Elemente, die von der Omnipräsenz eines globalen Austausches von Gütern, Technologien und Datenströmen erzählen und daran erinnern, dass der vermeintliche Fortschritt der Zivilisation eine nachhaltige Veränderung naturräumlicher und ideeller Strukturen mit sich bringt.

MR

Mandla Reuter (*1974 in Nqutu / Südafrika) studierte 1996–2002 an der Hochschule für Bildende Künste – Städelschule in Frankfurt am Main und schloss als Meisterschüler bei Ayşe Erkmen ab, 2000–2001 war er Studierender der Parsons School of Design, New York. 2012 erhielt er ein Projektstipendium der Stiftung Kunstfonds, Bonn, 2010 war er Artist in Residence des MAK Center for Art and Architecture, Los Angeles. Ausstellungen zuletzt u. a.: Galerie im Saalbau, Berlin (2019); MAK Center for Art and Architecture, Los Angeles (Solo, 2017); Stedelijk Museum voor Actuele Kunst, Gent (Solo, 2018); Haubrok Foundation, Berlin (2016), Istituto Svizzero di Roma (2016); Kunsthalle Wien (2015), Kunstverein Braunschweig (Solo, 2015); Badischer Kunstverein, Karlsruhe (Solo, 2014), Kunstmuseum Bonn (Solo, 2014), Kunsthalle Basel (Solo, 2013).

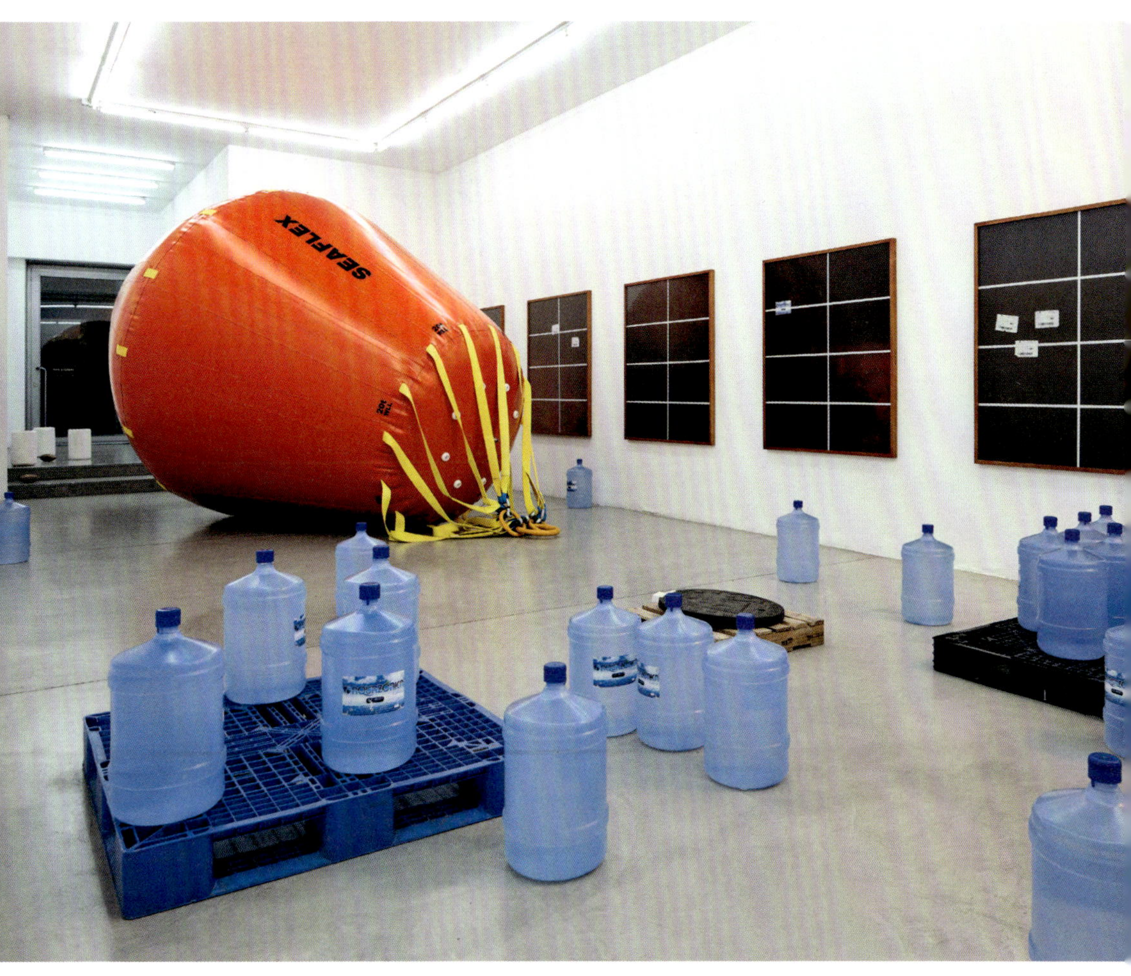

Mandla Reuter, *Pod*, 2017, feuerfester Ton, Bronze, weitere Materialien / refractory clay, bronze, other materials, 40 × 29 × 29 cm; *Atlantis*, 2016, PVC-beschichtetes Polyestergewebe, Metall, Holz / PVC coated polyester fabric, metal, wood, 300 × 550 × 300 cm (aufgeblasen / inflated); *Untitled I–VI*, 2017, Offsetdruck auf Papier, Aluminium, Gesso, Glas, Holz / offset print on paper, aluminum, gesso, glass, wood, je / each 152 × 136 cm; *The Grid*, 2015, Gusseisen, Kunststoff, Holz, Tafelwasser, weitere Materialien, Maße variabel / cast iron, plastic, wood, table water, other materials, dimensions variable, Ausstellungsansicht / exhibition view Francesca Minini, Mailand, 2017   133

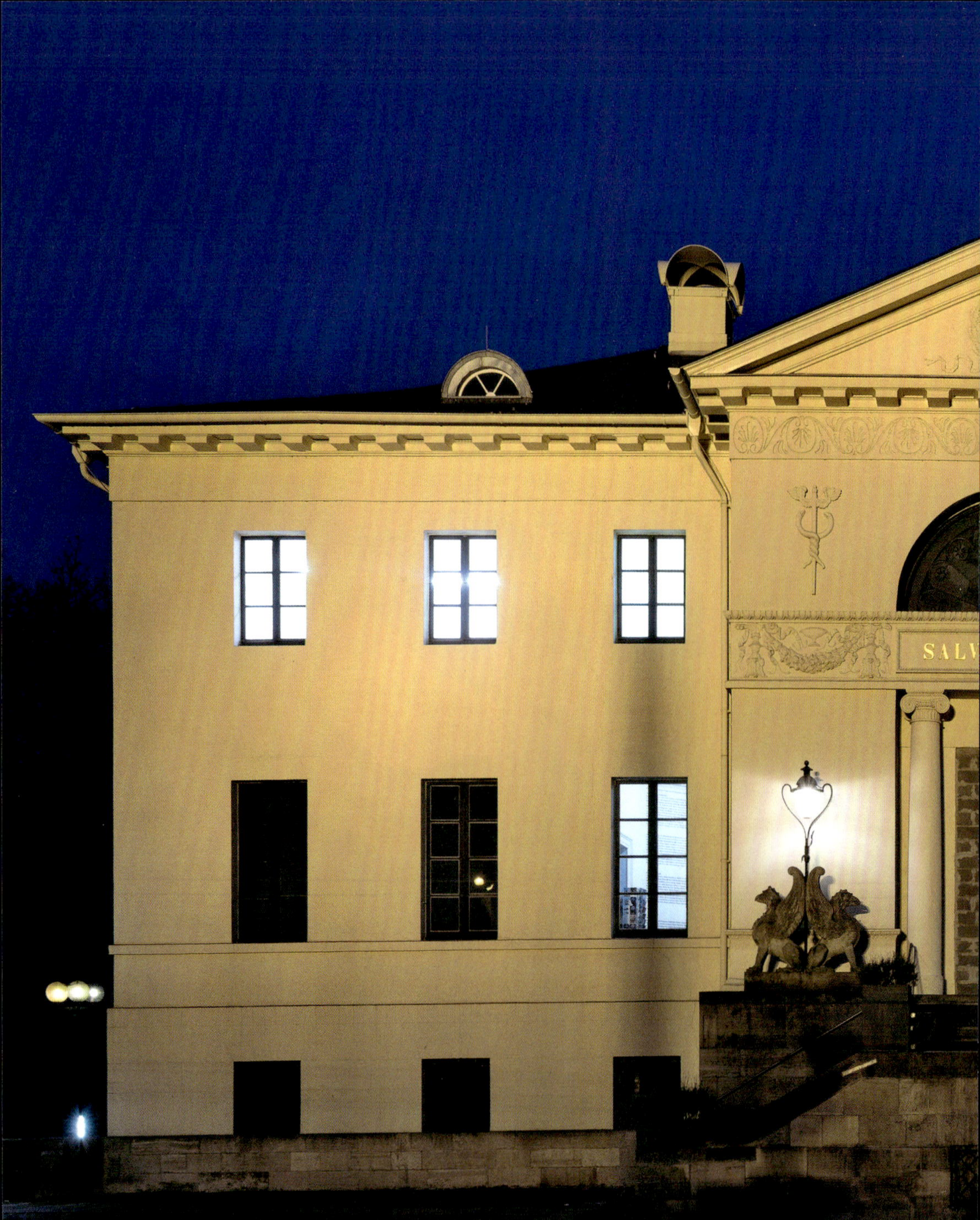
SALV

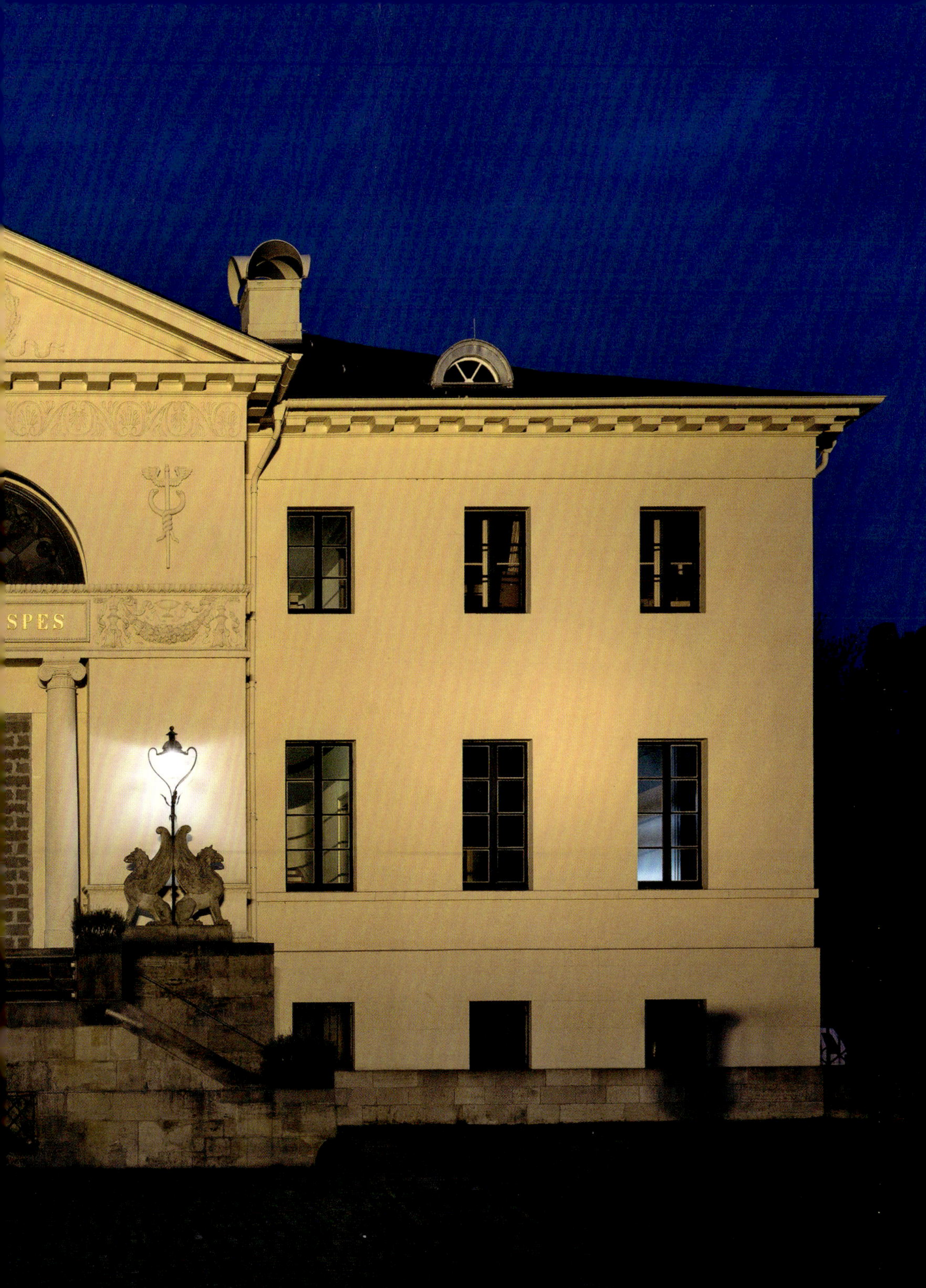

Mandla Reuter, *AEEHL OPSSSV*, 2015, Intervention, zugemauerter Eingang, offene Türen, Ziegel, Zement / intervention, bricked doorway, open doors, bricks, cement, Größe variabel / dimensions variable, Ausstellungsansicht / exhibition view *It's Not Late It's Early*, Kunstverein Braunschweig, 2015

Complex multipart installations that examine local infrastructures and establish unexpected inter-connections between disparate and far-flung locales are central to Mandla Reuter's oeuvre. He works with found architectural situations, altering them to call their conventional understanding and uses in question, as well as materials transferred from a variety of contexts that likewise insert their own dramaturgy into the gallery space. For his first solo show at Kunsthalle Lingen (2009), Reuter walled up its main entrance; would-be visitors found themselves shut out of the physical experience of the large hall's dimensions, gleaning no more than a glimpse of it through a letter slot in a door on the upper floor. As they arrived, a member of the Kunsthalle's staff entered the main gallery through the storage room and put on one of a large number of vinyl records – a private collection of the artist's that consisted exclusively of original Hollywood movie soundtracks. In this and other projects, Reuter has tested the power of staging – elsewhere, too, he modified given architectural settings in order to reroute familiar trajectories and create new areas for presentation. At Kunstverein Braunschweig (2015), for example, he again closed off the front entrance with a wall, leading visitors into the interior via the garden-side terrace. His interest in variations on the conventional exhibition situation has also been unmistakable when he manipulated the electric installations – at Kunsthalle Basel (2013), the lights in the galleries and other equipment were turned on and off at irregular intervals. By un-expectedly highlighting selected exhibits and the architecture around them or plunging them into darkness, Reuter questioned their ostensibly self-evident availability, accessibility, and functionality. In this sense, his interventions also aim to juxtapose different spaces of possibility and realities. That is particularly explicit when, as in Braunschweig, the presentation of his works is determined by a different time zone – the Kunst-verein's opening times were displaced by six hours. Many of Reuter's works are anchored by a piece of land in Los Angeles that he purchased in connection with an exhibition in 2010 and has since used as a studio space hovering between fiction and reality: its location on a street that is shown in planning maps but has not yet been built has been a source of whimsical anecdotes – a letter that Reuter addressed to himself was returned with the annotation "no such street." Other objects similarly toy with the notion of a place that is both there and nowhere, like a white rug grimy with the dust and dirt of Los Angeles's streets or *Gate* (2012), a boulder from California under which the artist buried a plastic bag, its contents a secret. The distinctive institutional critique these works articulate and their narrative quality inform Reuter's most recent installations as well, which show a shift toward regionally sourced products and materials as well as others that have long been available all over the world, all gesturing toward the geographic and eco-nomic particularities of selected places: cacao fruits cast in bronze, metal bars used to make ship propel-lers, Chinese marble, fiber optic cables, FedEx shipping boxes, and freight containers are only some of the elements that tell stories of the omnipresent global trade in goods, technologies, and data streams and remind us that what passes for the progress of civilization results in lasting changes to natural envi-ronments and the organization of our very ideas. MR

Mandla Reuter (b. Nqutu / South Africa, 1974) studied at the Academy of Fine Arts – Städelschule, Frankfurt am Main, from 1996 until 2002, graduating from Ayşe Erkmen's masterclass; in 2000–2001, he was a student at the Parsons School of Design, New York. He received a project fellowship of Stiftung Kunstfonds, Bonn, in 2012 and was an artist-in-residence at the MAK Center for Art and Architecture, Los Angeles, in 2010. Selected recent exhibitions: Galerie im Saalbau, Berlin (2019); MAK Center for Art and Architecture, Los Angeles (solo, 2017); Stedelijk Museum voor Actuele Kunst, Ghent (solo, 2018); Haubrok Foundation, Berlin (2016), Istituto Svizzero di Roma (2016); Kunsthalle Wien, Vienna (2015), Kunstverein Braunschweig (solo, 2015); Badischer Kunstverein, Karlsruhe (solo, 2014), Kunstmuseum Bonn (solo, 2014), Kunsthalle Basel (solo, 2013).

Mandla Reuter, *N Broadway*, 2013, modifizierte Raumbeleuchtung, chinesische Laternen, DMX-Controller / modified space lighting, Chinese lanterns, dmx controller, Größe variabel / dimensions variable; *Prospect 330 E Waldon Pl*, 2011, gerahmte chromogene Drucke / framed chromogenic prints, je / each 54 × 44 cm; *Lift*, 2013, Aufzugskabine, Bühnenelemente / elevator cabin, stage elements, 400 × 250 × 150 cm; *Cervino*, 2013, I-Träger / I-beams, Größe variabel / dimensions variable, Ausstellungsansicht / exhibition view Kunsthalle Basel, 2013

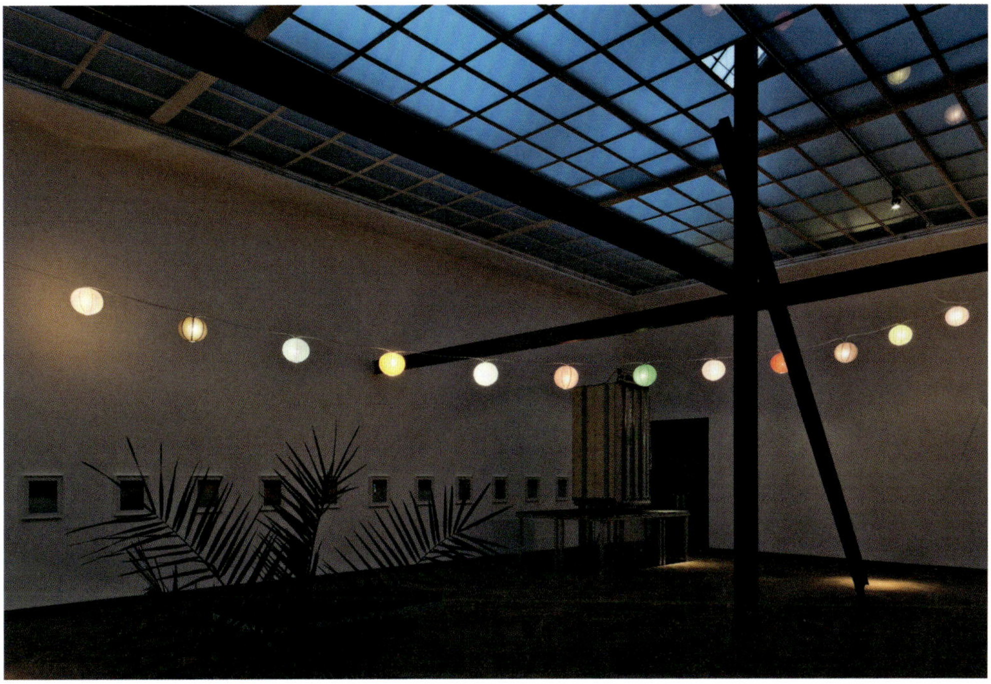

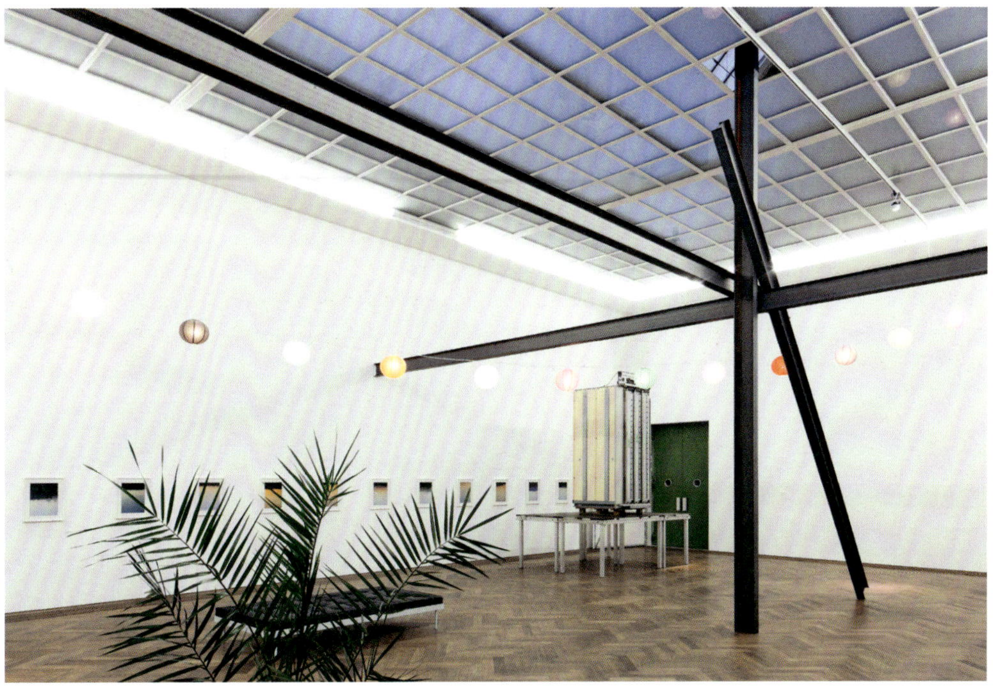

Padraig Robinson

Padraig Robinson setzt sich seit Beginn seiner künstlerischen Karriere damit auseinander, wie die Sichtbarkeit individueller Lebensweisen und zwischenmenschlicher Beziehungen – insbesondere in ihren queeren Formen – durch dominante Ökonomien des Bildes und des Erzählens geprägt wird. In seiner frühen Einzelausstellung *Fun, Friendship and Maybe More* (2009, Monster Truck Gallery, Dublin) verwies er darauf, wie Social-Media-Plattformen einer Selbstrepräsentation dienen, die durch die gezielte Moderation und Betonung einzelner, als attraktiv bewerteter Facetten bestimmt ist. Als Inschrift auf einer Marmorplatte präsentierte lebensfrohe Messages standen in Kontrast zu dem Suizid der jungen Frau, die die Sätze im sozialen Netzwerk Bebo veröffentlichte – und die dort in Kontakt mit diversen weiteren Teenagern gestanden hatte, die sich ebenfalls das Leben nahmen. Das zwiespältige Verhältnis zwischen öffentlicher und privater Identität thematisierte Robinson zusätzlich dadurch, dass er auf dem Flohmarkt gefundene Fotografien, die das verhaltene Urlaubsglück eines schwulen Paares aus dem Jahr 1979 zeigen, in den digitalen Raum von Bebo überführte, wo sie sich in überbordende Demonstrationen scheinbar unbeschwerter persönlicher Erlebnisse einreihten, bevor Robinson die Originale verbrannte. Die unsichtbaren Geschichten hinter Bildern wie diesen und die Frage, wie und mit welchen Rahmungen und Interpretationen versehen diese an die Öffentlichkeit gelangen, beschäftigen Robinson in zahlreichen weiteren Arbeiten. In seiner Ausstellung *228 Lashes* (2011, 126 Gallery, Galway / Irland) präsentierte er eine umfassende Recherche zum Umgang mit den 2005 veröffentlichten Berichten von der öffentlichen Auspeitschung und anschließenden Hinrichtung zweier Jugendlicher im Iran. In einem ausführlichen Essay, der Besucher*innen zur Mitnahme zur Verfügung stand, legt Robinson dar, wie sich ausgehend von der Annahme, dass die beiden 16 und 18 Jahre alten jungen Männer für homosexuelle Handlungen bestraft wurden, umfangreiche Proteste ebenso wie Gegendarstellungen entfalteten – verbunden mit politischen wie kommerziellen Agenden, die sich zunehmend vom Kerngeschehen entfernten und dieses instrumentalisierten. Seit 2011 konzentriert Robinson sich primär auf schriftliche Arbeiten, darunter experimentelle Künstler- und Drehbücher sowie Filme – Formate, die die Aufmerksamkeit des Publikums in lineare Bahnen lenken und zugleich populäre Unterhaltungsmedien darstellen, mit denen der Künstler von queerer Geschichte und ihren teils unbekannten (Anti-)Helden erzählt. Für die Publikation *6–9 Notes from the archive of Dan Kane* (2016) verfasste er fünf Essays, die er in Dialog mit Arbeiten des Berliner Fotografen Dan Kane stellte – seit 1985 entstandene männliche Aktdarstellungen, die fast ausschließlich darauf ausgelegt sind, klassische Konventionen des Genres zu unterlaufen. Robinson wählt verschiedene Ausgangspunkte und Positionen, um über die Bilder zu schreiben, und verdeutlicht so kunsthistorische, biografische, dokumentarische, philosophische und literarische Methoden, die bei ihrer Deutung zum Einsatz kommen können. Zusätzlich beleuchtet er in seinem Film *Parallel to States of …* (2016) das Potenzial unveröffentlichten Materials sowie den Rechercheprozess. Robinsons eigene Rolle als Forschender und als Subjekt in der Produktion neuer Perspektiven wird auch in seinem Buch *Gaze Against Imperialism* (2019) offengelegt: Ein längerer Essay eröffnet einen Weg durch das Irish Queer Archive und Robinsons Funde darin, die die Ausgangspunkte für acht Dialoge mit Cathal Kerrigan bilden, dem Universitätsbibliothekar und Mitbegründer der Lobbygruppe Gays Against Imperialism – Gespräche über Befreiungskämpfe und die Orte, an denen sie sich vollziehen, sowie die implizite Funktion von Bildern und Sprache.

MR

Padraig Robinson (*1985 in Athy / Irland) schloss seinen Bachelor in Skulptur an der Limerick School of Art and Design in Irland ab (2004–2008) und absolvierte 2013 seinen Master am Dutch Art Institute in Arnhem / Niederlande. 2019–2020 war er Stipendiat der Akademie Schloss Solitude, Stuttgart. Seine Recherchen wurden u. a. vom Arts Council of Ireland (2019) und vom Kildare County Council Arts Service, Irland (2014–2017) gefördert. Institutionelle Ausstellungen und Filmscreenings zuletzt: Kunstmuseum Stuttgart (2020); Flat Time House, London (2020); Irish Museum of Modern Art, Dublin (2019–2020); Process Festival, Riga (2018); École Nationale Supérieure d'Arts de Paris-Cergy (2015); Dutch Art Institute, Arnhem / Niederlande (2013).

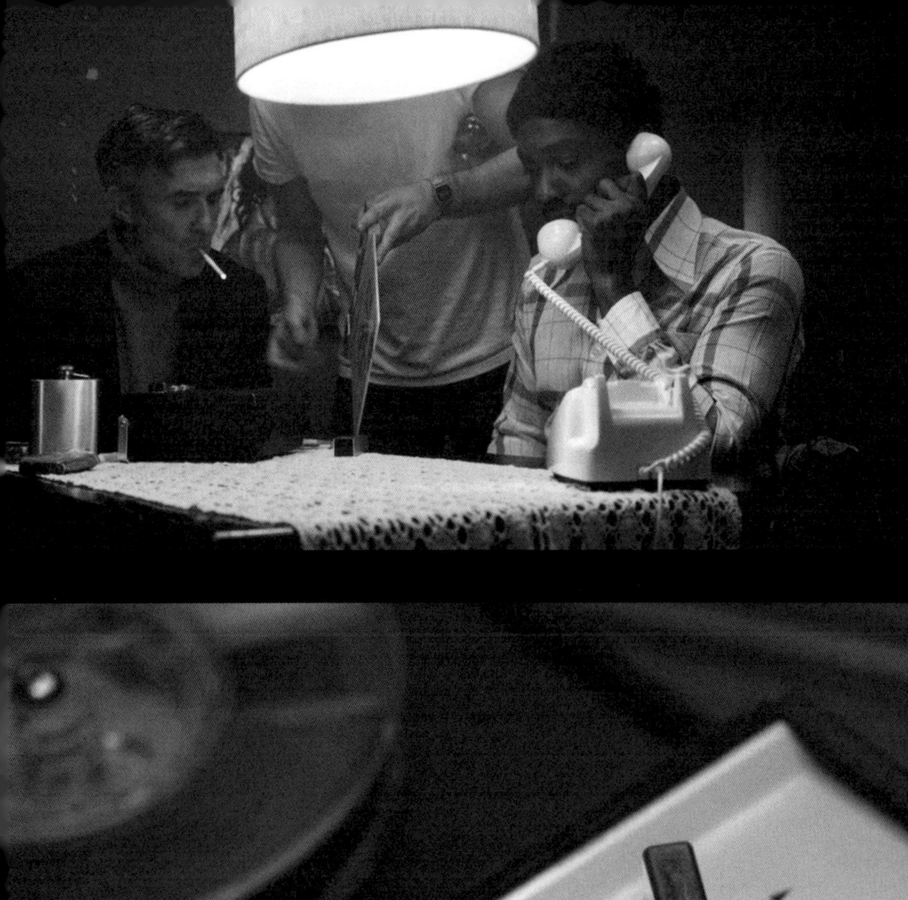

Padraig Robinson, *Masquerades of Research: Part I*, 2020, HD-Video, sw, Ton / HD video, b&w, sound, … min., Produktionsstill / production still; Filmstill / film still

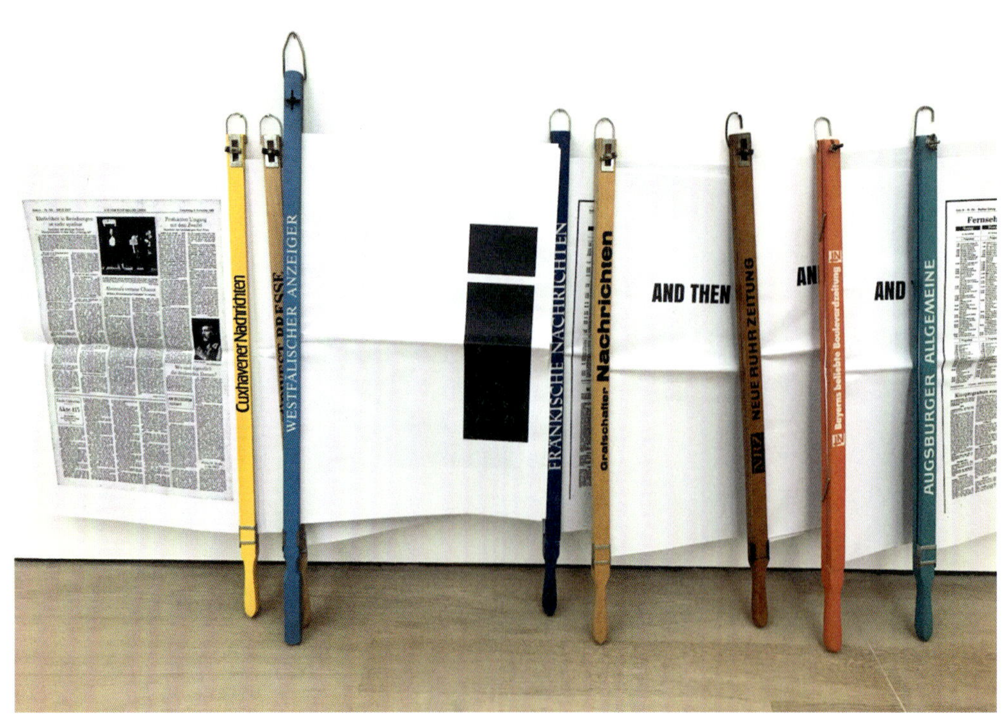

Padraig Robinson, *„And then he said yes"*, 2013, 24-seitige Broadsheet-Zeitungsvorlage, neu aufgelegt mit einer Sammlung von alten Zeitungshaltern deutscher Zeitungsverlage / 24-page broadsheet newspaper artwork reissued with a collection of vintage custom newspaper holders from German newspapers, Ausstellungsansicht / exhibition view Kunstmuseum Stuttgart, 2020–2021

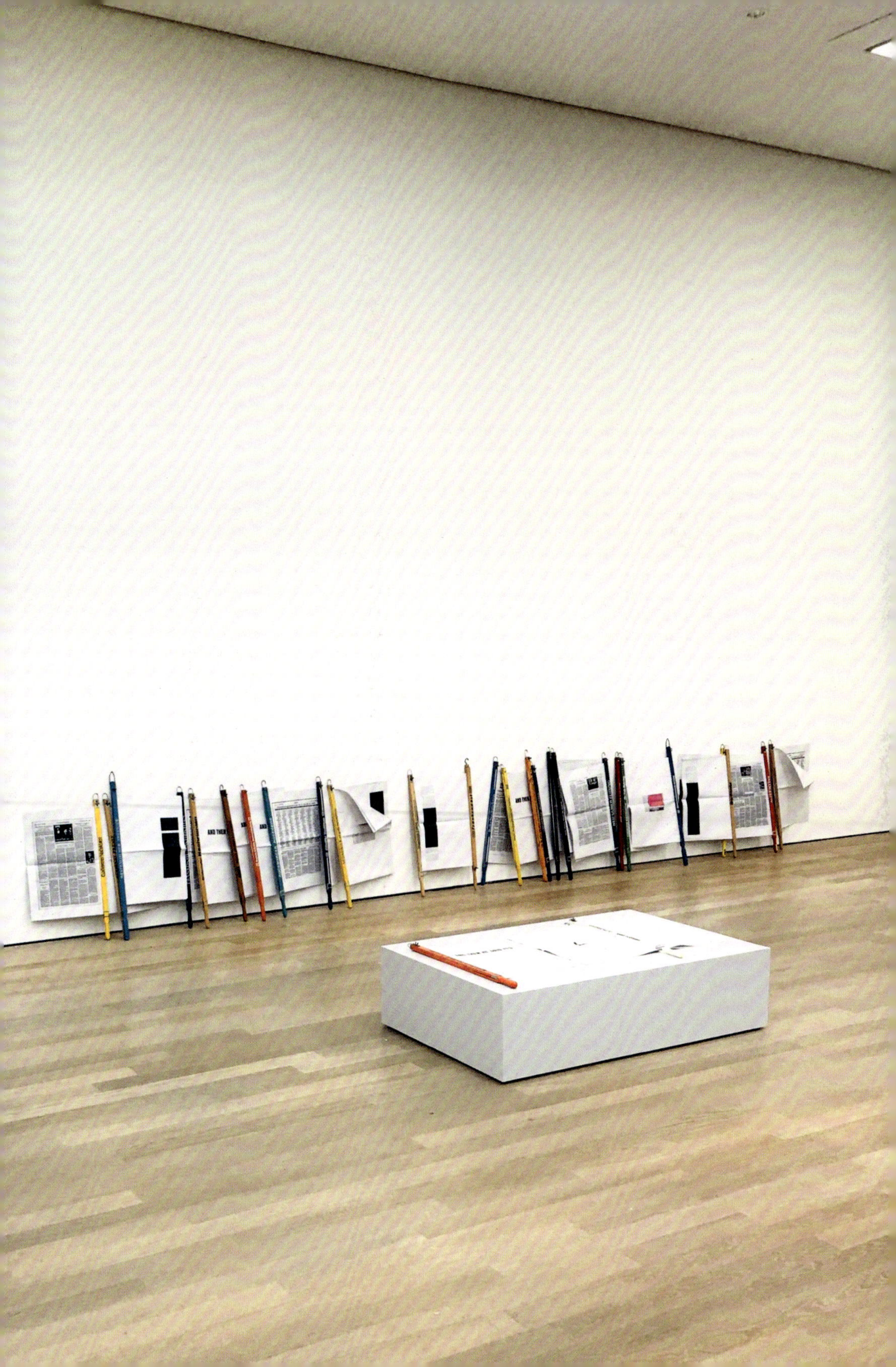

From the outset of his career as an artist, Padraig Robinson has examined the ways in which dominant visual and narrative economies inform the visibility of individual ways of life and interpersonal relationships, especially in their queer forms. His early solo exhibition *Fun, Friendship and Maybe More* (2009, Monster Truck Gallery, Dublin) shone a spotlight on how social media platforms underwrite a mode of self-presentation defined by the deliberate placement of and emphasis on selected facets rated as attractive. Messages carved into a marble slab that brimmed with joie de vivre stood in stark contrast to the suicide of the young woman who had posted them on the social network Bebo – where she had been in contact with other teenagers who likewise went on to take their own life. Further probing the ambivalent linkage between public and private identities, Robinson took photographs showing a gay couple's muted holiday pleasures in 1979 – a flea-market find – and transferred them into Bebo's digital realm, ranging them among the exuberant displays of seemingly carefree personal experiences, before burning the originals. The invisible stories behind pictures like these and the question of how they are framed and interpreted for public consumption are an ongoing concern in many of Robinson's works. In his exhibition *228 Lashes* (2011, 126 Gallery, Galway / Ireland), he laid out his extensive research into the repercussions of the 2005 news reports that two teenagers in Iran had been publicly lashed and then put to death. In an extensive essay – visitors to the show were encouraged to take a copy – Robinson shows how the assumption that the two young men, aged sixteen and eighteen, were punished for homosexual acts prompted widespread protests as well as counter-reports; these responses were fueled by and fed into political as well as commercial agendas that became increasingly detached from the factual core of the episode thus molding the story to their own purposes. Since 2011, Robinson has mostly focused on writing; his output has included experimental artists' books and scripts as well as films – linear, popular entertainment formats that guide the audience's attention and let the artist relate episodes from queer history, portraying its sometimes obscure (anti-)heroes. For the publication *6–9 Notes from the archive of Dan Kane* (2016), he penned five essays that appear in dialogue with the work of the Berlin-based photographer Dan Kane – male nudes created since 1985 whose defining objective is almost always to undercut classic conventions of the genre. Robinson writes about the pictures from different standpoints and perspectives, demonstrating the various art-historical, biographical, documentary, philosophical, and literary methods that may be employed in their interpretation. The project is complemented by the film *Parallel to States of …* (2016), which sheds light on the potentials of unpublished material and the research process. Robinson's own role as a researcher and subject involved in the production of fresh perspectives is also on display in the book *Gaze Against Imperialism* (2019): an extended essay charts a path through the Irish Queer Archive and Robinson's findings among its holdings, which serve as the points of departure for eight dialogues with the university librarian Cathal Kerrigan, a cofounder of the advocacy group Gays Against Imperialism – conversations about struggles for liberation and the places where they are taking place as well as the implicit functions of images and words.   MR

Padraig Robinson (b Athy / Ireland, 1985) completed the B.A. program in sculpture at the Limerick School of Art and Design, Ireland (2004–2008), and received an M.A. from the Dutch Art Institute, Arnhem / Netherlands, in 2013. He was a fellow of Akademie Schloss Solitude, Stuttgart, in 2019–2020. His research has been supported by the Arts Council of Ireland (2019) and the Kildare County Council Arts Service, Ireland (2014–2017). Selected recent institutional exhibitions and film screenings: Kunstmuseum Stuttgart (2020); Flat Time House, London (2020); Irish Museum of Modern Art, Dublin (2019–2020); Process Festival, Riga (2018); École Nationale Supérieure d'Arts de Paris-Cergy (2015).

Padraig Robinson, *Gaze Against Imperialism*, 2019, Publikation / publication; *Rubber Table*, 2019, Lesetisch / reading table, Ausstellungsansicht / exhibition view Irish Museum of Modern Art, Dublin, 2019–2020

Gaze Against Imperialism, 2019, Publikation / publication (Buchcover-Design / book cover design: Yin Yin Wong), 168 Seiten / pages, 21 × 14 × 1 cm, Metaflux Publishing 2019

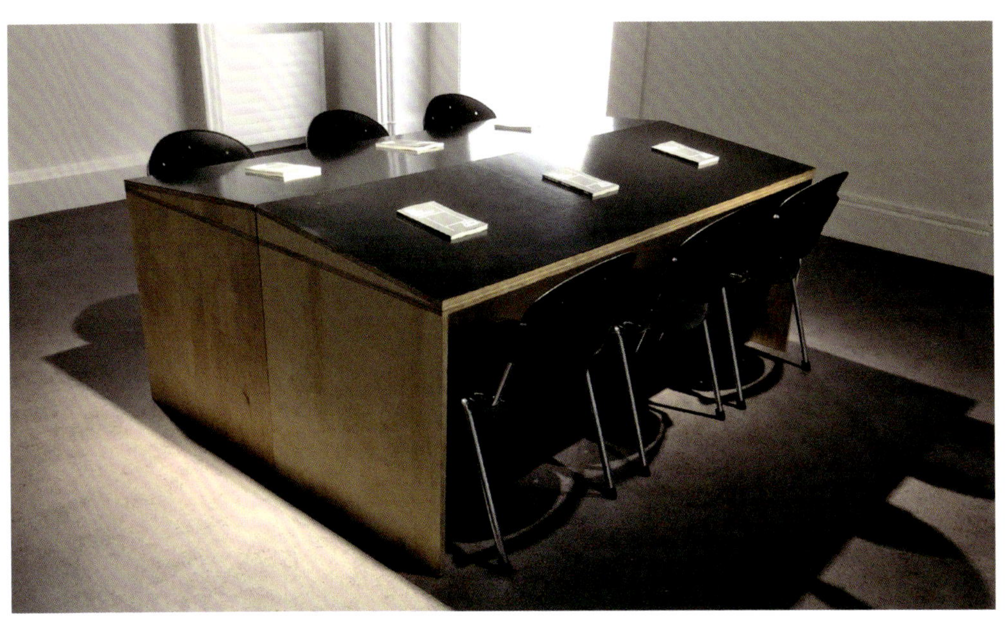

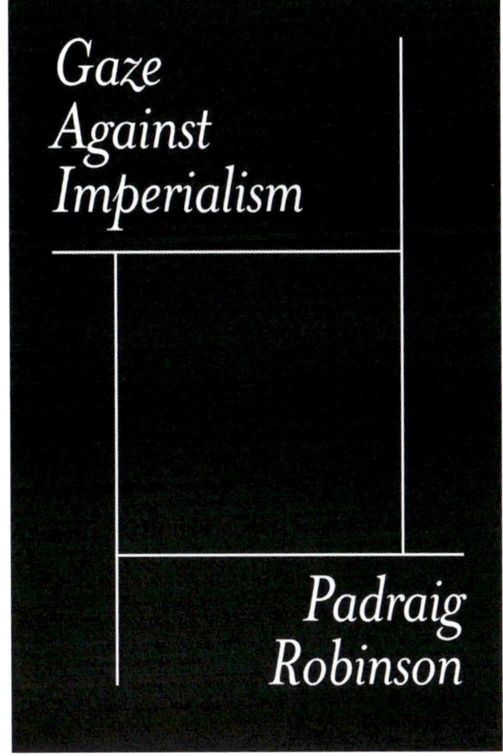
Gaze
Against
Imperialism
Padraig
Robinson

Setareh Shahbazi

Setareh Shahbazi widmet sich in ihrem Werk der Dekonstruktion von gefundenen, zumeist fotografischen Bildern, die sie mithilfe digitaler Verfahren seziert, abstrahiert und in neue Konstellationen überführt. Dabei bewahrt sie einerseits grundlegende, potentiell narrative Elemente des Ausgangsmaterials, etwa zentrale Figuren, Formen und Perspektiven; zugleich hinterfragt sie mit Verfremdungseffekten deren dokumentarische Qualitäten und lenkt die Aufmerksamkeit auf den Prozess der Bildproduktion selbst. Nicht zuletzt konfrontiert Shahbazi die Betrachter*innen ihrer Werke mit deren Bedürfnis nach einer eindeutigen Erzählung in den Aufnahmen, dem sie das Bild als eine von vielschichtigen Kontexten abhängige Projektionsfläche entgegensetzt. In ihrer frühen Werkreihe *Oh, no, no … – The Crystal Series* (2004) verwendete sie Fotografien aus dem Archiv der Arab Image Foundation, die sie in digitale Zeichnungen sowie räumliche Installationen übertrug. Die gezeigten Personen, Objekte und Orte wurden dabei flächig, mit klaren Umrissen skizziert, von Hintergründen befreit und in gedeckte Pastelltöne gesetzt. Architekturen und Tierdarstellungen werden so als symbolische Formen hervorgehoben; Bilder von Personen und Landschaften entziehen sich kulturräumlichen Zuordnungen. Von 2009 bis 2013 arbeitete Shahbazi mit einem umfangreichen Fundus von Familienfotos, die jedoch weniger als Ausdruck einer individuellen Historie, sondern vielmehr als eine Auseinandersetzung mit Erinnerungs- und Interpretationsräumen präsentiert werden. Shahbazi scannte die Aufnahmen ein, überlagerte und kombinierte einzelne Elemente und verlieh auch diesen Bildern eine ganz eigene, diesmal psychedelisch anmutende Farbigkeit. Das Resultat sind halluzinatorische, unter dem Titel *Spectral Days* (2013) vorgestellte Szenen, die von zahlreichen Bildebenen geprägt sind und über ihre Verbindung zur Realität rätseln lassen. Mit ihnen sowie einer begleitenden, in Zusammenarbeit mit Mirene Arsanios entstandenen Publikation hinterfragt Shahbazi die Fähigkeit des Mediums Fotografie, Zeugnis von der Vergangenheit abzulegen und verleiht stattdessen einem multiperspektivischen Blick Ausdruck, der zahlreiche Personen, Orte und Zeiten miteinander in Verbindung bringt. Einem ähnlichen Ansatz folgt die Serie *Something Always Falls* (2015/2016), in der Shahbazi Fotografien vereint, die zwischen 2006 und 2013 in Beirut und Kairo aufgenommen wurden. Persönlicher Referenzpunkt der Werke sind zwei schwere Unfälle und die damit einhergehenden Verletzungen, die der Künstlerin in dieser Zeit widerfuhren. Die einschneidenden Ereignisse werden aber nicht linear auserzählt, vielmehr sind die Umstände, die dazu führten, auf subtile, assoziativ-malerische Weise in die Bilder eingeschrieben. In der raumgreifenden Installation *ANTEDOOM* (2017/2018) dagegen setzt Shahbazi sich umso eindringlicher mit dem Thema Verletzlichkeit auseinander. Das Setting ist an einen MRT-Untersuchungsraum angelehnt, zwei große, comicartige Augen an der Wand versinnbildlichen das beobachtende Durchleuchten des Körpers. Auf hier integrierten Monitoren blitzen den Betrachter*innen leuchtende Farbflächen sowie von Shahbazi arrangierte medizinische Darstellungen und Nachrichtenfotos von Politiker*innen entgegen. Das angespannte Warten auf eine ärztliche Diagnose wird in Bezug gesetzt zur Brutalität, die Zuschauer*innen täglich in den Medien entgegentritt. Es sind solche Formen des Ausgeliefertseins, speziell in Form des Blicks oder Gewaltgeschehens von außen, denen Shahbazis Aneignung und Umdeutung von Bildern begegnen Perspektivwechsel und Übersetzungen, die Entfremdungs- und Transformationsprozesse sichtbar machen.

MR

Setareh Shahbazi (*1978 in Teheran) studierte Szenografie (1997–2000) sowie Medienkunst an der Staatlichen Hochschule für Gestaltung, Karlsruhe (HfG, 2000–2003). Sie erhielt u. a. Stipendien der Stiftung Kunstfonds, Bonn (2011) sowie der Villa Romana, Florenz (2011), und war 2015 für den Abraaj Group Art Prize nominiert. Sie veröffentlichte drei Künstlerinnenbücher: *Spectral Days* (2012), *Gravity* (mit Mirene Arsanios, 2011) und *Oh, no, no … – The Crystal Series* (2004). Shahbazi leitete u. a. Workshops an der Artissima Experimental Academy, Turin (2019), und an der HfG Karlsruhe (2018). Ausstellungen zuletzt u. a.: Depo, Istanbul (2019); Goethe Pop Up Minneapolis (2019); Nottingham Contemporary (2017); Sharjah-Biennale (2017); Kunsthaus Wien (2015); Kadist, Paris (2012); 98 weeks Project Space, Beirut (Solo, 2010); Beirut Art Center (2011).

 Setareh Shahbazi, *ANTEDOOM (Express Animation)*, 2018, Pigmentdruck / pigmented ink print, 100 × 70 cm

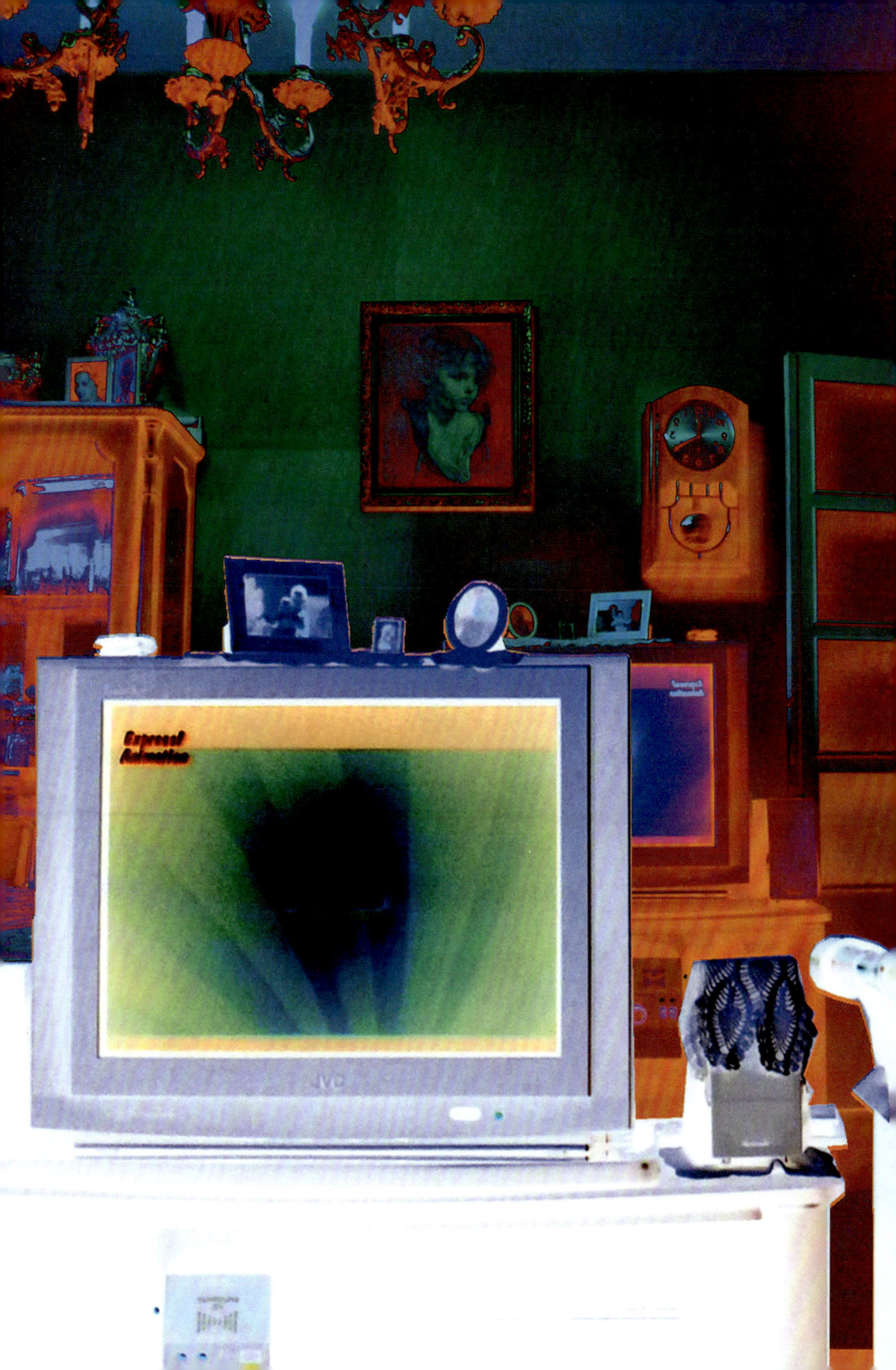
Expresef Animation

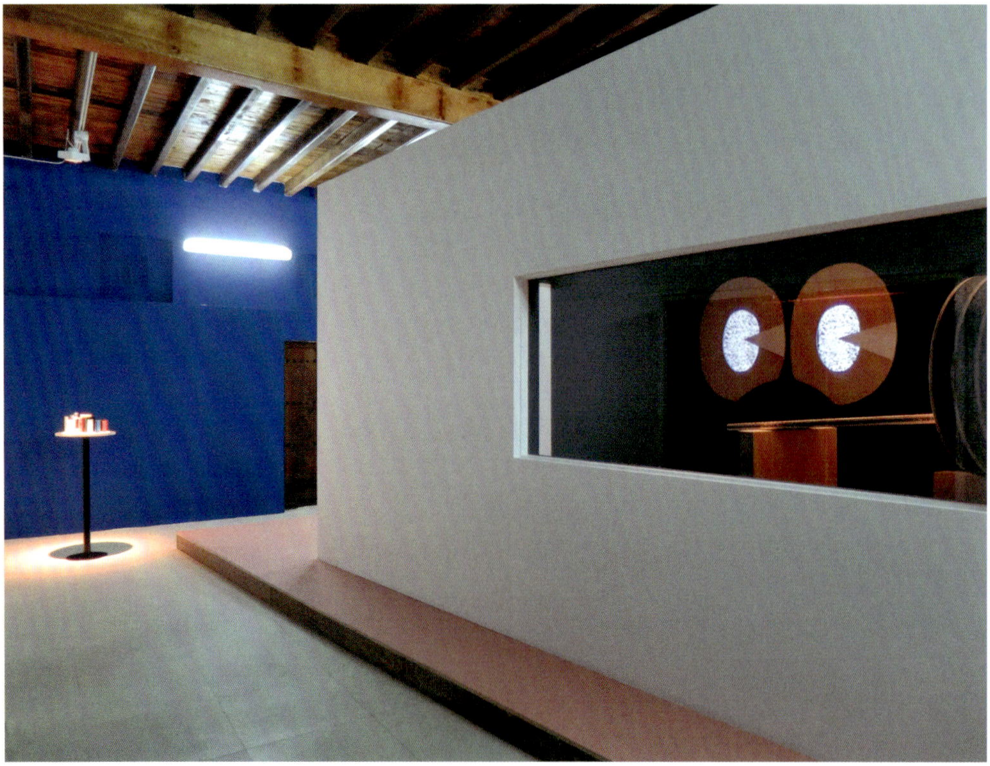

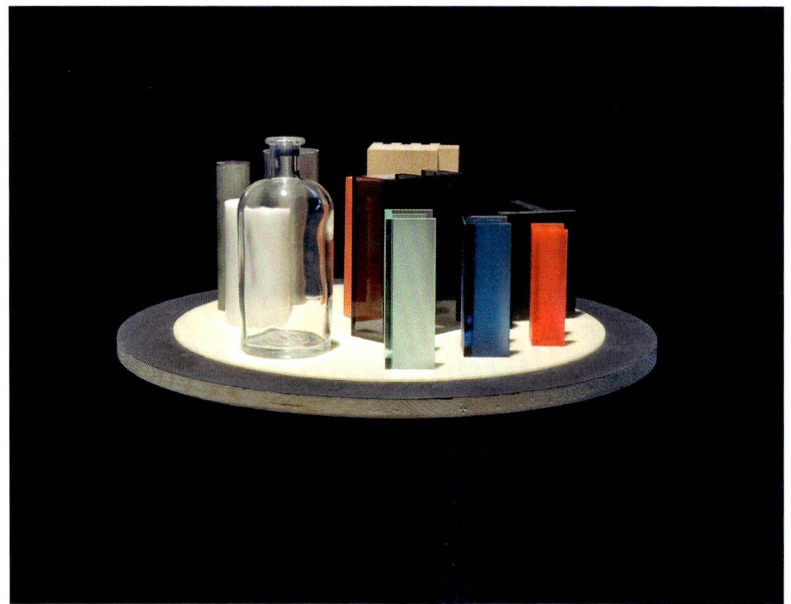

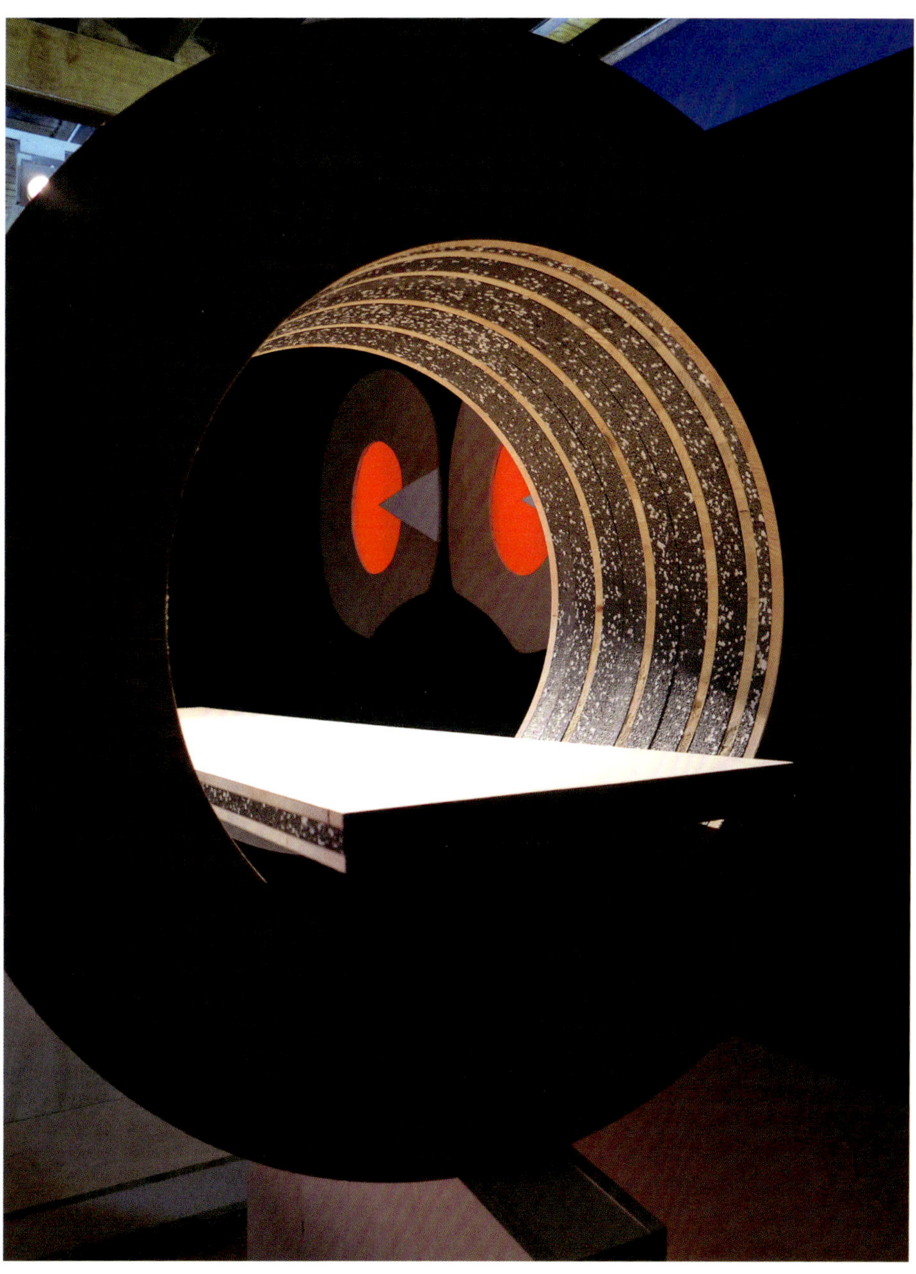

Setareh Shahbazi, *ANTEDOOM*, 2017, Multimedia-Installation / multimedia installation (Text / writing: Mirene Arsanios), Ausstellungsansicht / exhibition view Sharjah Biennial, 2017

Setareh Shahbazi's practice is dedicated to a deconstruction of found images, in most instances photographs, which she dissects, abstracts, and transposes into new constellations using digital techniques. While preserving essential and potentially narrative elements in the source material such as central figures, shapes, and perspectives, she employs effects of defamiliarization to interrogate their documentary qualities and draw our attention to the process of image-making as such. In this manner, Shahbazi's work also confronts the beholders' need for pictures to tell univocal stories with a trenchant exposition of the image as a projection screen informed by complex contextual parameters. In an early body of work titled *Oh, no, no … – The Crystal Series* (2004), she used photographs from the archives of the Arab Image Foundation, which she translated into digital drawings and three-dimensional installations. Knocking out the backgrounds, she sketched the persons, objects, and places from the pictures in flat fields of muted pastel tones with crisp outlines. The series highlights architectures and representations of animals as symbolic forms; depictions of individuals and landscapes elude definitive association with a particular cultural context. Between 2009 and 2013, Shahbazi worked with an extensive collection of family photographs, which figure in her work less as documents of an individual history than as reflections of an engagement with spaces of recollection and interpretation. Shahbazi scanned the shots, superimposed and combined selected elements, and once again recast the images in a distinctive palette, now dominated by psychedelic hues. Presented under the title *Spectral Days* (2013), the results are hallucinatory scenes characterized by a multiplicity of visual planes whose link to reality remains enigmatic. In these works as well as the accompanying publication, for which she collaborated with Mirene Arsanios, Shahbazi questions the photographic medium's capacity as a witness to the past, articulating an alternative perspective in which an integration of multiple angles of view brings out interconnections between numerous people, places, and points in time. A similar approach underlies the series *Something Always Falls* (2015/2016), for which Shahbazi gathered photographs taken in Beirut and Cairo between 2006 and 2013. The personal reference point for the works are two accidents the artist had during this period and the injuries she sustained. Yet rather than relating these profoundly affecting experiences in full and in linear fashion, the artist encoded associations around the circumstances that led to them in the painterly execution of the pictures. In the expansive installation *ANTEDOOM* (2017/2018), by contrast, Shahbazi grapples all the more insistently with the theme of vulnerability. The setting is loosely based on an MRI exam room, with two large cartoonish eyes on the wall emblematizing the clinical precision with which the body's interior is scanned. Luminous color fields and medical representations as well as news photographs of politicians arranged by Shahbazi flash up before the viewers' eyes on screens integrated into the ensemble. The work connects the tense wait for the physician who will announce the diagnosis to the brutality the public encounters in the media on a daily basis. It is such forms of helplessness – in particular, of being exposed to an outside gaze or source of violence – that Shahbazi's appropriation and reinterpretation of images are designed to counter: shifts of perspective and translations that uncover processes of alienation and transformation.   MR

Setareh Shahbazi (b. Tehran, 1978) studied scenography (1997–2000) and media art at the Karlsruhe University of Arts and Design (2000–2003). She won a number of fellowships, including from Stiftung Kunstfonds, Bonn (2011), and Villa Romana, Florence (2011), and was a nominee for the 2015 Abraaj Group Art Prize. She has published three artist's books: *Spectral Days* (2012), *Gravity* (with Mirene Arsanios, 2011), and *Oh, no, no … – The Crystal Series* (2004). Shahbazi has led workshops at schools including the Artissima Experimental Academy, Turin (2019), and the Karlsruhe University of Arts and Design (2018). Selected recent exhibitions: Depo, Istanbul (2019); Goethe Pop Up Minneapolis (2019); Nottingham Contemporary (2017); Sharjah Biennial (2017); Kunsthaus Wien, Vienna (2015); Kadist, Paris (2012); 98 weeks Project Space, Beirut (solo, 2010); Beirut Art Center (2011).

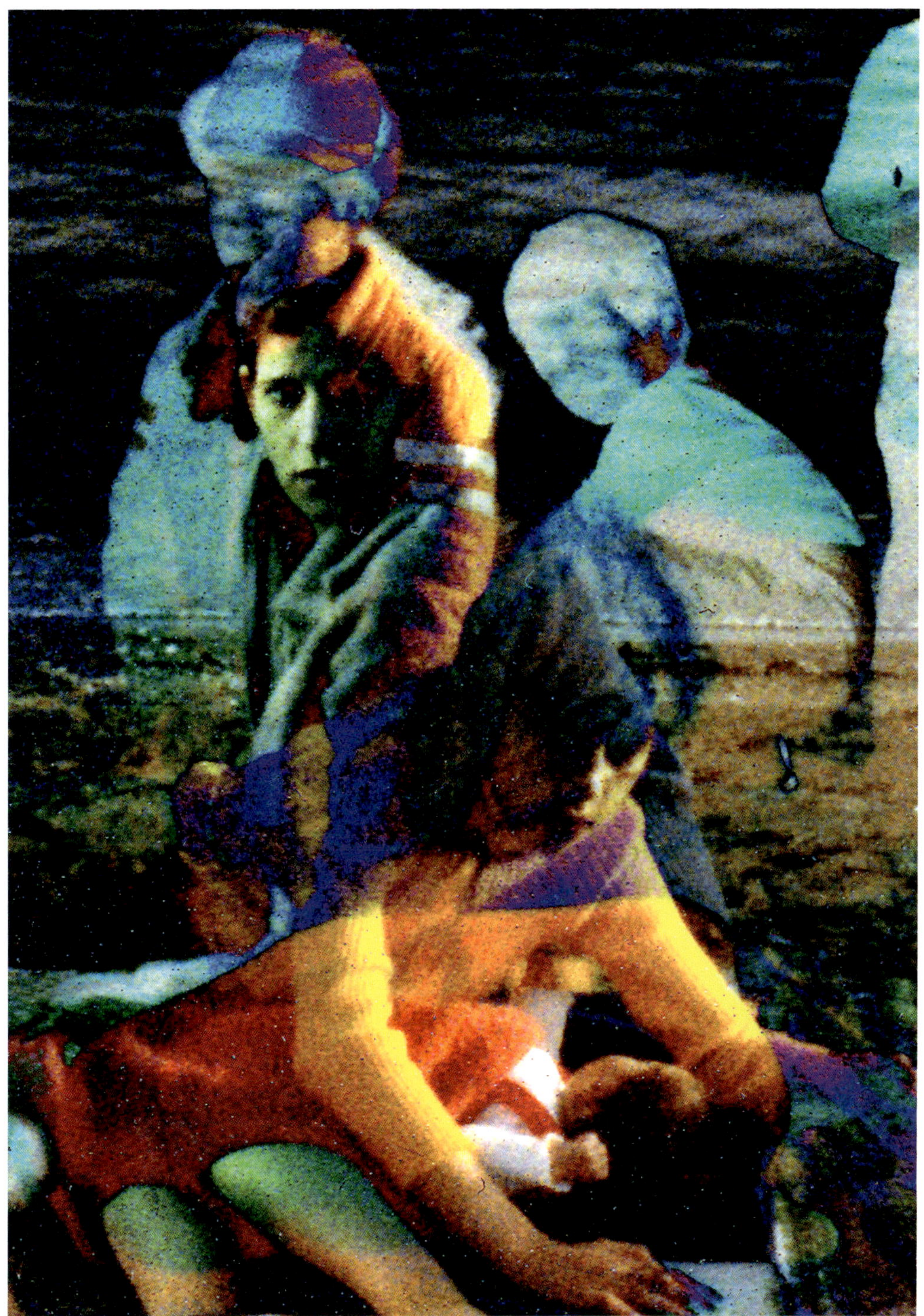

Setareh Shahbazi, *Spectral Days (#11)*, 2013, C-print / c-print, 85 × 60 cm

Paweł Sochacki

Die Bilder von Paweł Sochacki kommentieren gesellschaftliche Werteverhältnisse und Identitätspolitiken anhand sorgsam komponierter Situationen. Er nutzt malerische und teils auch performative Mittel zur Auslotung der Frage, wie autoritäre Sprach-, Zeichen- und Deutungssysteme auf die Wahrnehmung wirken, und konfrontiert das Publikum mit den Irrwegen und Präkonzeptionen der eigenen Meinungsbildung. Die oft unbekümmert wirkende malerische Ausführung seiner Bilder nimmt dabei surreale bis karikaturhafte zeichnerische Züge an; Figuration, Abstraktion und Illustration stehen als gleichwertige Kompositionsformen nebeneinander und hinterfragen tradierte kunsthistorische Kategorien. Das Ölgemälde mit dem Schriftzug „We are human / no nationality" (*Smoking Kills*, 2015) zeigt (Stoff-)Tiere in einer Picknickrunde und erinnert sowohl an den Arkadien-Topos harmonischer Landschaftsbilder als auch an das satirische Potenzial von Tierfabeln. Der Humor und die implizite Kritik von Sochackis Werk sind in der Ambiguität zwischen den spielzeugähnlichen Charakteren und ihrem menschlichen Verhalten angelegt – hier dem Verweis auf den Begriff der „Nationalität" und dem ebenso ein- wie ausschließenden Pronomen „We" (Wir). Unter dem spöttischen Titel des Ölbildes *Fire Department* (2018) skizziert Sochacki wiederum ein vierbeiniges Wesen – Pferdekörper, Löwenschwanz, anthropomorphes Gesicht – mit Flammen in der Brust und einem Wassertropfen, der vom Schwanz der Chimäre auf ein fragiles Gewächs herabtropft. Der menschengemachte Klimawandel – befeuert im Kreislauf von Zerstörung, institutioneller Ohnmacht und kapitalistischer Schuldabwälzung – ist nur eine der Assoziationen, die sich bei der Betrachtung der Szene anbieten. Andere Werke erscheinen wie Pamphlete über die ausbeuterischen Mechanismen der geltenden Weltordnung (*being hungry is a human right*, 2015) oder stellen den wohligen Rückzug ins Private zur Schau (*Shelf of Democracy*, 2015). Sochackis Bildwelten scheuen nicht vor klischeehaften Motiven, abgegriffenen Symbolen, einer Ästhetik des Kitschs und der Verniedlichung zurück. Die Betrachter*innen sehen sich unwillkürlich veranlasst, nach Verbindungen zwischen dem Abgebildeten und gesellschaftlichen Fragestellungen zu suchen. Indem Sochacki scheinbar bekannte Charaktere und Situationen zu neuen Bildwelten zusammenführt, verweigert er jedoch einen klaren Kurzschluss von Darstellung und Bedeutung und verleitet seine Betrachter*innen in die Sphäre freier Spekulation, die ihren jeweiligen Meinungshorizont widerspiegeln. Der Eingriff in den gängigen Akt der Bildbetrachtung steht für Sochacki auch als performative Möglichkeit im Raum: In einer Einzelausstellung in der Exile Gallery in Berlin (*Epistemic Heartbreak*, 2015) betrat ein dem Anschein nach obdachloser Mann in einem abgerissenen Anzug, mit verstörendem Körpergeruch und Taschen voller Pfandflaschen den Galerieraum. Er legte sich in eine schaumwassergefüllte Badewanne im hinteren Raum, bevor er im Bademantel die Gäste der Ausstellung dazu aufforderte, die Galerie zu verlassen. Das Werk mit dem Titel *Epistemic Heartbreak, Lecture* (2015) verstand sich als direkte Provokation des Galeriepublikums, basierend auf Sochackis Vermutung, dass dessen Scharfsinn und kritisches Kalkül im zeitgenössischen Kunstsystem des „anything goes" abgestumpft ist. Der Künstler erhebt die Figur des gesellschaftlich marginalisierten Außenseiters zum Protagonisten und destabilisiert so das gewöhnliche Verhältnis zwischen Autor*in, Betrachter*in und Kunstwerk – in einer zwiespältigen Satire. KH

Paweł Sochacki (*1983 in Krakau) studierte an der Hochschule für bildende Künste in Hamburg (2005–2011). Er wurde mit mehreren Stipendien ausgezeichnet, u. a. von Global Forest, St. Georgen (2019), der Günther-Peill-Stiftung, Düren (2016), und dem Künstlerhaus Lauenburg (2014). Sochacki ist Mitgründer und Geschäftsführer des 2018 eingeführten Berliner Straßenmagazins *Arts of the Working Class*. 2014 gründete er mit der Künstlerin Ying Le die Teekunst-Gruppe Thirsty Moon. Seine Werke wurden zuletzt u. a. gezeigt: Ningbo Museum of Art, Zhejiang / China (Solo, 2019); Conceptual Fine Arts, Mailand (Solo, 2019); Austrian Cultural Forum London (2018; 2015–2016); Leopold-Hoesch-Museum, Düren (Solo, 2018); Benzene, Hamburg (Solo, 2018).

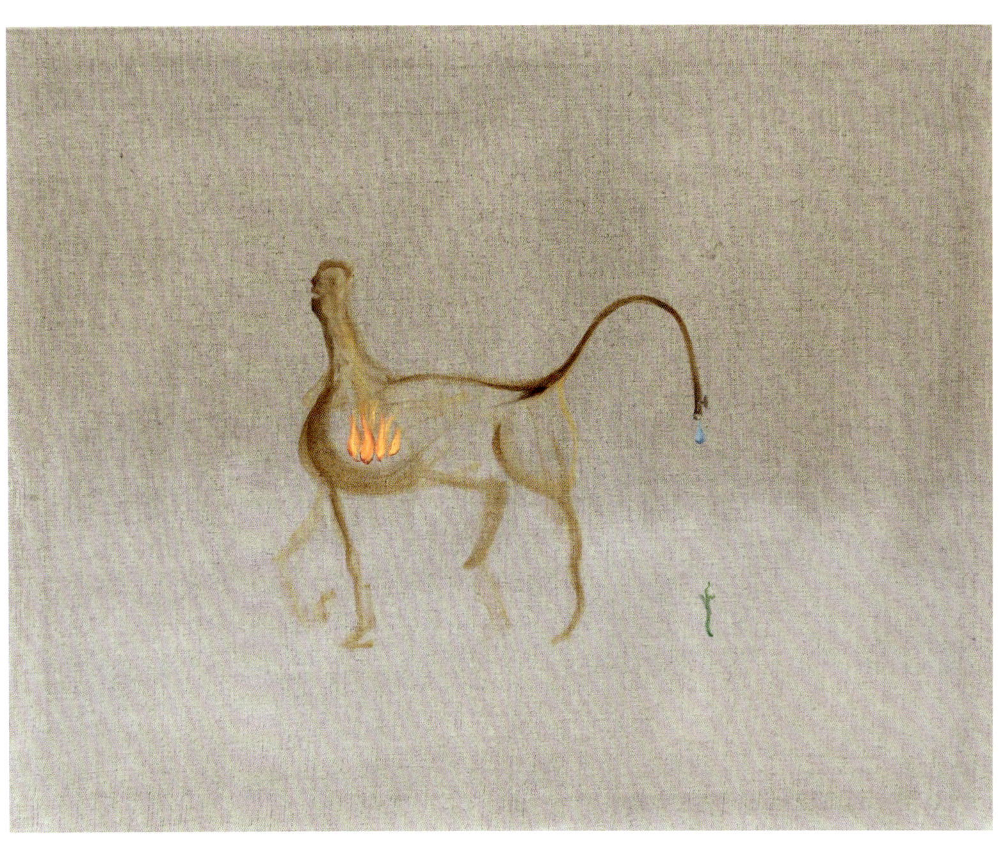

Paweł Sochacki, *Feuerwehr / Fire Department*, 2018, Gemälde, Öl auf Leinen / painting, oil on linen,
60 × 75 cm

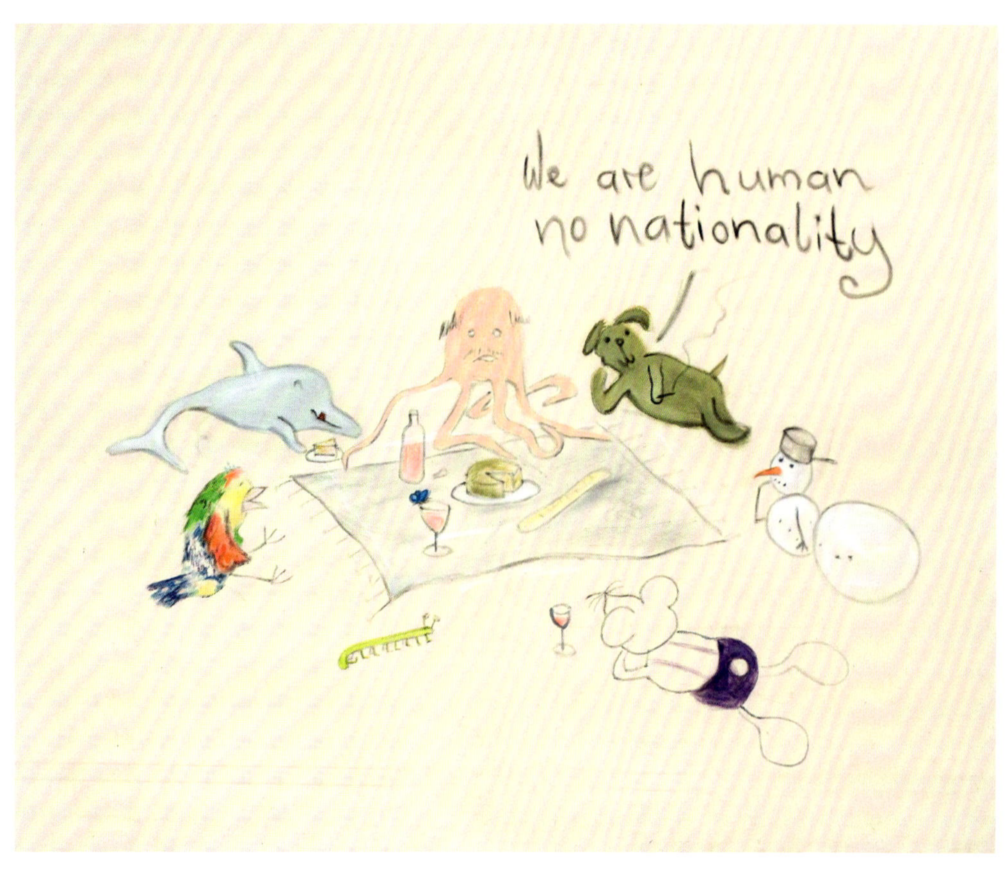

Paweł Sochacki, *Smoking Kills*, 2015, Gemälde, Öl auf Leinwand / painting, oil on canvas, 140 × 170 cm

 Shelf of Democracy, 2015, gefundene Objekte auf Metallregal / found objects on metal shelf, 190 × 80 × 30 cm

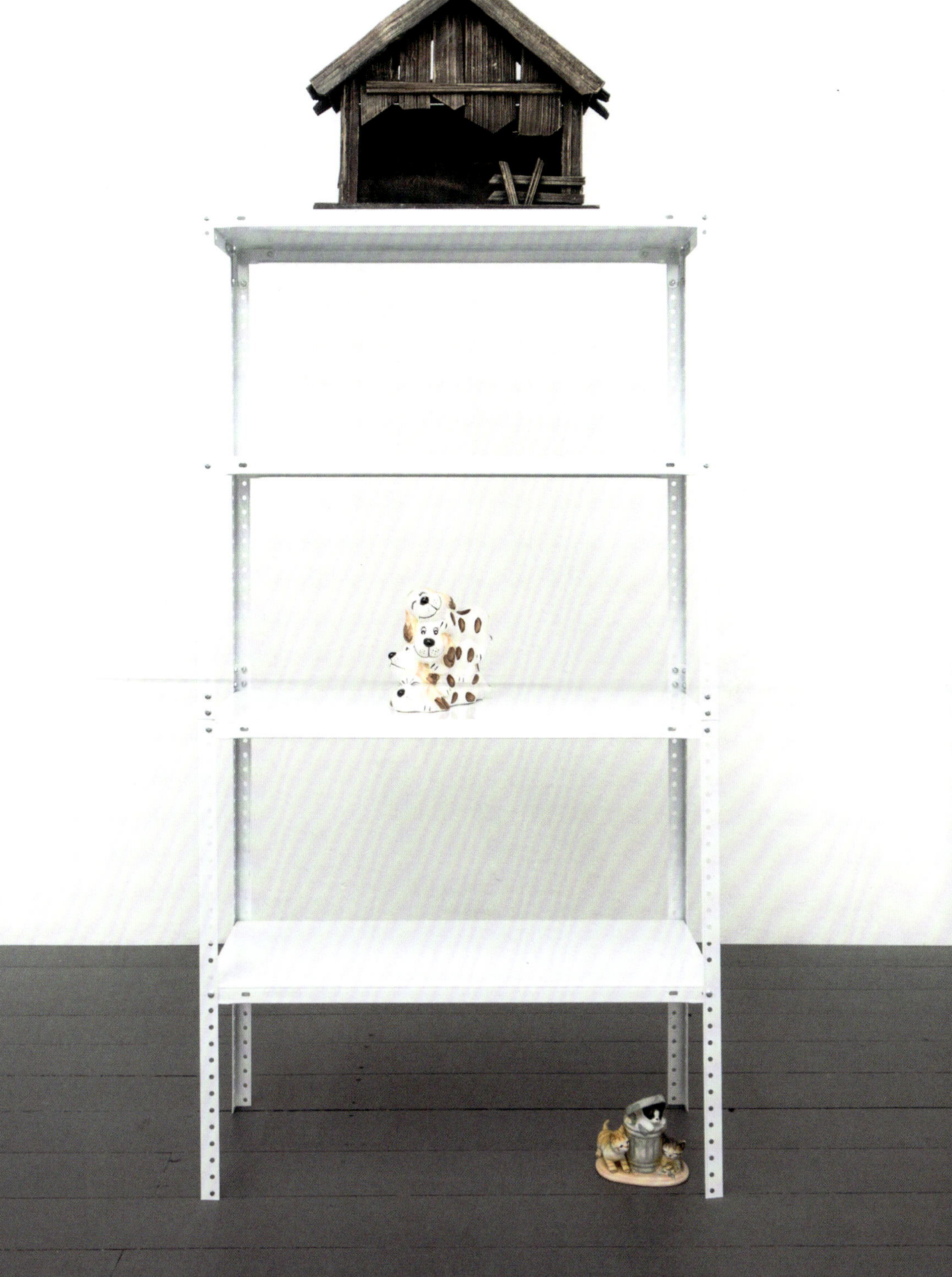

Paul Sochacki's pictures present meticulously composed situations that encapsulate observations on social value relations and identity politics. He harnesses the means of painting and, on occasion, of performance to probe the question of how authoritarian linguistic, symbolic, and interpretive systems affect one's perceptions, confronting the viewers with the divagations and preconceptions that go into their beliefs. The execution of his pictures, which often has an air of nonchalance, lends them a surreal, even cartoonish graphical quality; figuration, abstraction, and illustration appear side by side as equipollent compositional forms, calling traditional art-historical categories in question. The oil painting bearing the inscription "We are human / no nationality" (*Smoking Kills*, 2015) features a company of (stuffed) animals enjoying a picnic, bringing to mind both the Arcadian landscape as a trope of harmony and the satirical potential of animal fables. The humor and implicit critique in Sochacki's art grow out of the ambiguity between the toy-like characters and their human comportment – in this instance, the reference to the idea of "nationality" and the both inclusive and exclusive pronoun "we." The oil painting mockingly titled *Fire Department* (2018), meanwhile, sketches a four-legged creature – horse's body, lion's tail, anthropomorphic face – with flames flickering in its chest and a drop of water dripping from its tail onto a fragile plant. Anthropogenic climate change – fueled by the doom loop of devastation, institutional impuissance, and capitalist buck-passing – is only one of the associations that the scene brings to mind. Other works would seem to be pamphlets denouncing the exploitative mechanisms of the current global order (*being hungry is a human right*, 2015) or shine a glaring light on the retreat into the comforts of private life (*Shelf of Democracy*, 2015). Sochacki's visual imagination does not shy away from clichéd motifs, shopworn symbols, and an aesthetic of the corny and cutesy. The beholders find themselves compelled to look for connections between what they see and the underlying larger social concerns. Yet by combining ostensibly familiar characters and situations in new scenarios, Sochacki blocks any unequivocal linkage between depiction and meaning, transporting the viewers into a sphere of free-floating speculation that reflects the compass and limitations of their individual worldview. The disruption of the conventional act of looking at a picture, Sochacki argues, can also be effected by a performative intervention: when he had a solo show at Exile Gallery, Berlin (*Epistemic Heartbreak*, 2015), a man who appeared to be homeless – wearing a tattered suit, he exuded a very unpleasant body odor and carried bags stuffed with returnable bottles – entered the showroom. He took a bath in a tub filled with sudsy water in the backroom before returning in a bathrobe and telling the visitors to leave. Titled *Epistemic Heartbreak, Lecture* (2015), the piece was meant as a direct affront to the gallery's audience, based on the artist's suspicion that the contemporary art system with its "anything goes" atmosphere had blunted people's discernment and critical acumen. By making the figure of the socially marginalized outsider the protagonist of his art, Sochacki destabilized the normal relationships between author, beholder, and work of art – in what proved a divisive instance of satire in action.   KH

Paul Sochacki (b. Cracow, 1983) studied at the Hamburg University of Fine Arts (2005–2011). He won several fellowships, including from Global Forest, St. Georgen (2019), Günther-Peill-Stiftung, Düren (2016), and Künstlerhaus Lauenburg (2014). Sochacki is cofounder and managing director of the Berlin-based street magazine *Arts of the Working Class*, which was launched in 2018. In 2014, he and the artist Ying Le established the tea art group Thirsty Moon. Selected recent exhibitions: Ningbo Museum of Art, Zhejiang / China (solo, 2019); Conceptual Fine Arts, Milan (solo, 2019); Austrian Cultural Forum London (2018; 2015–2016); Leopold-Hoesch-Museum, Düren (solo, 2018); Benzene, Hamburg (solo, 2018).

Paul Sochacki, *Epistemic Heartbreak, Lecture*, 2015, Performance / performance (Darsteller / performer: Herold Vomeer), 60 min, Ausstellungsansicht / exhibition view *Epistemic Heartbreak*, Exile Gallery, Berlin 2015

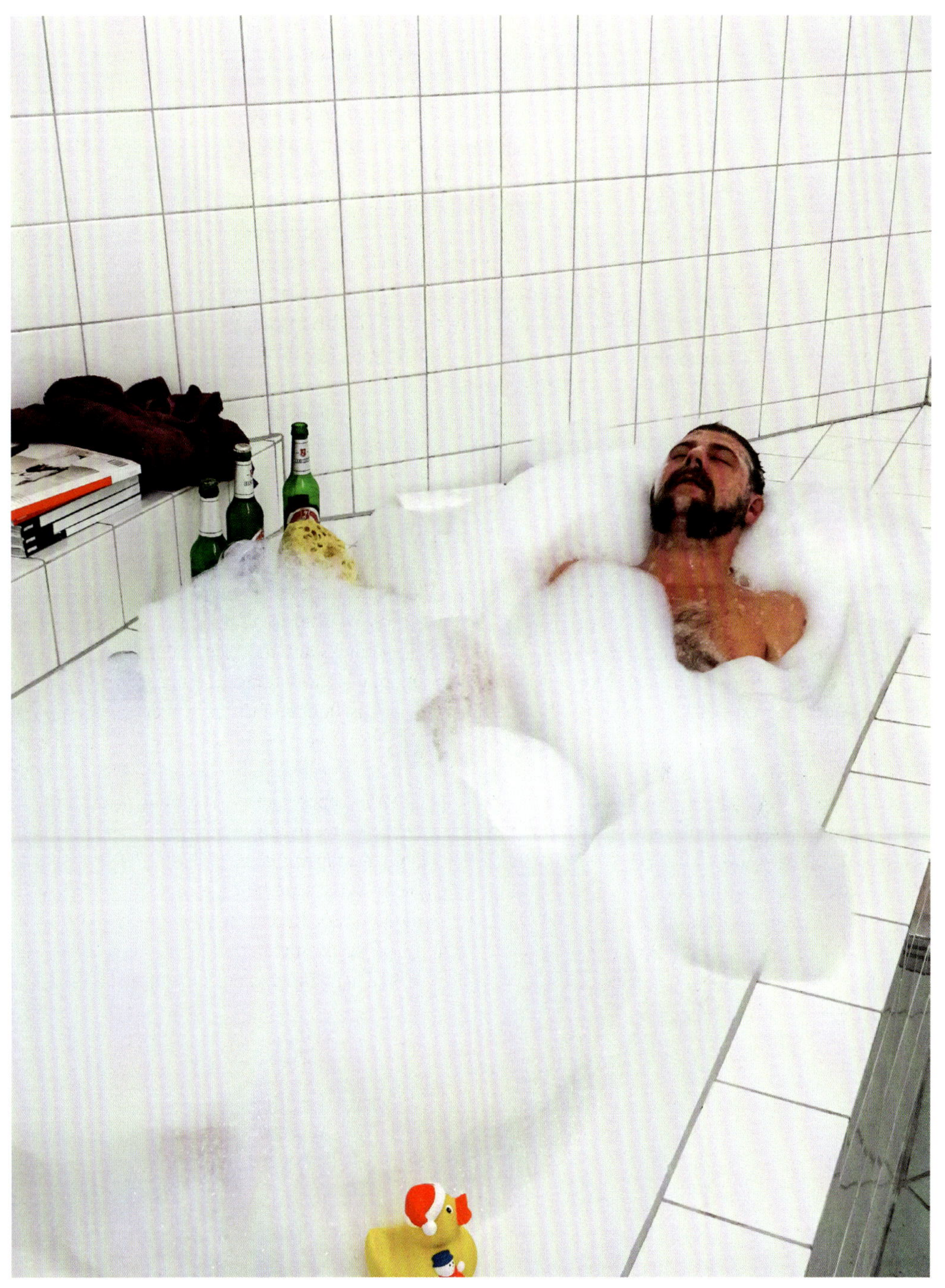

Adnan Softić

In seinen video-, text- und soundbasierten Installationen unternimmt Adnan Softić Expeditionen in eine sich bewusst wie unbewusst vollziehende politische Mythenbildung, die sich in Erinnerungskultur, Kunst und Architektur niederschlägt. In langjähriger Zusammenarbeit mit Nina Softić führt er seit 2013 Untersuchungen mit dem Ziel durch, nationale Überhöhungen herauszufordern und die konfliktreiche Beziehung zwischen persönlicher Erinnerung, offizieller Geschichtsschreibung und dem tatsächlich Geschehenen darzustellen. Seiner auf widersprüchlichen Szenarien und nicht zuletzt eigenen biografischen Prägungen basierenden Arbeitsweise entspringen oft hybride Erzählformen, die verschiedene Bild- und Soundformate ausloten und miteinander verknüpfen. *Bigger than Life* (2018) verschränkt die Charakteristiken des Essayfilms mit dem Pathos der Oper, geht der Retorten-Architektur der Innenstadt Skopjes nach und zeigt diese als aktuelles Beispiel einer idealisierenden Geschichtspolitik. Die eigenwillige Inszenierung der 1963 nach einem Erdbeben fast vollständig zerstörten Stadt als antike Metropole manifestiert sich in imposanten Platzanlagen und klassizistischen Skulpturenensembles, die zwischen dem sozialistischen Baubestand die Künstlichkeit eines „gebauten Nationalismus" vor Augen führen. Die von Softić dramatisch komponierten Bildaufnahmen versammeln verschiedene Perspektiven auf Reiterskulpturen, Kolonnaden und tempelähnlichen Brunnenanlagen, die nachts in bunten Neonlichtern erstrahlen. Die Erzählungen zweier Bewohner*innen bilden die essayistische Ebene des Werkes und reihen Argumente für und gegen die Planstadt auf. Deren kritische und distanzierte Betrachtungsweise wird mittels einer pathetischen Tonspur konterkariert, welche unter anderem Werke von Smetana, Tschaikowski, Wagner und Verdi verbindet. In anderen Werken tastet sich Softić an seine eigene Biografie heran: Nachdem er Zeuge des brutalen Verfalls des jugoslawischen Vielvölkerstaates wurde, flüchtete er als Jugendlicher aus Sarajevo nach Deutschland. Er verbrachte einige Monate mit anderen Geflüchteten auf dem Schiff *Bibby Challenge*, das in Hamburg Asylbewerber*innen aus Ex-Jugoslawien temporär Unterkunft bot. *Schiffe mit Waren und Stoffen aus aller Welt stoßen mit ihren Wellen die Bibby Challenge an* (2018) verbindet eigene Erinnerungen des Künstlers und Zeug*innenberichte mit Found-Footage-Aufnahmen und knüpft dabei an die Migrationswege über Wasser nach Europa an. Auch hier findet Softić neuartige Bild- und Tonmodalitäten; so wurde die mehrkanalige Soundkulisse aus Geräuschen von Reinigungsutensilien komponiert – eine Anspielung auf die meistverbreitete Verdienstquelle jugoslawischer Geflüchteter. Die akute Geschichtsklitterung, welche die Erinnerung an die Gewalt der Balkankriege in mythischen Idealismus überführt, steht im Mittelpunkt der neuesten Werke von Adnan Softić und Nina Softić. Die Installation *The Maidenhair Fern* (Der Frauenhaarfarn, 2021) beleuchtet die Geschichte des nach dem Gewächs benannten Višegrader Kurhotels Vilina Vlas, wo serbische Paramilitärs in den frühen 1990er Jahren Massenvergewaltigungen an bosnischen Mädchen und Frauen begingen. Von einer computergenierten weiblichen Stimme verlesen, tönen aus einem Lautsprecher die Opferberichte der wenigen überlebenden Frauen, während eine Kamera das im Hotel verbliebene Mobiliar der Beobachtung unterzieht. Wie Mahnmäler verweisen die Betten und Stühle, die heute erholungssuchende Gäste empfangen, auf eine Vergangenheit, die durch Ignoranz und Indifferenz überschrieben und aus dem kollektiven Gedächtnis verbannt wurde. KH

Adnan Softić (*1975 in Sarajevo) studierte bis 2007 Film und Ästhetische Theorie an der Hochschule für bildende Künste in Hamburg; 2012 und 2014–2015 war er ebenda als Professor für Film und Time-Based Media tätig. Sein Werk wurde mehrfach ausgezeichnet, u. a. im Rahmen der Internationalen Kurzfilmtage Oberhausen (2018) und der Internationalen Kurzfilmtage Winterthur (2018). Es wurde zudem durch Stipendien der Stiftung Kunstfonds, Bonn (2018), und der Villa Massimo, Rom (2016–2017), gefördert. Präsentationen zuletzt u. a.: Glasgow Short Film Festival (2019); Collegium Artisticum, Sarajevo (Solo, 2019); Johann Jacobs Museum, Zürich (2019); Kunstmuseum Ravensburg (Solo, 2019); MAXXI, Rom (2018); Berlinische Galerie (2018); NSK State Pavilion, Biennale Venedig (2017); Institute for Contemporary Art, Zagreb (Solo, 2016).

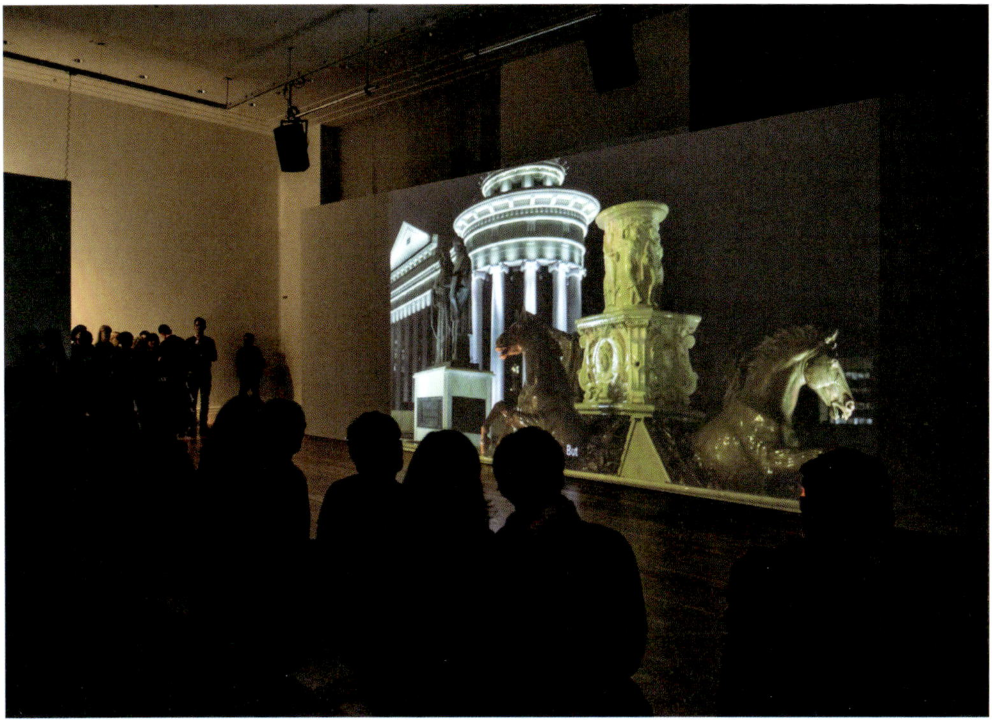

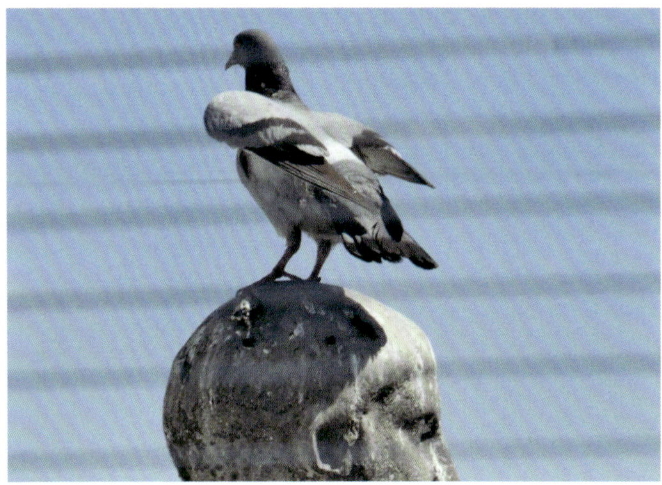

Adnan Softić, *Bigger than Life*, 2017, 4-Kanal-HD-Video-Installation, 6-Kanal-Audio, Fotografie /
4-channel video installation, 6-channel audio, photo, Ausstellungsansicht / exhibition view
Gropius Bau, Berlin; *Bigger than Life*, 2018, Film / film, 30 min, Filmstill / film still

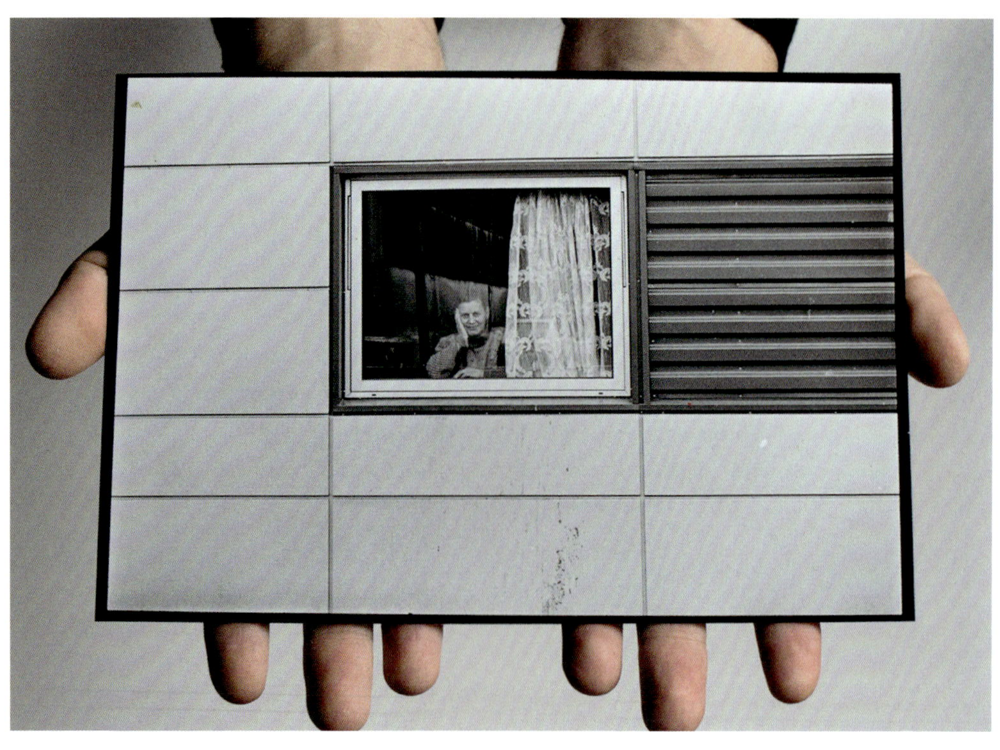

Adnan Softić, *Schiffe mit Waren und Stoffen aus aller Welt stoßen mit ihren Wellen die Bibby Challenge an* / *Ships with Goods and Fabrics from All over the World Bump the Bibby Challenge with Their Waves*, 2018, 2-Kanal-Video-Installation, 7-Kanal-Audio, 3D-Druck, Stoff, Fotografie / 2-channel video installation, 7-channel audio, 3D print, fabric, photo, Ausstellungsansicht / exhibition view Johann Jacobs Museum, Zürich / Zurich, 2019

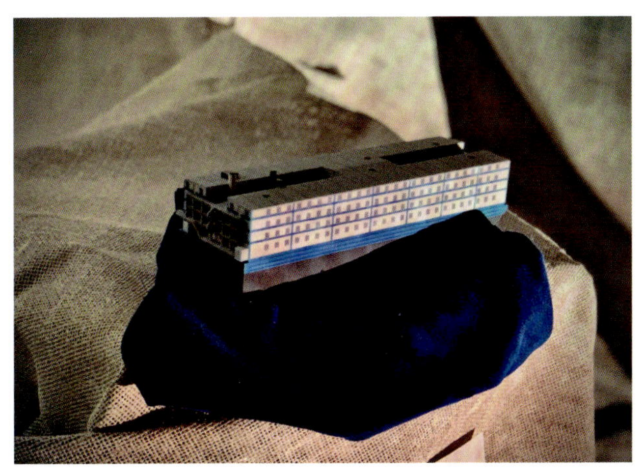

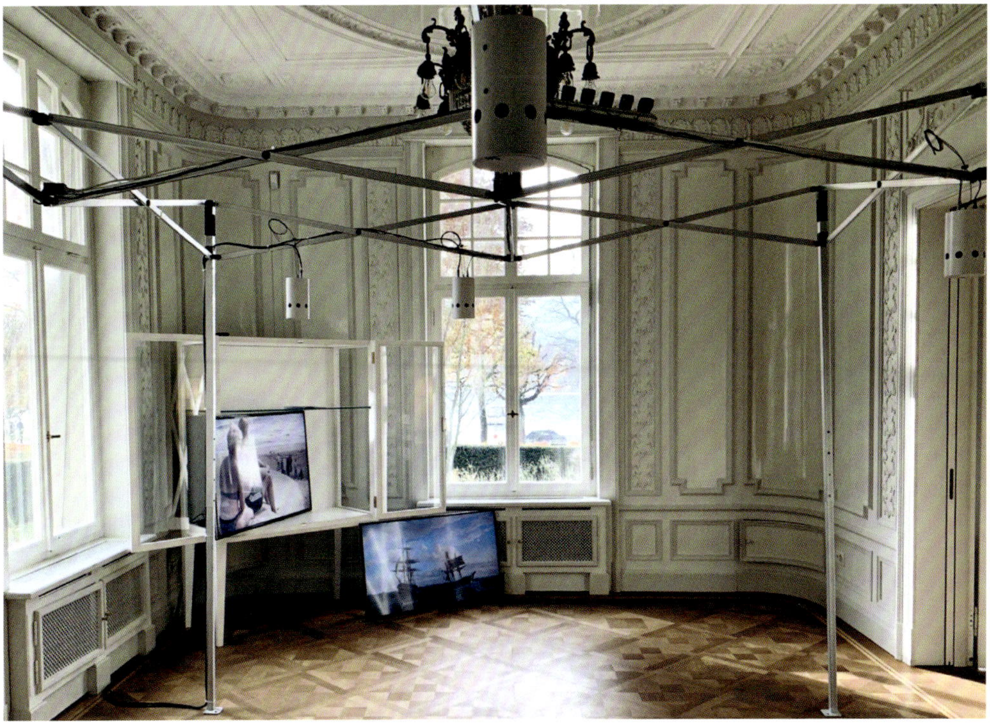

Adnan Softić's video-, text-, and sound-based installations undertake expeditions into a process of mythmaking that takes place on both the conscious and unconscious levels and manifests itself in the culture of commemoration, art, and architecture. With his longtime collaborator Nina Softić, he launched an ongoing series of investigations in 2013 that seek to challenge national idealizations and chart the conflictive interrelations between individual recollection, official historiography, and the actual facts. His practice, which is based on contradictory scenarios and in no small part on his own formative experiences, often yields hybrid narrative forms that probe and interweave diverse visual and acoustic formats. *Bigger than Life* (2018) combines the characteristics of the essay film with the pathos of opera to explore the master-planned architecture of downtown Skopje as a contemporary example of an idealizing politics of history. The distinctive design of the city center, which was almost completely destroyed in an earthquake in 1963 and rebuilt as a mock ancient metropolis, is most evident in imposing squares and neoclassical sculptural ensembles; inserted between the socialist-era structures, they exemplify the artificiality of a "built nationalism." Softić's dramatically composed footage gathers different angles of view on equestrian statues, colonnades, and temple-like fountains that are ablaze in the bold colors of fluorescent lighting as night falls. The accounts of two residents constitue the work's essayistic dimension, marshaling arguments for and against the planned city. Its critical and dispassionate perspective is undercut by an emotive soundtrack featuring, among others, works by Smetana, Tchaikovsky, Wagner, and Verdi. In other works, the artist revisits episodes of his own life: having witnessed the brutal disintegration of the Yugoslav multiethnic state, the teenage Softić fled Sarajevo for Germany. With other refugees, he spent several months living on the ship *Bibby Challenge* in the port of Hamburg, which offered temporary shelter to asylum applicants from the former Yugoslavia. *Ships with Goods and Fabrics from All Over the World Bump the Bibby Challenge with Their Waves* (2018) combines his own memories and eyewitness statements with found footage to embed its subject in a survey of the maritime routes by which migrants arrive in Europe. As in other works, Softić deftly devises novel modalities of image and sound; the multichannel film score is a composition based on the noises made by cleaning utensils – an allusion to the most widespread source of income for Yugoslav refugees. The acute falsification of history that transmutes the memories of the violence of the Balkan wars into mythic idealism is the central concern in Adnan Softić's and Nina Softić's most recent works. The installation *The Maidenhair Fern* (2021) illuminates the history of the spa hotel Vilina Vlas in Višegrad – the complex is named after the titular plant – where Serbian paramilitary units perpetrated mass rapes of Bosnian girls and women in the early 1990s. A computer-generated female voice heard over loudspeaker reads the accounts of the few surviving victims while a camera scrutinizes the remaining furniture inside the hotel. Mute monuments, the beds and chairs, which now accommodate guests in search of rest and recreation, gesture toward a past that has been effaced by ignorance and indifference and banished from collective remembrance. KH

Adnan Softić (b. Sarajevo, 1975) studied film and aesthetic theory at the University of Fine Arts Hamburg (HFBK), graduating in 2007; he returned to the school in 2012 and again in 2014–2015 to teach film and time-based media. His work has garnered several accolades, including at the International Short Film Festival Oberhausen (2018) and the Internationale Kurzfilmtage Winterthur (2018). He also won fellowships from Stiftung Kunstfonds, Bonn (2018), and Villa Massimo, Rome (2016–2017). Selected recent presentations: Glasgow Short Film Festival (2019); Collegium Artisticum, Sarajevo (solo, 2019); Johann Jacobs Museum, Zurich (2019); Kunstmuseum Ravensburg (solo, 2019); MAXXI, Rome (2018); Berlinische Galerie (2018); NSK State Pavilion, Venice Biennale (2017); Institute for Contemporary Art, Zagreb (solo, 2016).

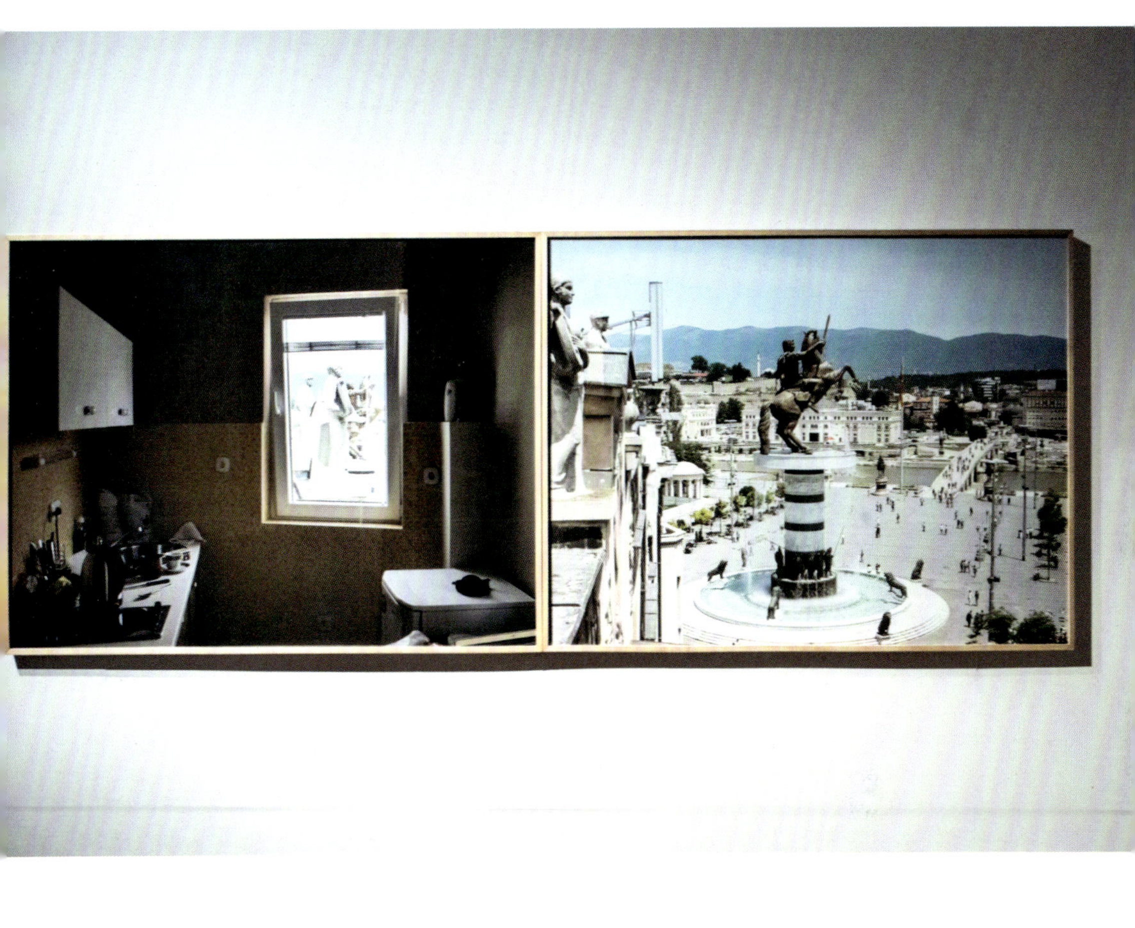

Adnan Softić, *The Postcard*, 2017; *The Kitchen*, 2017, Fotografien, gerahmt / photographs, framed, 120 × 90 cm, Ausstellungsansicht / exhibition view Gropius Bau, 2017

Clarissa Thieme

In ihren oft in Serien und über mehrere Jahre entwickelten Film- und Videoarbeiten sowie Installationen setzt Clarissa Thieme sich intensiv mit dem Thema Erinnerung auseinander – sowohl in seinen individuellen wie auch kollektiven Formen. Im Fokus stehen dabei der Aspekt der Überlieferung und die Frage nach deren Art und Auswirkungen: Wie werden persönliche und teils traumatische Erfahrungen weitergetragen, wie prägen sie eine Identität, wie werden sie strafrechtlich aufgearbeitet und welches Ermächtigungspotential steckt in ihnen? Seit Anfang der 2000er Jahre beschäftigt Thieme sich insbesondere mit den Folgen sowie der juristischen und persönlichen Aufarbeitung der Jugoslawienkriege (1991–2001). Ihr Film *Was bleibt | Šta ostaje | What remains* (2010) zeigt in langen Einstellungen Panoramen von Städten, vorgelagerten Naturlandschaften und einzelnen Plätzen im heutigen Bosnien und Herzegowina. In der rein aus Umgebungsgeräuschen bestehenden Tonspur wechseln Vogelgezwitscher, Hundegebell und die Geräusche spielender Kinder mit Baustellen- und Verkehrslärm. Die Statik, Gelassenheit und Beiläufigkeit, die die Bilder kennzeichnet, steht in Kontrast zur Geschichte der gefilmten Orte, an denen während des Bosnienkrieges von 1992 bis 1995 Kriegsverbrechen begangen wurden. Zu Beginn des Films reflektiert Thieme, dass die Zeit hier hätte stehenbleiben müssen – ihre Aufnahmen dagegen werfen die Frage auf, welche Auswirkungen aus den Ereignissen der Vergangenheit erwachsen sind. Einem kollaborativen Ansatz folgend, arbeitet Thieme immer wieder eng mit Personen und Institutionen zusammen, die sich der Erforschung der gesellschaftlichen Folgen des Krieges sowie der Aufarbeitung von Kriegstraumata und -verbrechen widmen. Gleich mehrere Arbeiten nehmen ihren Ausgangspunkt im Library Hamdija Kreševljaković Video Arhiv, einer Sammlung von Amateurvideos, mit denen die Einwohner*innen Sarajevos ihr Leben in der von 1992 bis 1995 belagerten Stadt dokumentierten. Im Rahmen der Initiative *Izmedju Nas | Between Us* ruft Thieme zusammen mit Nihad Kreševljaković seit 2015 Kulturschaffende dazu auf, sich mit den vielfältigen Archivbeständen auseinanderzusetzen und Öffentlichkeit herzustellen. Thieme selbst schuf mit *Today is 11th June 1993* (2018) eine eindringliche Übersetzung der impliziten Wünsche und Appelle einer Gruppe Jugendlicher, die in einem der Archivvideos mit nüchternem Galgenhumor Zukunftsszenarien entwirft, in denen eine Zeitmaschine ihr Entkommen aus dem Sarajevo des Kriegsjahres 1993 ermöglicht. Aus einem weiteren Clip des Archivs entstand der Werkkomplex *CYST*, mit dem Thieme einmal mehr die Frage nach der Sichtbarkeit von Traumata stellt: In *Can't You See Them? – Repeat.* (Film und Installation, 2019) überträgt sie mittels Metadatenanalyse die zittrigen Aufnahmen des Bosniers Nedim Alikadić, der 1992 eine Gruppe feindlicher Soldaten in einem Wohngebiet filmte, in ein computergesteuertes System, das die nervösen Bewegungen der Handkamera als Lichtprojektion in den Raum wirft. Thiemes Anliegen, bei ihrer Spurensuche immer wieder verschiedene Formen persönlicher Zeug*innenschaft herauszustellen und dabei dem Schweigen wie dem Sprechen darüber gleichermaßen Raum zu geben, manifestiert sich auch in *Was bleibt | Šta ostaje | What remains / Re-visited* (2020): In der Fortsetzung besucht sie erneut alle Schauplätze des Ursprungsprojekts, entfaltet vor Ort großformatige Banner mit Standbildern aus dem ersten Film und bietet über diesen performativen Ansatz den Menschen vor Ort Anlass für Gespräche – während deren Ausgangspunkte sehr unterschiedlich sind, ist die Erinnerung an den Krieg stets spürbar und allgegenwärtig.　　　　MR

Clarissa Thieme (*1976 in Oldenburg) studierte Kulturwissenschaften und ästhetische Praxis an der Universität Hildesheim und schloss ihr Studium der Medienkunst als Meisterschülerin von Thomas Arslan an der Universität der Künste Berlin (UdK) ab. 2016–2018 war sie Stipendiatin am Berlin Centre for Advanced Studies in Arts and Sciences. Sie unterrichtete u. a. mit Thomas Arslan an der UdK (2018–2019; 2014–2015) sowie mit Michaela Schweiger an der Burg Giebichenstein Kunsthochschule Halle (2014). Thiemes Filme wurden im Rahmen zahlreicher Filmfestivals präsentiert, zuletzt u. a.: Berlinale Forum, Berlin (2020); Viennale (2020); Sarajevo Film Festival (2020); Internationale Kurzfilmtage Oberhausen (2019). Ihr Werk wurde zudem in zahlreichen Ausstellungen gezeigt, zuletzt u. a.: Savvy Contemporary, Berlin (2021); Kunsthalle Mannheim (2021); Haus der Kulturen der Welt, Berlin (2021; 2020); T66 Kulturwerk, Freiburg (Solo, 2020); Kunsthalle im Lipsiusbau, Dresden (2019); Errant Sound, Berlin (Solo, 2019); Kunstverein Düsseldorf (2018).

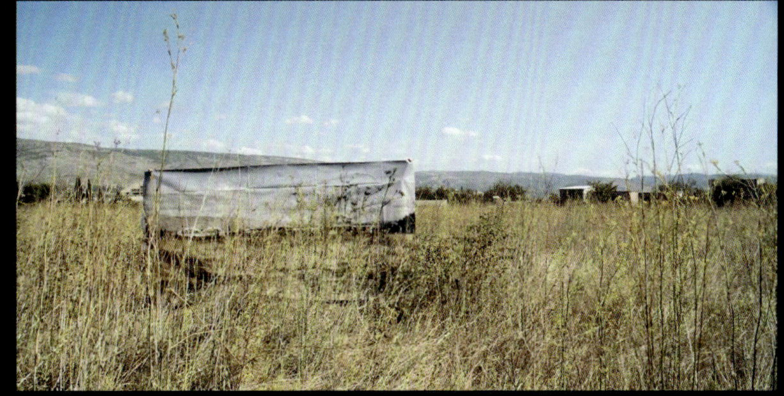

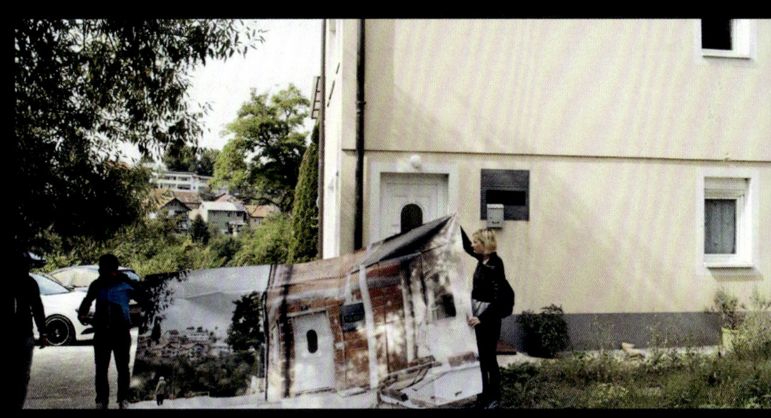

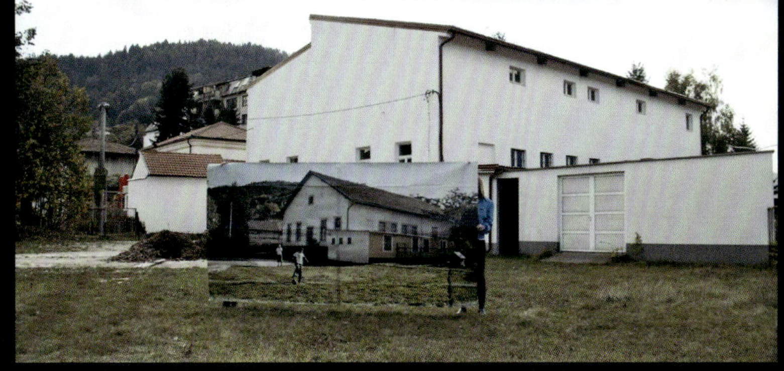

Clarissa Thieme, *Was bleibt I Šta ostaje I What remains / Re-visited*, 2020, 4K-Video, Ton / 4K video sound, 70 min, Videostills / video stills

Clarissa Thieme, *Can't you see them? – Repeat*, 2019, Installation, Video8 und 4K-Video, Farbe, Ton, Lichtprojektion mit Motion-Control-System / Installation, video8 and 4K video, color, sound, light projecting motion control system, Ausstellungsansicht / exhibition view Forum Expanded, Berlin, 2019

Clarissa Thieme's works on film and video as well as installations – many of them developed in series and over the course of years – undertake a probing examination of both individual and collective remembrance. Her focus is on the transmission of memories, on how it occurs and its ramifications: how are personal and, in some instances, traumatic recollections passed on to and within communities, how do they inform identities, how does the criminal justice system handle them, and which potential for empowerment do they harbor? Since the early 2000s, Thieme has been especially interested in the lingering impact of the Yugoslav wars (1991–2001) and the efforts of legal institutions as well as private individuals to grapple with them. Long takes in her film *Was bleibt | Šta ostaje | What remains* (2010) show panoramic views of cities and towns, natural sceneries on the outskirts, and selected sites in today's Bosnia and Herzegovina. The audio track, which consists entirely of ambient sounds, alternates between twittering birds, the barking of dogs, children playing, and construction and traffic noise. Static, serene, and seemingly unremarkable, the images contrast with the histories of the locales, which witnessed war crimes during the 1992–1995 Bosnian War. The film opens with remarks in which Thieme muses that time should have stopped here – her footage, meanwhile, raises the question of which repercussions of the events of the past are palpable today. Pursuing a collaborative approach, Thieme has struck up a series of close working relationships with individuals and institutions dedicated to researching the social aftereffects of the hostilities and trying to come to terms with the traumas of violence and war crimes. Several of her works were inspired by the Library Hamdija Kreševljaković Video Arhiv, a collection of amateur videos in which the people of Sarajevo documented their lives in the city during the siege that lasted from 1992 until 1995. Launched by Thieme together with Nihad Kreševljaković in 2015, the initiative *Izmedju Nas | Between Us* encourages creative artists to sift through the diverse holdings and share what they find and their own thoughts with public audiences. Thieme herself created *Today is 11th June 1993* (2018), a moving visualization of the implicit desires and appeals of a group of teenagers in one of the archival videos: in an exercise of grimly sober-minded humor, they outline scenarios of a future in which a time machine enables them to escape the war-ravaged Sarajevo of 1993. Another clip in the archive was the nucleus for *CYST*, an ensemble of works in which Thieme once again raises the question of the visibility of traumas: *Can't You See Them? – Repeat.* (film and installation, 2019) analyzes metadata in order to translate shaky footage recorded in 1992 by the Bosnian Nedim Alikadić – a group of enemy soldiers in a residential neighborhood – into a computer-controlled system that renders the handheld camera's jittery movements as a light projection in the exhibition space. The concern that underlies Thieme's forensic endeavors – establishing an open-ended diversity of forms of personal witnessing and giving space to silence no less than to discursive engagement – is also evident in *Was bleibt | Šta ostaje | What remains / Re-visited* (2020): in this sequel to her earlier project, she returns to each of the original scenes, where she unfurls large-format banners with freeze frames from the first film. The performative intervention sparks conversations between the locals – they come at the subject from very different angles, but the memory of the war is universally felt and forever present.   MR

Clarissa Thieme (b. Oldenburg, 1976) studied cultural studies and aesthetic practice at the University of Hildesheim and completed her degree in media art in Thomas Arslan's master class at the Berlin University of the Arts (UdK). In 2016–2018, she was a fellow of the Berlin Centre for Advanced Studies in Arts and Sciences. She has taught at various institutions, including with Thomas Arslan at UdK (2018–2019; 2014–2015) and with Michaela Schweiger at Burg Giebichenstein University of Art and Design Halle (2014). Thieme's films have been presented at numerous film festivals, including, recently, Berlinale Forum, Berlin (2020); Viennale (2020); Sarajevo Film Festival (2020); International Short Film Festival Oberhausen (2019). Her work has also been shown in numerous exhibitions, including, recently, Savvy Contemporary, Berlin (2021); Kunsthalle Mannheim (2021); at Haus der Kulturen der Welt, Berlin (2021; 2020); T66 Kulturwerk, Freiburg (solo, 2020); Kunsthalle im Lipsiusbau, Dresden (2019); Errant Sound, Berlin (solo, 2019); Kunstverein Düsseldorf (2018).

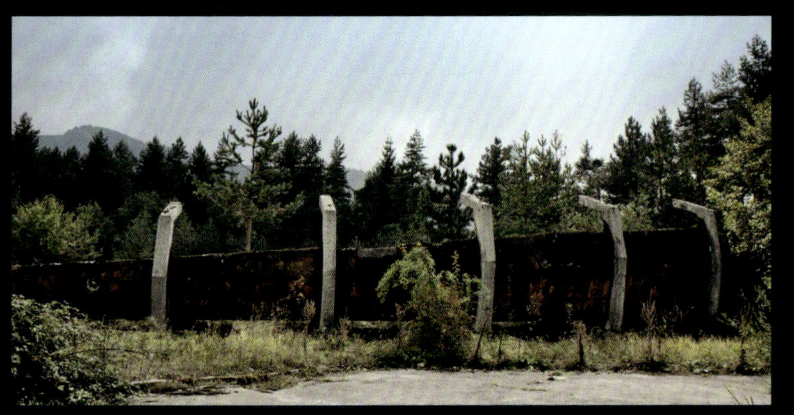

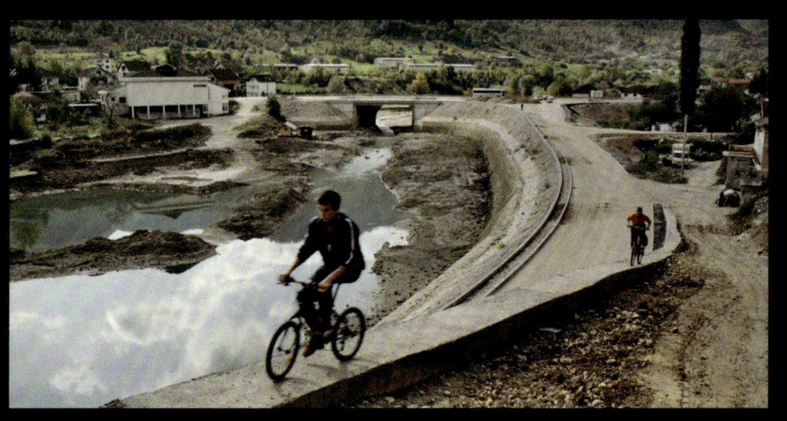

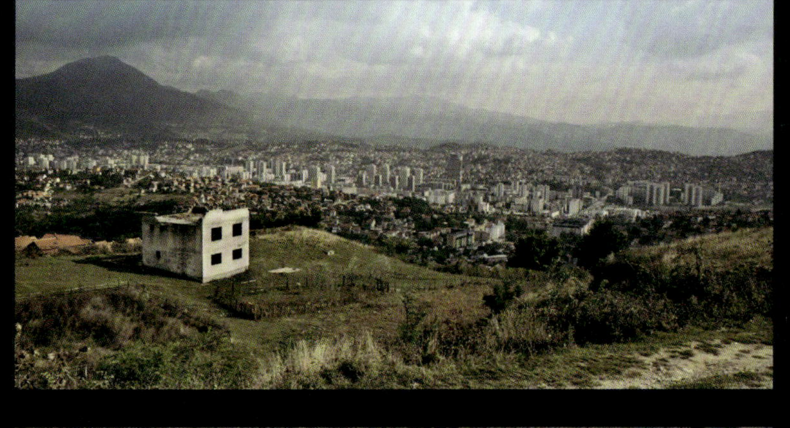

Clarissa Thieme, *Was bleibt / Šta ostaje / What remains*, 2010, 2K-Video, Ton / 2K video, sound, 30 min
Videostills / video stills

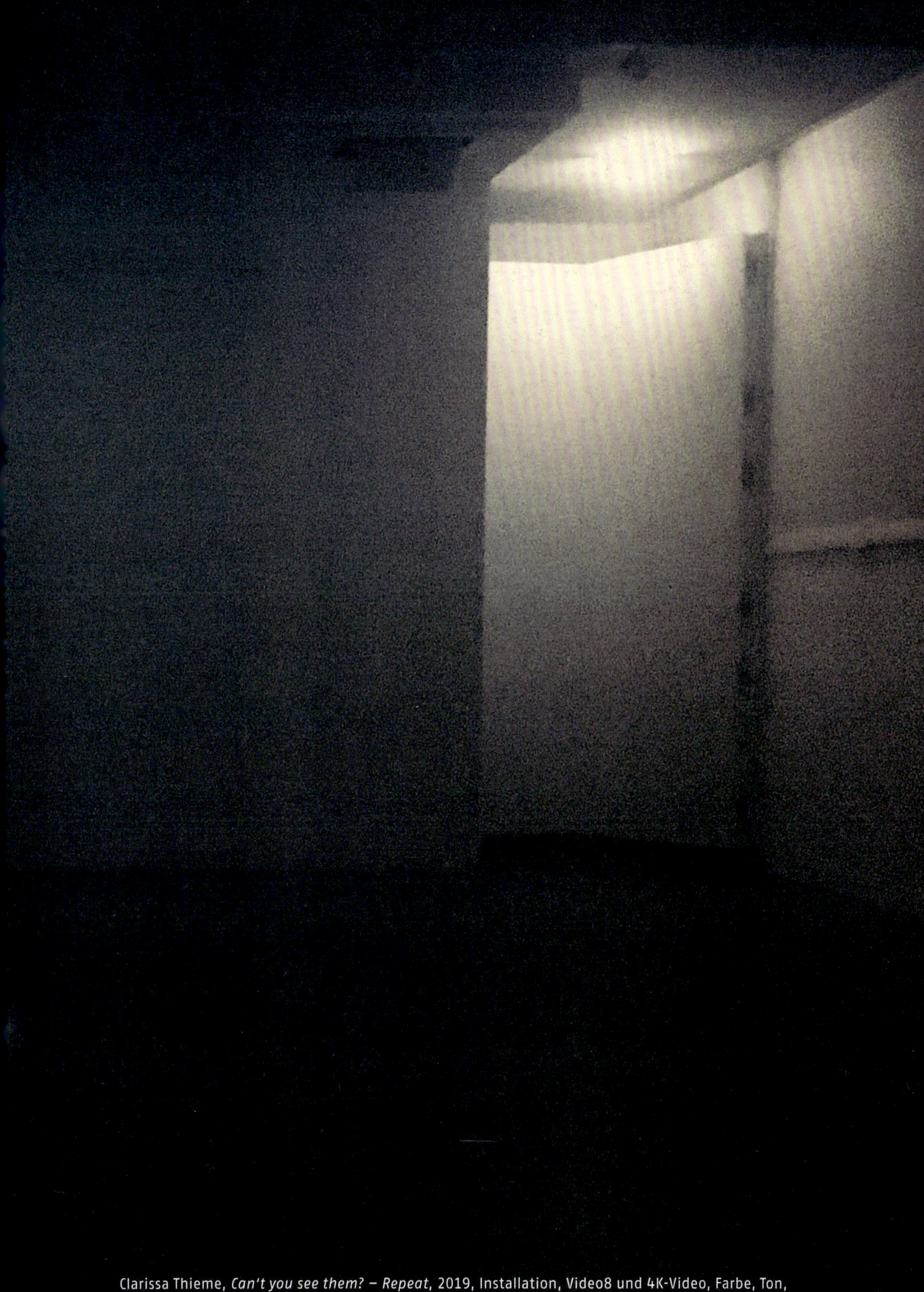

Clarissa Thieme, *Can't you see them? – Repeat*, 2019, Installation, Video8 und 4K-Video, Farbe, Ton, Lichtprojektion mit Motion-Control-System / Installation, video8 and 4K video, color, sound, light projecting motion control system, Ausstellungsansicht / exhibition view Forum Expanded, Berlin, 2019

Clarissa Thieme's works on film and video as well as installations – many of them developed in series and over the course of years – undertake a probing examination of both individual and collective remembrance. Her focus is on the transmission of memories, on how it occurs and its ramifications: how are personal and, in some instances, traumatic recollections passed on to and within communities, how do they inform identities, how does the criminal justice system handle them, and which potential for empowerment do they harbor? Since the early 2000s, Thieme has been especially interested in the lingering impact of the Yugoslav wars (1991–2001) and the efforts of legal institutions as well as private individuals to grapple with them. Long takes in her film *Was bleibt | Šta ostaje | What remains* (2010) show panoramic views of cities and towns, natural sceneries on the outskirts, and selected sites in today's Bosnia and Herzegovina. The audio track, which consists entirely of ambient sounds, alternates between twittering birds, the barking of dogs, children playing, and construction and traffic noise. Static, serene, and seemingly unremarkable, the images contrast with the histories of the locales, which witnessed war crimes during the 1992–1995 Bosnian War. The film opens with remarks in which Thieme muses that time should have stopped here – her footage, meanwhile, raises the question of which repercussions of the events of the past are palpable today. Pursuing a collaborative approach, Thieme has struck up a series of close working relationships with individuals and institutions dedicated to researching the social aftereffects of the hostilities and trying to come to terms with the traumas of violence and war crimes. Several of her works were inspired by the Library Hamdija Kreševljaković Video Arhiv, a collection of amateur videos in which the people of Sarajevo documented their lives in the city during the siege that lasted from 1992 until 1995. Launched by Thieme together with Nihad Kreševljaković in 2015, the initiative *Izmedju Nas | Between Us* encourages creative artists to sift through the diverse holdings and share what they find and their own thoughts with public audiences. Thieme herself created *Today is 11th June 1993* (2018), a moving visualization of the implicit desires and appeals of a group of teenagers in one of the archival videos: in an exercise of grimly sober-minded humor, they outline scenarios of a future in which a time machine enables them to escape the war-ravaged Sarajevo of 1993. Another clip in the archive was the nucleus for *CYST*, an ensemble of works in which Thieme once again raises the question of the visibility of traumas: *Can't You See Them? – Repeat.* (film and installation, 2019) analyzes metadata in order to translate shaky footage recorded in 1992 by the Bosnian Nedim Alikadić – a group of enemy soldiers in a residential neighborhood – into a computer-controlled system that renders the handheld camera's jittery movements as a light projection in the exhibition space. The concern that underlies Thieme's forensic endeavors – establishing an open-ended diversity of forms of personal witnessing and giving space to silence no less than to discursive engagement – is also evident in *Was bleibt | Šta ostaje | What remains / Re-visited* (2020): in this sequel to her earlier project, she returns to each of the original scenes, where she unfurls large-format banners with freeze frames from the first film. The performative intervention sparks conversations between the locals – they come at the subject from very different angles, but the memory of the war is universally felt and forever present.   MR

Clarissa Thieme (b. Oldenburg, 1976) studied cultural studies and aesthetic practice at the University of Hildesheim and completed her degree in media art in Thomas Arslan's master class at the Berlin University of the Arts (UdK). In 2016–2018, she was a fellow of the Berlin Centre for Advanced Studies in Arts and Sciences. She has taught at various institutions, including with Thomas Arslan at UdK (2018–2019; 2014–2015) and with Michaela Schweiger at Burg Giebichenstein University of Art and Design Halle (2014). Thieme's films have been presented at numerous film festivals, including, recently, Berlinale Forum, Berlin (2020); Viennale (2020); Sarajevo Film Festival (2020); International Short Film Festival Oberhausen (2019). Her work has also been shown in numerous exhibitions, including, recently, Savvy Contemporary, Berlin (2021); Kunsthalle Mannheim (2021); at Haus der Kulturen der Welt, Berlin (2021; 2020); T66 Kulturwerk, Freiburg (solo, 2020); Kunsthalle im Lipsiusbau, Dresden (2019); Errant Sound, Berlin (solo, 2019); Kunstverein Düsseldorf (2018).

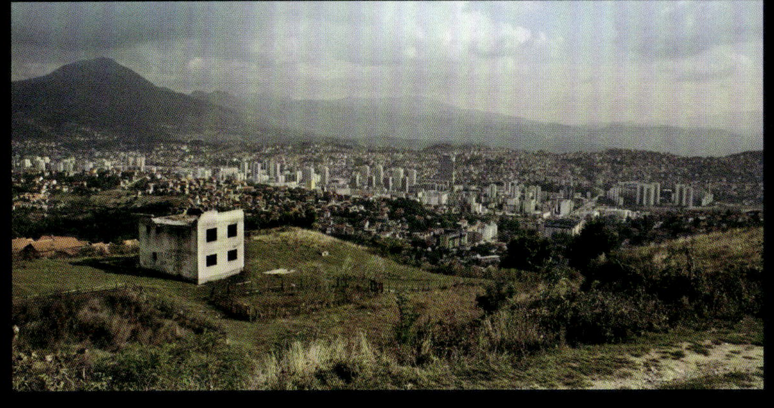

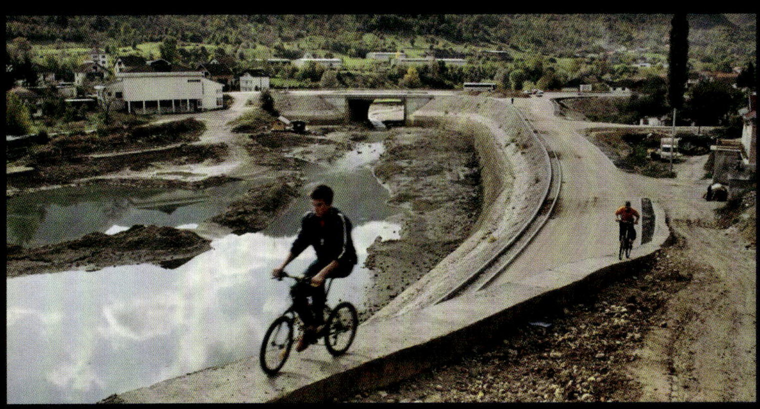

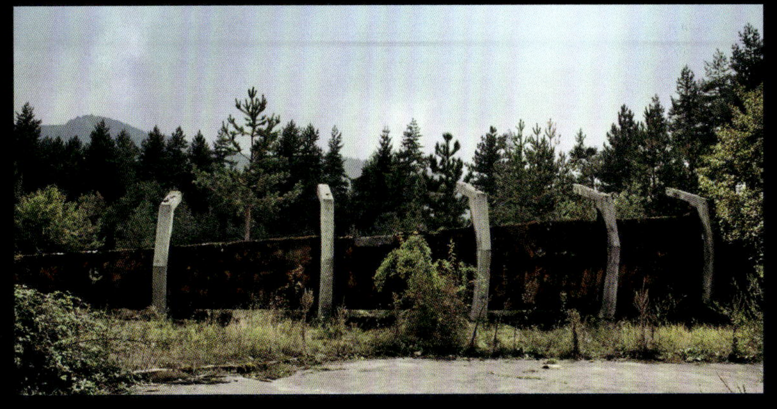

Clarissa Thieme, *Was bleibt I Šta ostaje I What remains*, 2010, 2K-Video, Ton / 2K video, sound, 30 min
Videostills / video stills

n.b.k. Berlin
Band / Vol. 13: Step Out of the Strange Light.
Herausgegeben von / Edited by Marius Babias und / and Michaela Richter
Diese Publikation erscheint anlässlich der Ausstellung *Step Out of the Strange Light* im Neuen Berliner Kunstverein / This publication is being published on the occasion of the exhibition *Step Out of the Strange Light* at Neuer Berliner Kunstverein // 26. März–9. Mai 2021 / March 26–May 9, 2021 // Kurator*innen / Curators: Krisztina Hunya, Melanie Roumiguière

Ausstellung und Publikation wurden gefördert durch die Senatsverwaltung für Kultur und Europa. Der Neue Berliner Kunstverein wird gefördert durch die LOTTO-Stiftung Berlin. / Exhibition and publication have been funded by the Senate Department for Culture and Europe. Neuer Berliner Kunstverein is funded by the LOTTO-Stiftung Berlin.

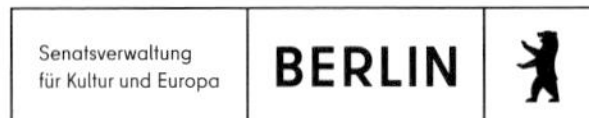
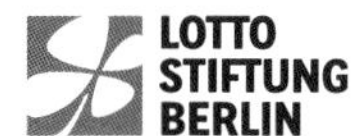

ISBN 978-3-7533-0108-2

Bibliografische Information der Deutschen Nationalbibliothek
Die Deutsche Nationalbibliothek verzeichnet diese Publikation in der Deutschen Nationalbibliografie; detaillierte bibliografische Daten sind im Internet über http://dnb.dnb.de abrufbar.

Redaktion / Editor: Michaela Richter // Redaktionelle Mitarbeit / Editorial Assistance: Krisztina Hunya, Layla Burger-Lichtenstein // Lektorat / Copy editing: Krisztina Hunya, Gerrit Jackson, Sara Jiménez Murillo (La vida a la intemperie), Michaela Richter // Übersetzung / Translation: Nick Caistor (Berlin Out in the Open), Christian Hansen (Das Leben unter freiem Himmel), Gerrit Jackson // Gestaltung / Design: Theresia Kimmel, elfzwei // Herstellung / Printing: Druckhaus Sportflieger, Berlin // Fotonachweis / Photo credits: Sebastian Bolesch (157 oben / top); Nicolas Brasseur (104–105); Sophie Byrne, IMMA (139 oben / top); EXILE, Wien (155); Agostino Osio (133); Stefan Stark (134–135); Times Art Center Berlin (127); Jens Ziehe (3–28, 73–100, 103)

Erschienen im / Published by: Verlag der Buchhandlung Walther und Franz König, Köln // Ehrenstraße 4 // 50672 Köln / Cologne // verlag@buchhandlung-walther-koenig.de

Vertrieb / Distribution: Deutschland & Europa / Germany & Europe: Buchhandlung Walther König, Ehrenstraße 4, 50672 Köln, T +49-(0)221-20 59 6-53 // F +49-(0)221-20 59 6-60 // UK & Ireland: Cornerhouse Publications, HOME, 2 Tony Wilson Place, UK - Manchester M15 4FN, T +44-(0)161-212 34 66, F +44-(0)161-236 90 79, publications@cornerhouse.org / Outside Europe: D.A.P. | Distributed Art Publishers, Inc., 75 Broad Street, Suite 630, USA - New York, NY 10004, T +1-(0)-212-627 1999, F +1-(0)-212-627 9484, orders@dapinc.com

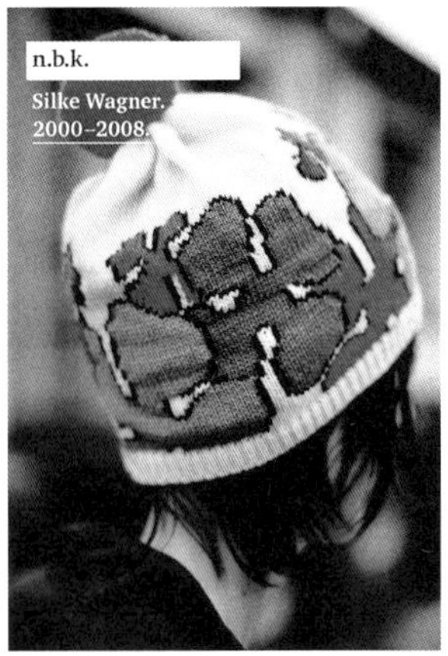

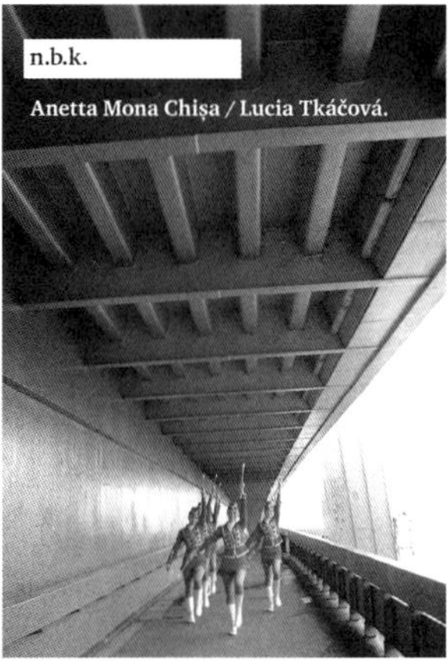

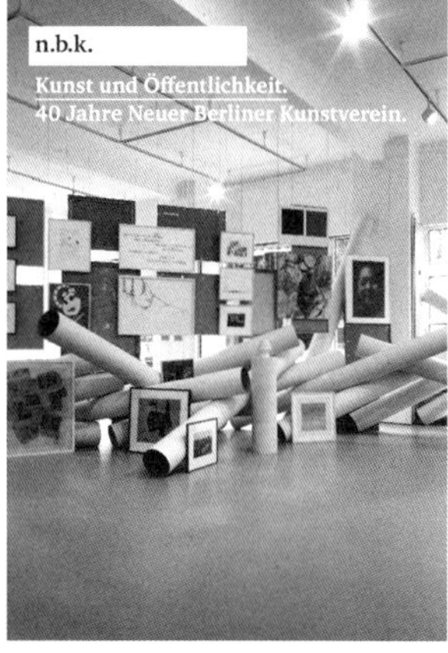

Bd. 1 [2008]
Silke Wagner. 2000–2008
Herausgegeben von Marius Babias
176 Seiten, Dt./Eng., mit farb. Abb.
ISBN 978-3-86560-438-5

Bd. 2 [2009]
Anetta Mona Chişa / Lucia Tkáčová
Herausgegeben von Marius Babias
200 Seiten, Dt./Eng., mit farb. Abb.
ISBN 978-3-86560-561-0

Bd. 3 [2010]
*Kunst und Öffentlichkeit. 40 Jahre
Neuer Berliner Kunstverein*
Herausgegeben von Marius Babias,
Sophie Goltz und Kathrin Becker
456 Seiten, mit s/w und farb. Abb.
ISBN 978-3-86560-715-7

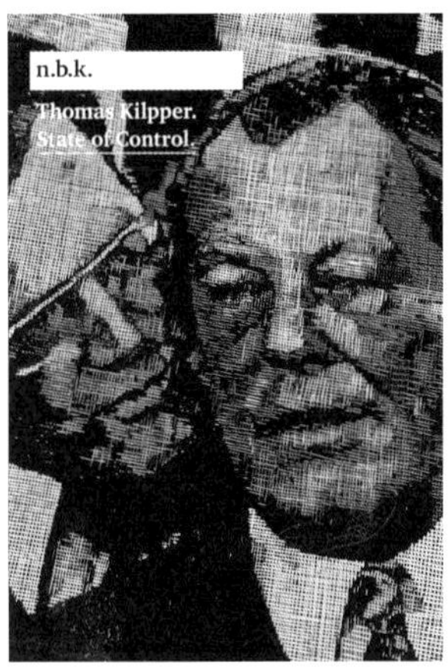

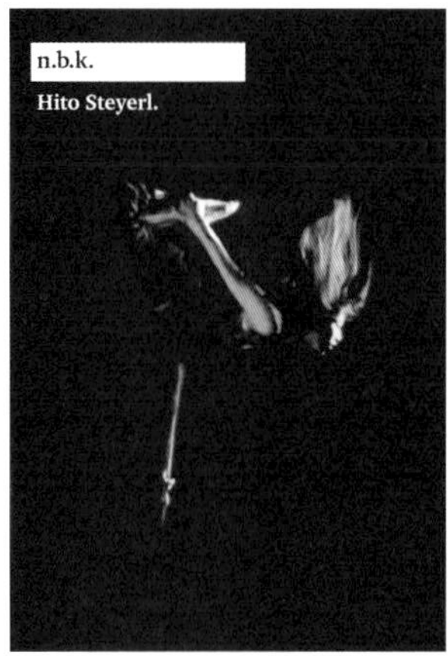

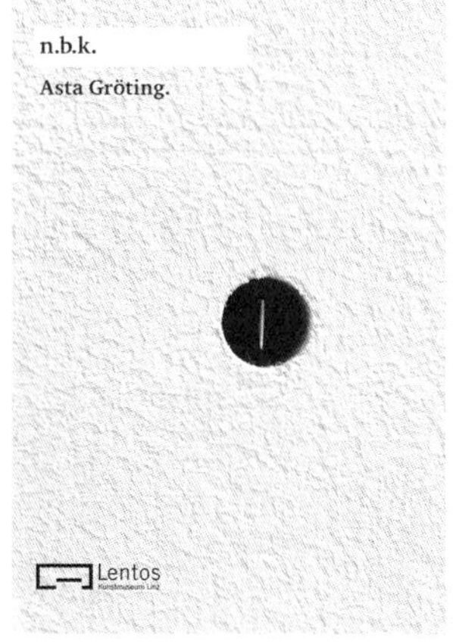

Bd. 4 [2009]
Thomas Kilpper. State of Control
Herausgegeben von Marius Babias
120 Seiten, Dt./Eng., mit farb. Abb.
und doppelseitiger Falttafel
ISBN 978-3-86560-643-3

Bd. 5 [2010]
Hito Steyerl
Herausgegeben von Marius Babias
196 Seiten, Dt./Eng., mit farb. Abb.
ISBN 978-3-86560-644-0

Bd. 6 [2010]
Asta Gröting
Herausgegeben von Marius Babias
und Stella Rollig
200 Seiten, Dt./Eng., mit farb. Abb.
ISBN 978-3-86560-786-7

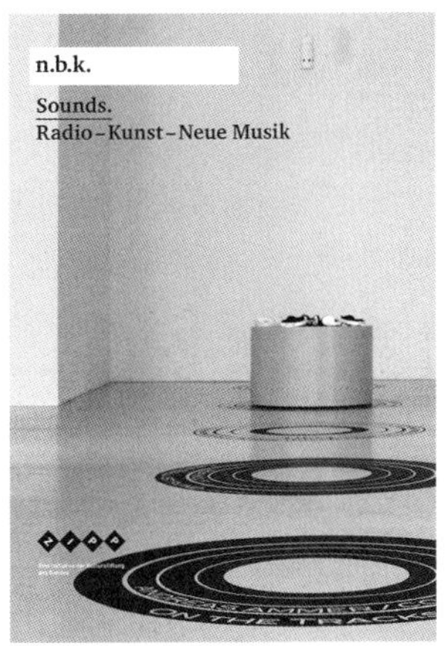

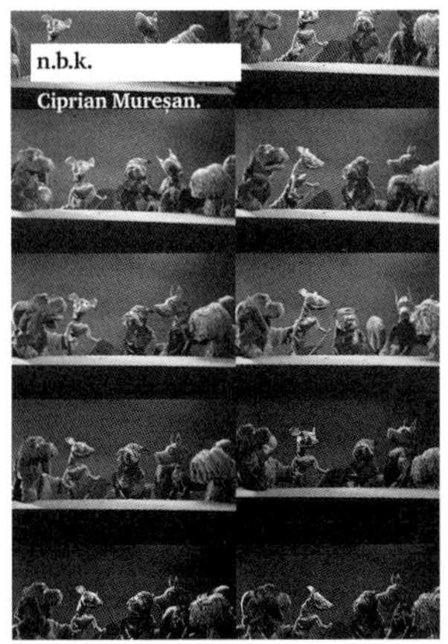

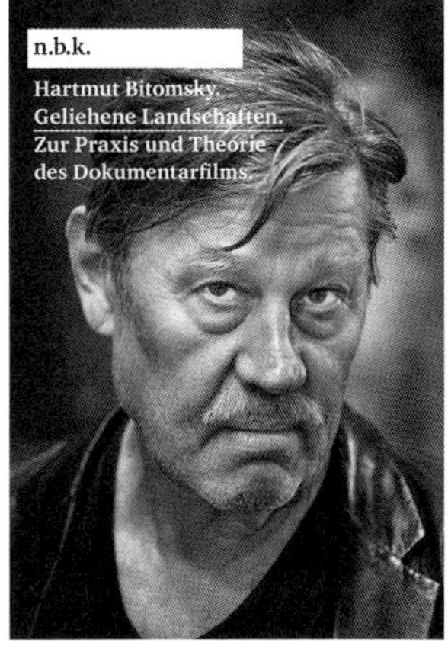

Bd. 7 [2010]
Sounds. Radio – Kunst – Neue Musik
Herausgegeben von Marius Babias
und Katrin Klingan
Textband, 216 Seiten, Dt./Eng., mit
farb. Abb. und Booklet mit 5 Hör-
stücken auf CD (Deutsch), im Schuber
ISBN 978-3-86560-826-0

Bd. 8 [2010]
Ciprian Mureşan
Herausgegeben von Marius Babias
200 Seiten, Dt./Eng., mit farb. Abb.
ISBN 978-3-86560-749-2

Bd. 9 [2012]
Hartmut Bitomsky, *Geliehene Land-
schaften. Zur Praxis und Theorie des
Dokumentarfilms*
Herausgegeben von Marius Babias
464 Seiten, mit farb. Abb.
ISBN 978-3-86560-815-4

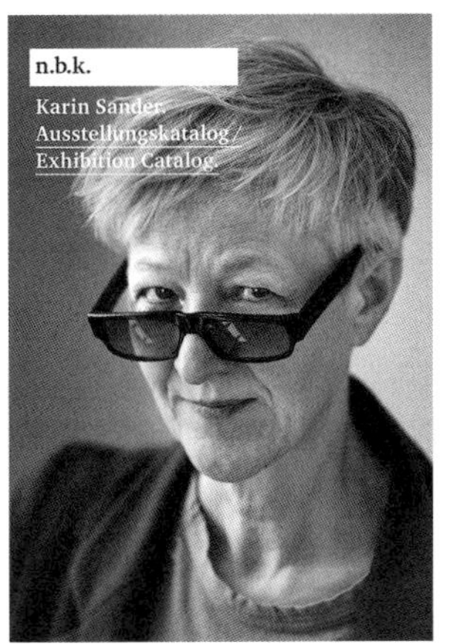

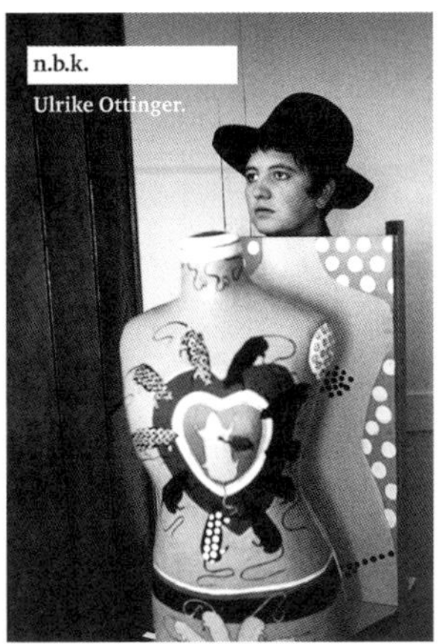

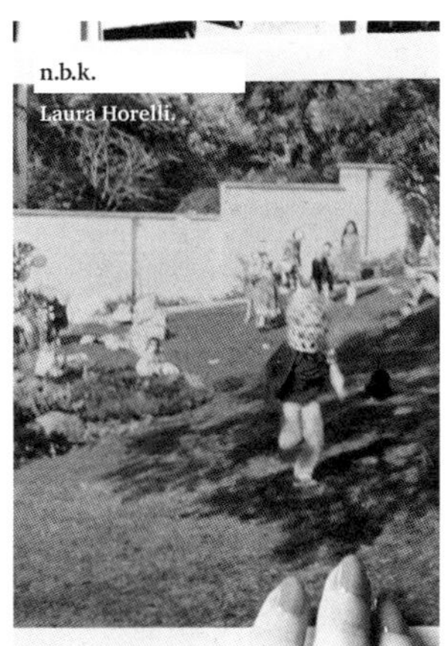

Bd. 10 [2012]
*Karin Sander. Ausstellungskatalog /
Exhibition Catalog*
Herausgegeben von Marius Babias
432 Seiten, Dt./Eng., mit farb. Abb.
ISBN 978-3-86335-072-7

Bd. 11 [2011]
Ulrike Ottinger
Herausgegeben von Marius Babias
192 Seiten, Dt./Eng., mit farb. Abb.
ISBN 978-3-86335-075-8

Bd. 12 [2012]
Laura Horelli
Herausgegeben von Marius Babias,
Kathrin Becker und Sophie Goltz
184 Seiten, Dt./Eng., mit farb. Abb.
ISBN 978-3-86335-113-7

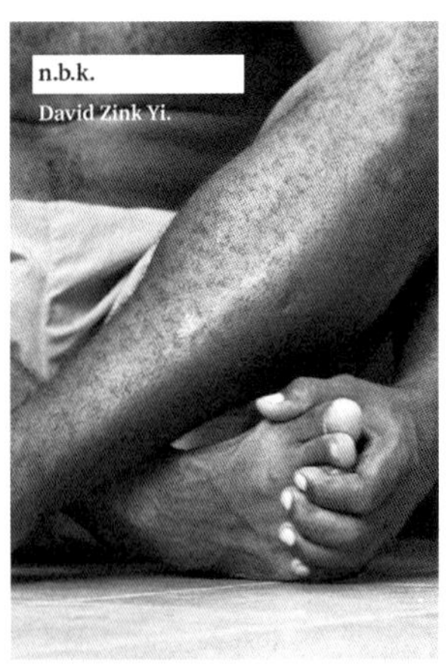

Bd. 13 [2012]
David Zink Yi
Herausgegeben von Marius Babias,
Kathrin Becker und Sophie Goltz
Doppelbuch, je 240 Seiten, Dt./Eng.,
mit farb. Abb.
ISBN 978-3-86335-114-4

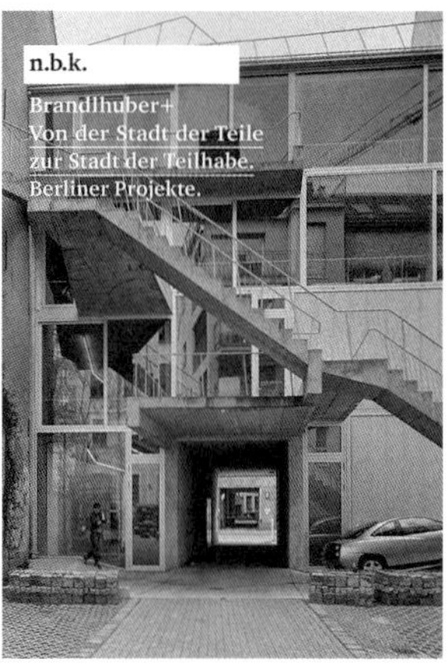

Bd. 14 [2013]
*Brandlhuber+. Von der Stadt
der Teile zur Stadt der Teilhabe.
Berliner Projekte*
Herausgegeben von Marius Babias
316 Seiten, mit s/w und farb. Abb.
ISBN 978-3-86335-259-2

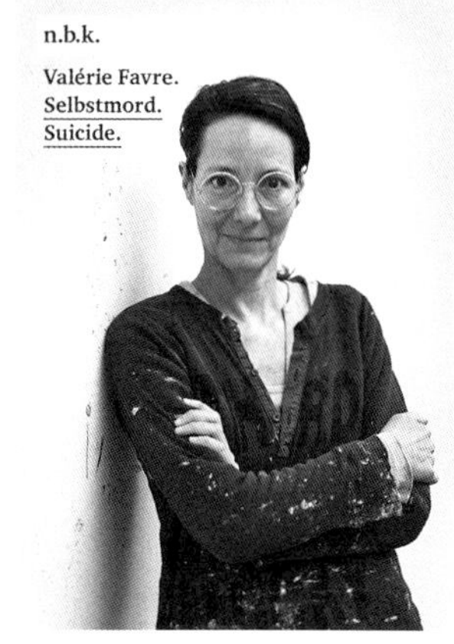

Bd. 15 [2014]
Valérie Favre. Selbstmord / Suicide
Herausgegeben von Marius Babias
200 Seiten, Dt./Eng., mit farb. Abb.
ISBN 978-3-86335-321-6

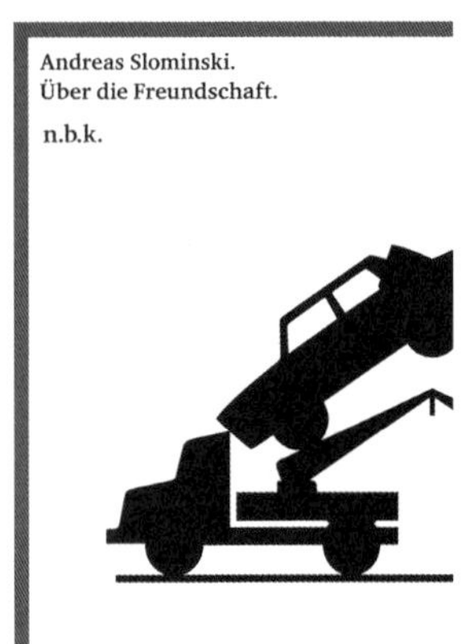

Bd. 16 [2019]
Andreas Slominski
Herausgegeben von Marius Babias
294 Seiten, 5 Bde., Dt./Eng., mit
farb. Abb.
ISBN 978-3-86335-436-7

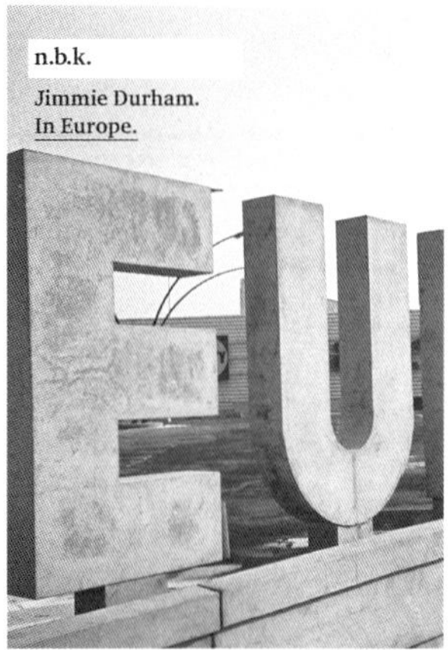

Bd. 17 [2015]
Jimmie Durham. In Europe
Herausgegeben von Marius Babias
96 Seiten, Dt./Eng., mit farb. Abb.
ISBN 978-3-86335-766-5

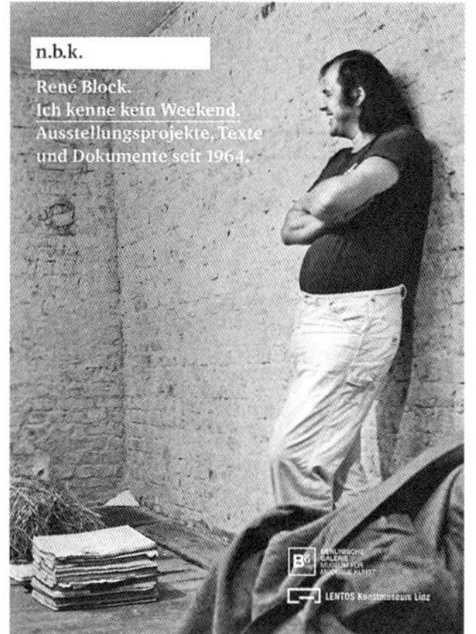

Bd. 18 [2015]
René Block. Ich kenne kein Weekend
Herausgegeben von Marius Babias,
Birgit Eusterschulte und Stella Rollig
532 Seiten, Großformat, mit s/w und
farb. Abb.
ISBN 978-3-86335-811-2

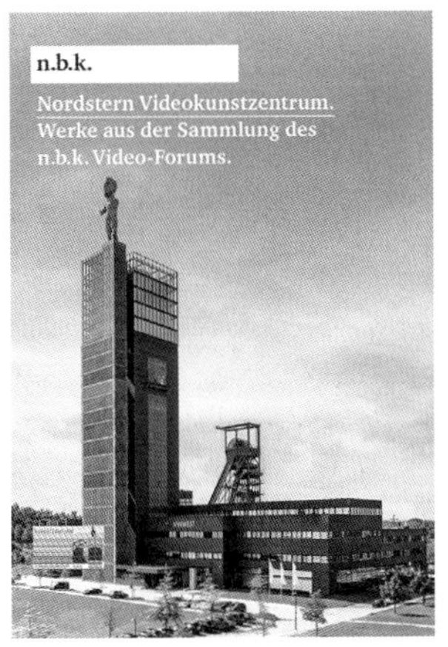

Bd. 19 [2016]
Nordstern Videokunstzentrum.
Werke aus der Sammlung des
n.b.k. Video-Forums
Herausgegeben von Marius Babias
und Kathrin Becker
224 Seiten, mit farb. Abb.
ISBN 978-3-96098-006-3

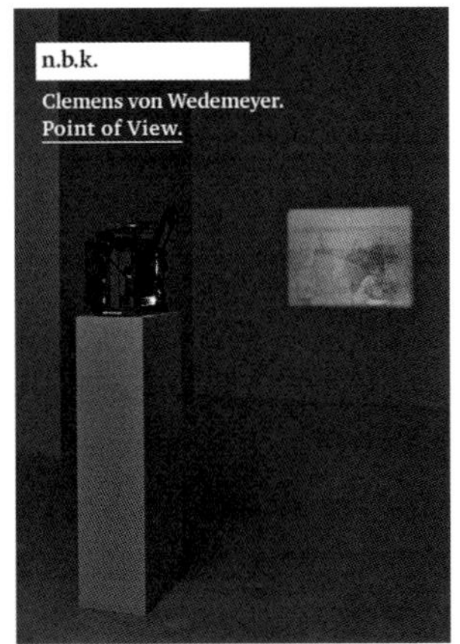

Bd. 20 [2017]
Clemens von Wedemeyer. Point of
View
Herausgegeben von Marius Babias
208 Seiten, Dt./Eng., mit farb. Abb.
ISBN 978-3-96098-131-2

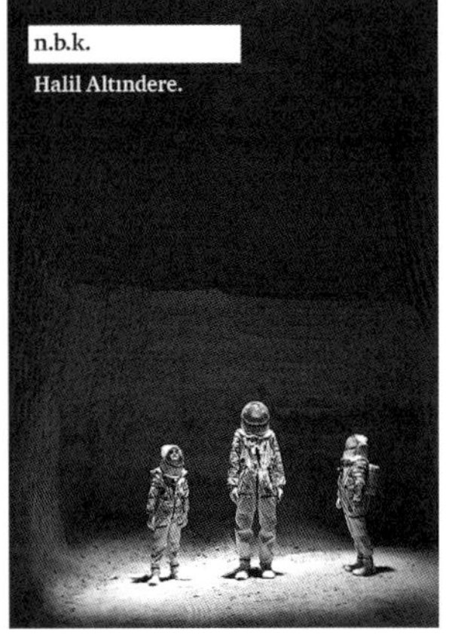

Bd. 21 [2018]
Halil Altındere
Herausgegeben von Marius Babias
und Kathrin Becker
264 Seiten, Dt./Eng., mit farb. Abb.
ISBN 978-3-96098-233-3

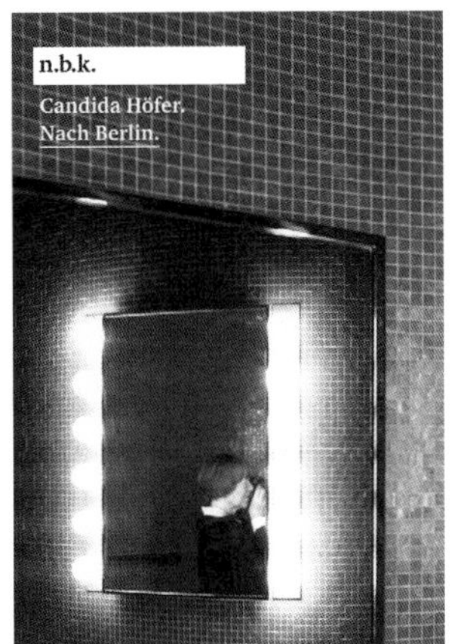

Bd. 22 [2017]
Candida Höfer. Nach Berlin
Herausgegeben von Marius Babias
108 Seiten, Dt./Eng., mit farb. Abb.
ISBN 978-3-96098-100-8

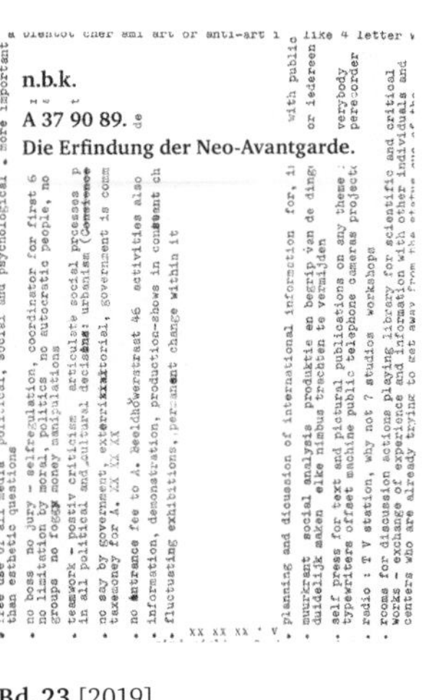

Bd. 23 [2019]
A 37 90 89. Die Erfindung der
Neo-Avantgarde
Herausgegeben von Marius Babias
und Florian Waldvogel
272 Seiten, mit farb. Abb.
ISBN 978-3-96098-447-4

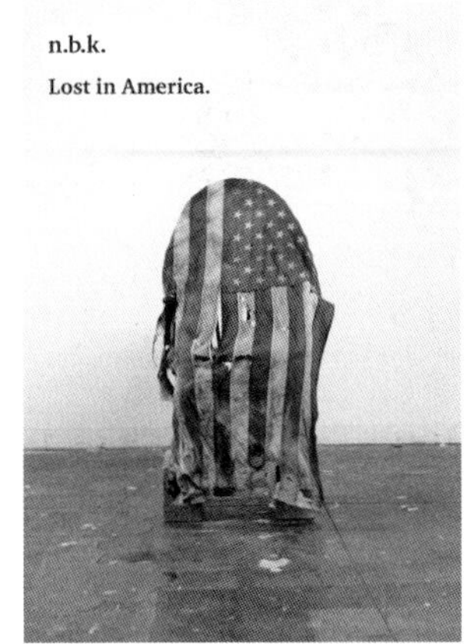

Bd. 24 [2021]
Lost in America
Herausgegeben von Marius Babias
und John Miller
320 Seiten, Dt./Eng., mit farb. Abb.
ISBN 978-3-96098-974-5

Publikationsreihe
n.b.k. Diskurs

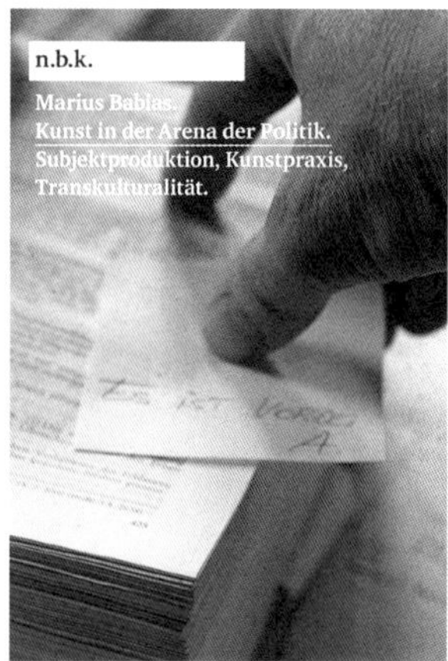

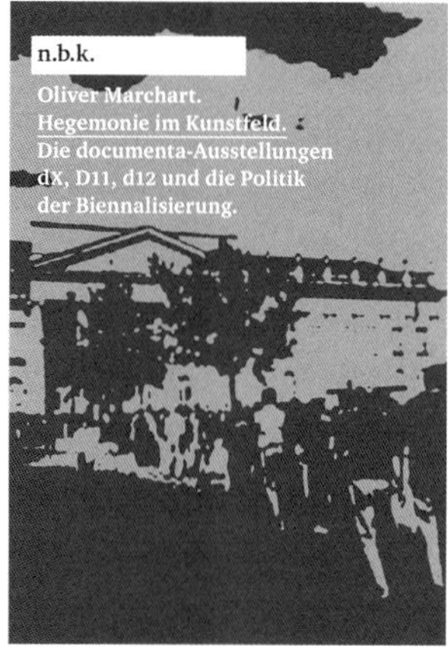

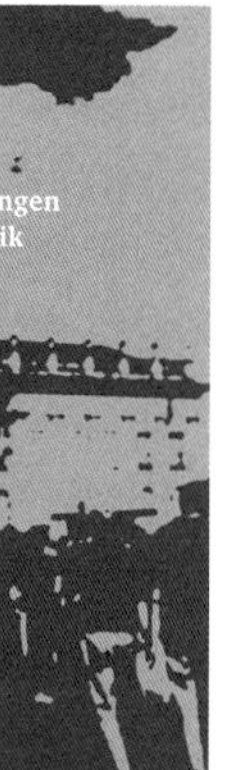

Bd. 1 [2008]
Marius Babias, *Kunst in der Arena der Politik. Subjektproduktion, Kunstpraxis, Transkulturalität*
144 Seiten, mit farb. Abb.
ISBN 978-3-86560-439-2

Bd. 2 [2008]
Oliver Marchart, *Hegemonie im Kunstfeld. Die documenta-Ausstellungen dX, D11, d12 und die Politik der Biennalisierung*
Herausgegeben von Marius Babias
104 Seiten, mit farb. Abb.
ISBN 978-3-86560-437-8

Bd. 3 [2010]
Solvej Helweg Ovesen, *Die Welt als Bühne / The World as Stage*
Herausgegeben von Marius Babias
88 Seiten, Dt./Eng., mit farb. Abb.
ISBN 978-3-86560-645-7

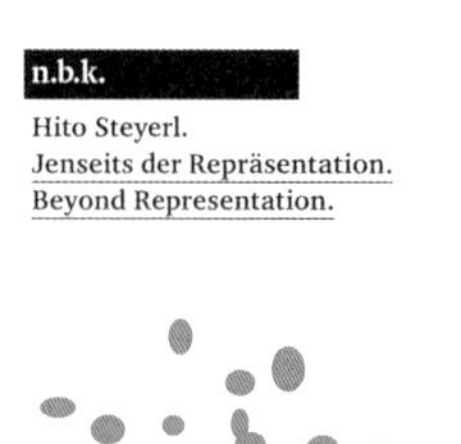

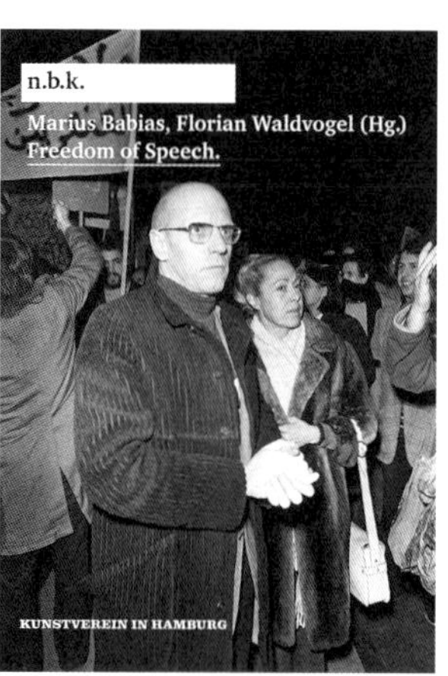

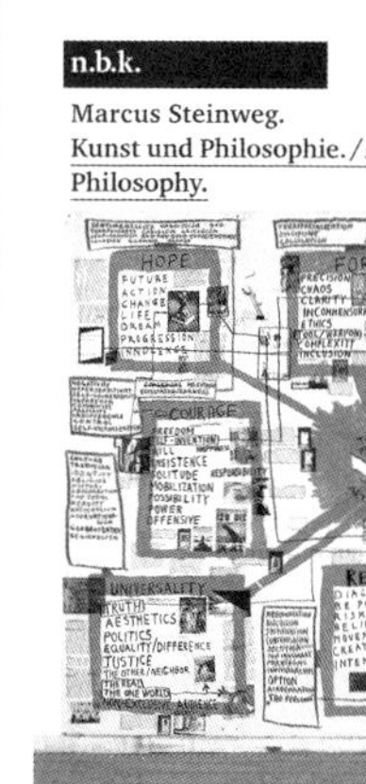

Bd. 4 [2016]
Hito Steyerl, *Jenseits der Repräsentation / Beyond Representation*
Herausgegeben von Marius Babias
272 Seiten, Dt./Eng., mit farb. Abb.
ISBN 978-3-86560-893-2

Bd. 6 [2011]
Marius Babias, Florian Waldvogel (Hg.), *Freedom of Speech*
176 Seiten, mit farb. Abb.
ISBN 978-3-86560-830-7

Bd. 7 [2012]
Marcus Steinweg, *Kunst und Philosophie / Art and Philosophy*
Herausgegeben von Marius Babias
128 Seiten, Dt./Eng., mit farb. Abb.
ISBN 978-3-86335-073-4

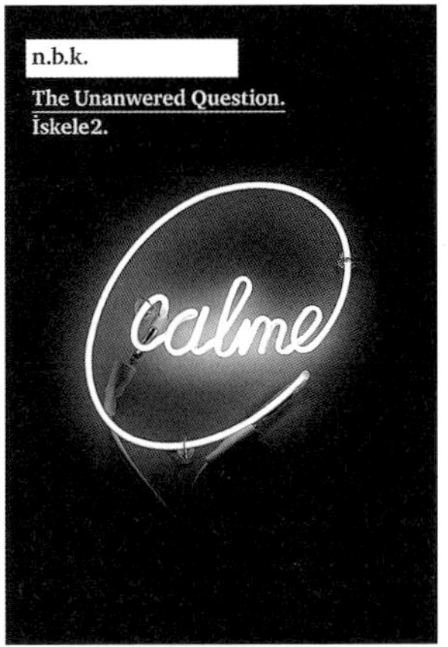

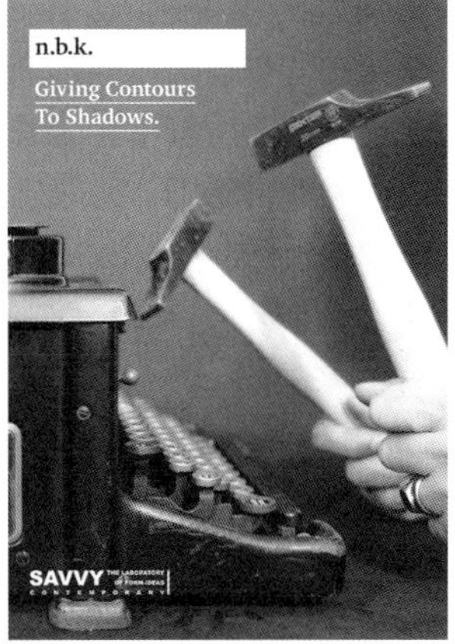

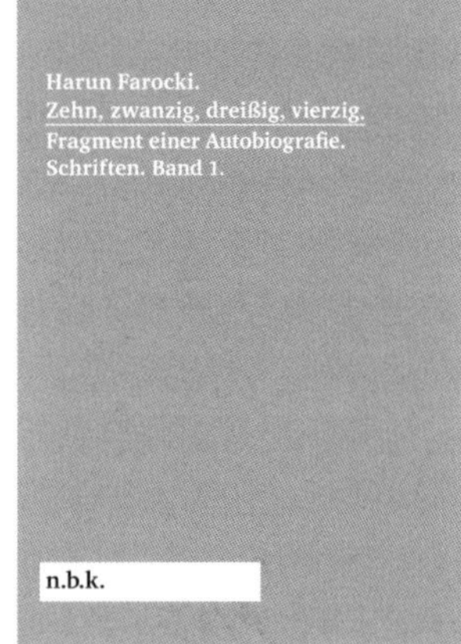

Bd. 8 [2014]
The Unanswered Question. İskele2
Herausgegeben von Marius Babias
und René Block
248 Seiten, Dt./Türk., mit farb. Abb.
ISBN 978-3-86335-438-1

Bd. 9 [2015]
Giving Contours to Shadows
Herausgegeben von Marius Babias,
Bonaventure Soh Bejeng Ndikung,
Elena Agudio und Storm Janse van
Rensburg
156 Seiten, Dt./Engl., mit farb. Abb.
ISBN 978-3-86335-591-3

Bd. 10 [2017]
Harun Farocki, *Zehn, zwanzig, drei-
ßig, vierzig. Fragment einer Autobio-
grafie. Schriften. Band 1*
Herausgegeben von Marius Babias
und Antje Ehmann
208 Seiten, mit s/w Abb.
ISBN 978-3-96098-223-4

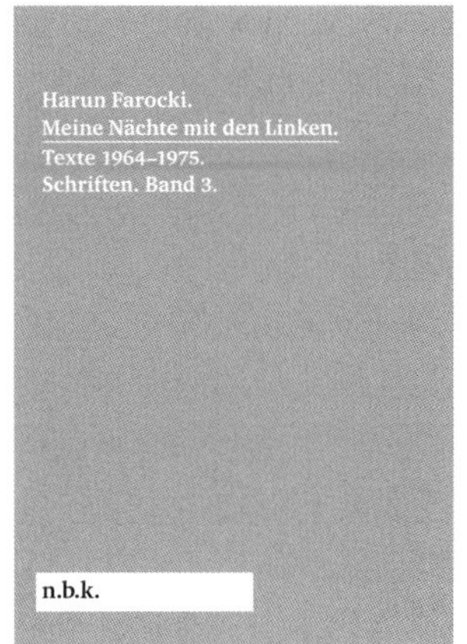

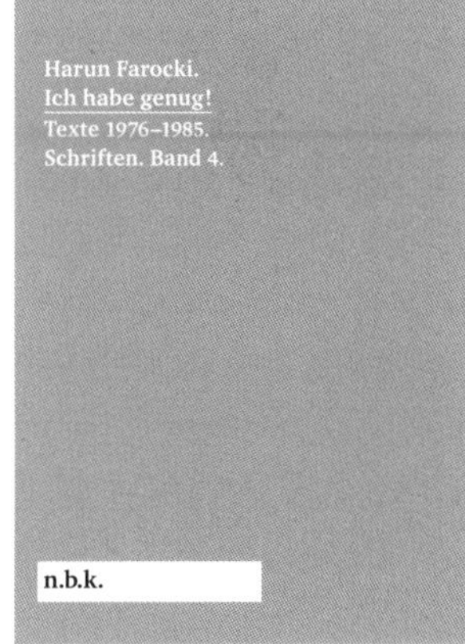

Bd. 11 [2018]
Kaja Silverman / Harun Farocki,
*Von Godard sprechen. Schriften.
Band 2*
Herausgegeben von Doreen Mende
256 Seiten, mit s/w Abb.
ISBN 978-3-96098-224-1

Bd. 12 [2018]
Harun Farocki, *Meine Nächte mit
den Linken. Texte 1964–1975.
Schriften. Band 3*
Herausgegeben von Volker
Pantenburg
280 Seiten, mit s/w und farb. Abb.
ISBN 978-3-96098-225-8

Bd. 13 [2019]
Harun Farocki, *Ich habe genug!
Texte 1976–1985. Schriften. Band 4*
Herausgegeben von Volker
Pantenburg
472 Seiten, mit s/w und farb. Abb.
ISBN 978-3-96098-226-5

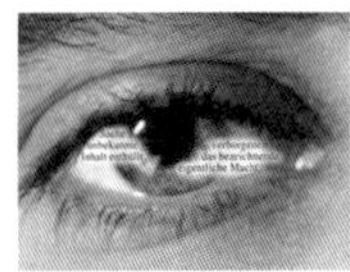

Bd. 14 [2020]
VALIE EXPORT. Der virtuelle Körper.
Vom Prothesenkörper zum
postbiologischen Körper
Herausgegeben von Marius Babias
und Sabine Folie
256 Seiten, mit farb. Abb.
ISBN 978-3-96098-857-1

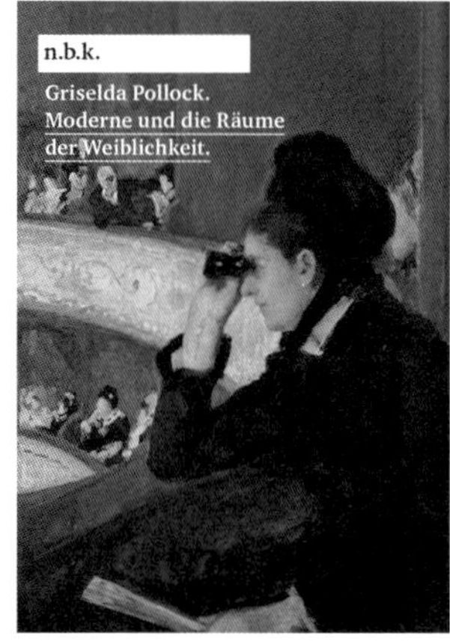

Bd. 15 [2020]
Griselda Pollock. Moderne und
die Räume der Weiblichkeit
Herausgegeben von Marius Babias
128 Seiten, mit farb. Abb.
ISBN 978-3-96098-858-8

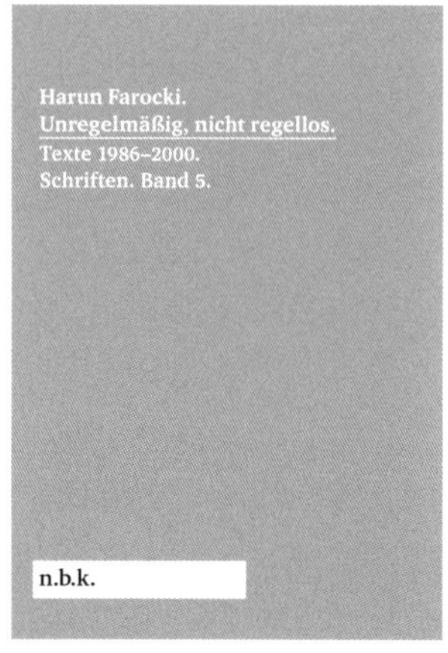

Bd. 16 [2021]
Harun Farocki, *Unregelmäßig,*
nicht regellos. Texte 1986–2000.
Schriften. Band 5
Herausgegeben von Tom Holert
340 Seiten, mit s/w und farb. Abb.
ISBN 978-3-96098-990-5

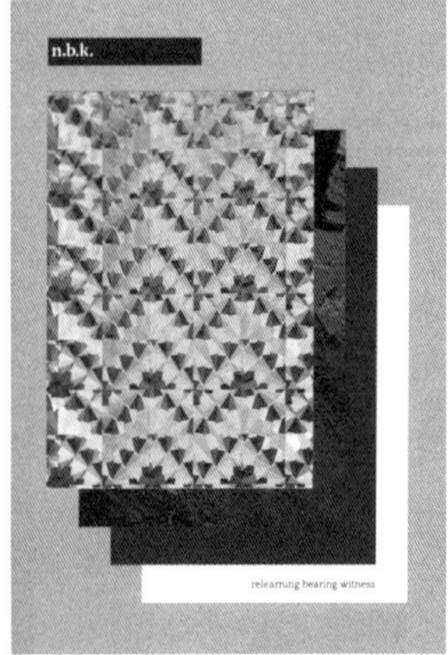

Bd. 17 [2021]
Natascha Sadr Haghighian,
relearning bearing witness.
Herausgegeben von Marius Babias
und Anna Lena Seiser
376 Seiten, Eng., mit farb. Abb.
ISBN 978-3-7533-0034-4

Publikationsreihe
n.b.k. Berlin

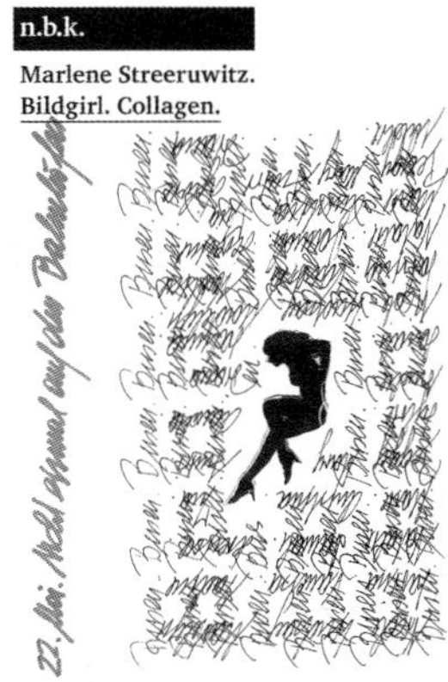

Bd. 1 [2009]
Marlene Streeruwitz, *Bildgirl.*
Collagen
Herausgegeben von Marius Babias
80 Seiten, mit farb. Abb.
ISBN 978-3-86560-573-3

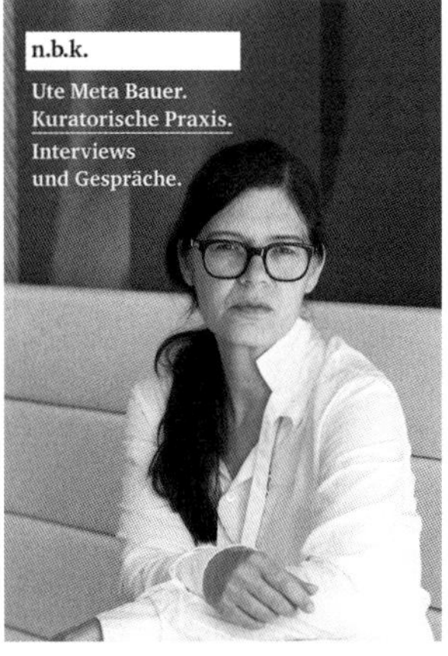

Bd. 3 [2012]
Ute Meta Bauer, *Kuratorische Praxis.*
Interviews und Gespräche
Herausgegeben von Marius Babias
228 Seiten, mit farb. Abb.
ISBN 978-3-86560-892-5

Bd. 4 [2013]
Time Pieces. Videokunst seit 1963/
Video Art since 1963
Herausgegeben von Marius Babias,
Kathrin Becker und Sophie Goltz
364 Seiten, Dt./Eng., mit s/w Abb.
ISBN 978-3-86335-074-1

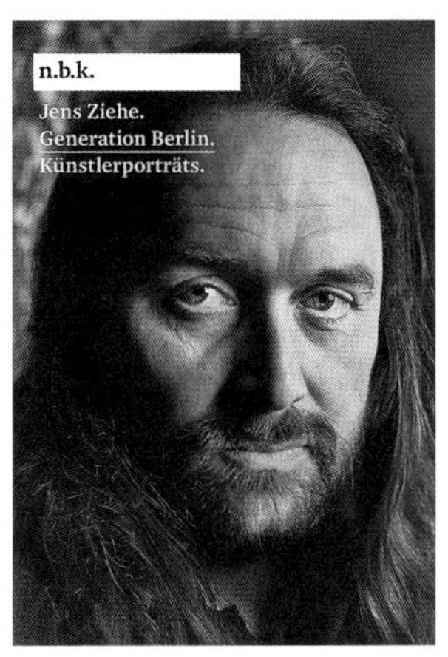

Bd. 5 [2013]
Jens Ziehe. Generation Berlin.
Künstlerporträts
Herausgegeben von Marius Babias
216 Seiten, mit farb. Abb.
ISBN 978-3-86335-338-4

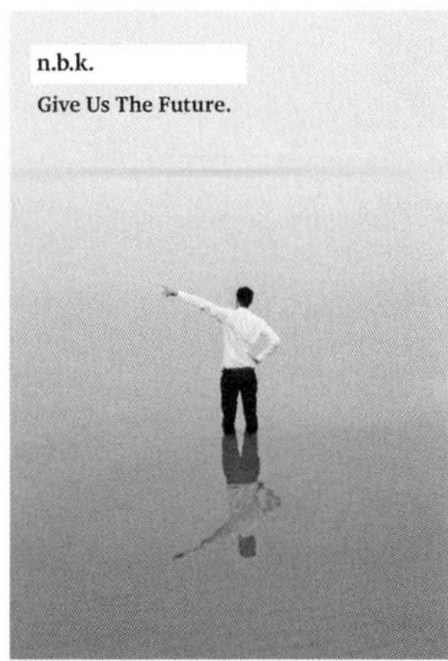

Bd. 6 [2014]
Give Us The Future
Herausgegeben von Marius Babias
120 Seiten, mit farb. Abb.
ISBN 978-3-86335-437-4

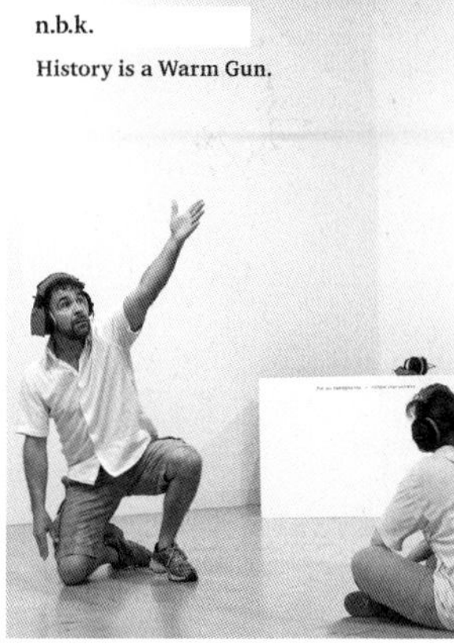

Bd. 7 [2015]
History is a Warm Gun
Herausgegeben von Marius Babias
und Britta Schmitz
132 Seiten, mit farb. Abb.
ISBN 978-3-86335-738-2

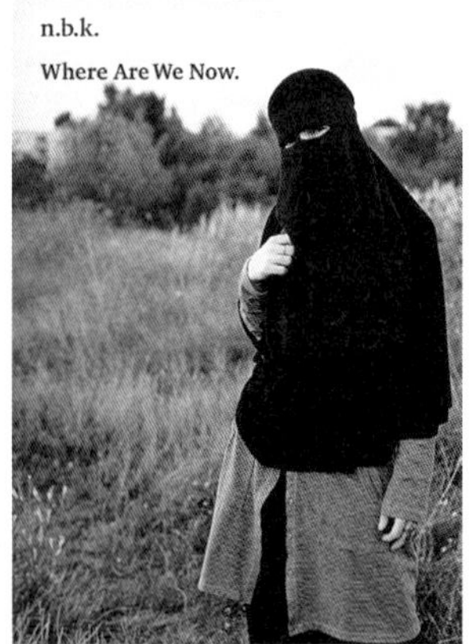

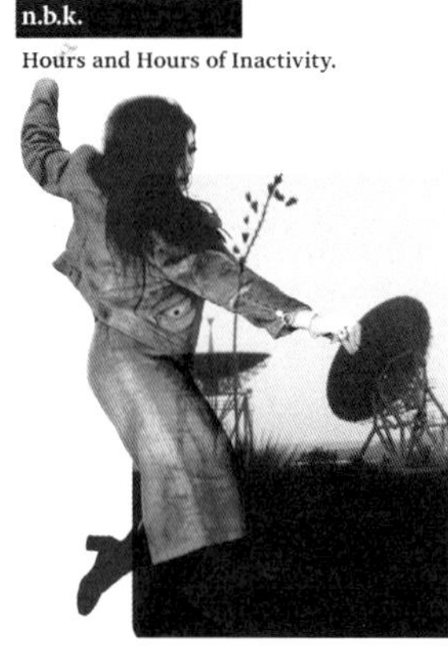

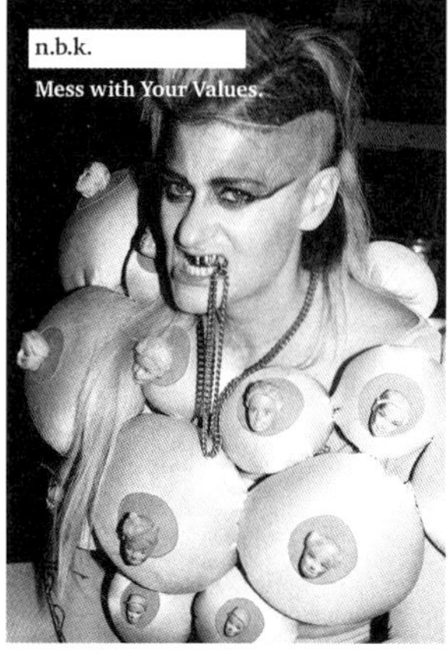

Bd. 8 [2016]
Where Are We Now
Herausgegeben von Marius Babias
und Silke Wittig
120 Seiten, mit farb. Abb.
ISBN 978-3-86335-911-9

Bd. 9 [2017]
Hours and Hours of Inactivity
Herausgegeben von Marius Babias
140 Seiten, Dt./Eng., mit farb. Abb.
ISBN 978-3-96098-132-9

Bd. 10 [2018]
Mess with Your Values
Herausgegeben von Marius Babias
und Michaela Richter
144 Seiten, Dt./Eng., mit farb. Abb.
ISBN 978-3-96098-382-8

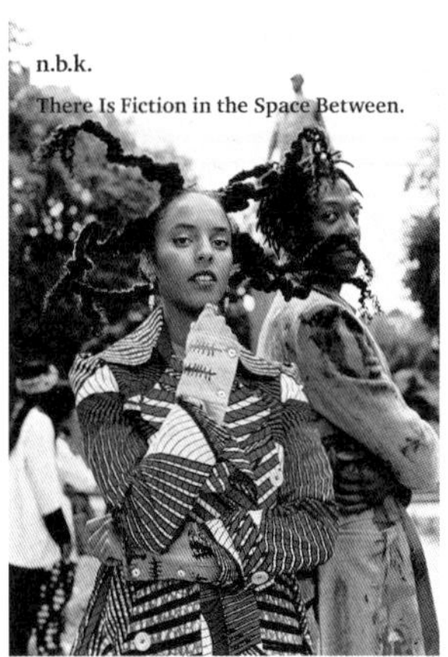

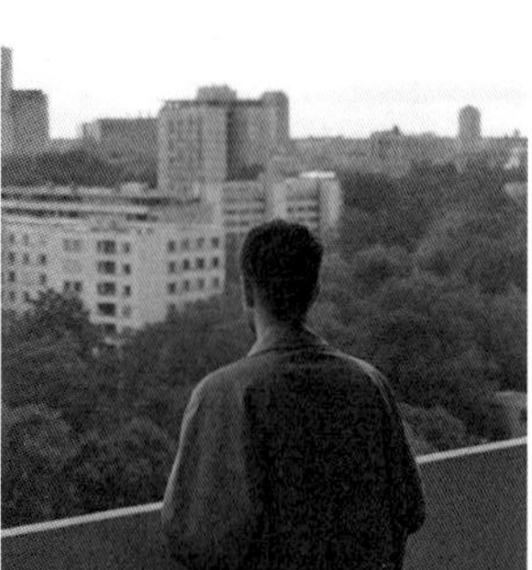

Bd. 11 [2019]
There Is Fiction in the Space Between
Herausgegeben von Marius Babias
und Michaela Richter
152 Seiten, Dt./Eng., mit farb. Abb.
ISBN 978-3-96098-650-8

Bd. 12 [2020]
*These Are the Only Times You Have
Known*
Herausgegeben von Marius Babias
und Michaela Richter
172 Seiten, Dt./Eng., mit farb. Abb.
ISBN 978-3-96098-882-3